KB273231

천국을 향해 가는 순례자

천로역정 강해 Ⅱ

천국을 향해 가는 순례자 (천로역정 강해 II)

지은이 | 조성래

기   획 | 조성래
윤   문 | 송승호
삽   화 | 진지영
편   집 | 정원기

1판 1쇄 인쇄 | 2024. 11. 15.
1판 1쇄 발행 | 2024. 11. 15.

출판등록 | 제 390-2023-000022호 2023. 8. 25.

펴 낸 곳 | 도서출판 만나
주   소 | (14258) 경기도 광명시 가림로 38, 511동 903호
전   화 | 02) 2682-1192
E - Mail | pastor2908@naver.com

ⓒ 조성래, 2024

값은 뒤표지에 있습니다.
ISBN 979-11-985120-1-7 03230

천국을 향해 가는 순례자

추천사

이동원 목사(『천로역정』을 사랑하는 순례 동역자,
지구촌교회 창립/원로, 필그림 동산 천로역정 섬김이)

존 번연의 『천로역정』은 1600년대에 쓰인 책이지만 우리 시대에도 읽히는 기독교 고전입니다. 복음이 전파되는 곳마다 1순위로 번역되는 책입니다. 우리나라에도 1895년 선교사 게일에 의해 처음 소개되었습니다. 한국에 최초로 소개된 서양소설이라고도 할 수 있는 책입니다.

그 후 많은 사람이 이 책을 번역하고 강해했습니다. 이 책으로 많은 사람이 회심하고 기독교인이 되기도 했습니다. 한국 초대 교회의 거목 길선주 목사님도 이 책으로 회심하셨습니다. 이 책은 지금도 계속 번역되고 있으며, 이 책을 읽고 감동받은 누군가에 의해 강해되고 있습니다. 저도 이 책에서 받은 감동을 세 권의 책으로 나누었습니다. 그리고 경기도 가평에 '천로역정 순례 공원'과 '순례길'을 봉헌했습니다. 이 책이 조성래 목사님에게 감동으로 읽히고 다시 강해서로 태어난 것을 축복합니다. 조 목사님의 목회적 안목으로 해석되고 강해된 이 책은 많은 이에게 또 다른 빛이 될 것입니다.

우리 시대는 여전히 어두운 역사의 늪과 절망의 수렁에 빠져 신음하고 있습니다. 이런 순례자들을 구원하고 새 하늘 새 땅으로 가게 하는 책이 될 것을 기대합니다.

이형우 목사(한울교회 원로)

조 목사님은 평양노회가 분리되기 전부터 저와 같은 노회에 속하여 친분을 나누어온 분입니다. 제가 은퇴한 후 매달 한 번씩 오후 예배 설교를 부탁하여 5년가량 꾸준히 만나교회에서 설교하며 친교를 나누기도 했습니다.

성도의 인생을 상징적으로 보여주는 존 번연의『천로역정』은 한때 성경 다음으로 베스트셀러라 불린 책으로, 한 성도가 파멸의 도시에서 거룩한 성 예루살렘으로 여행하며 구원에 이르기 위한 몸부림이 제1권의 거의 모든 부분을 차지합니다.

서문에서 밝히듯이 조 목사님은 파란만장한 신앙 여정을 살아온 분입니다. 시골에서 사업을 하다 실패하고 서울로 올라와 동숭교회 사찰 집사로 새로운 일을 시작하며 목회자의 꿈을 꾸었습니다.

검정고시를 거쳐 서울 장로회신학교를 졸업했고, 장신대 신대원 목연과정을 마친 뒤 동숭교회 파송전도사로 양평 백석교회에서 사역을 시작했습니다. 그 후 목사 안수를 받고 양평 백석교회를 거쳐 광명 만나교회로 부임하여 30년 사역에서 눈물겨운 고난과 기적의 역사를 체험한 분입니다.

이 책은 조 목사님의 자서전 같은 고백서로, 힘든 목회의 길을 걷는 이들과 성도들에게 용기를 주며, 성도로서의 길을 걷는 데 이정표가 됩니다.

또한 이 책은 조 목사님의 경험과 삶이 녹아 있는 신앙고백서이기도 합니다.

『천로역정』의 주인공인 천향인이 어떤 과정을 통해 신앙을 갖게 되고 어떻게 고난의 과정을 이기며 약속의 땅을 향해 가게 되는지, 조 목사님의 삶에 비추어 쉽고 재미있고 감동적인 말씀으로 삶의 길을 비추어줍니다.

최정도 목사(주사랑교회 담임)

　　존 번연의『천로역정』은 그 자체로 천국을 향해 가는 여행을 나타내지만, 이 책은『천로역정』을 깊이 탐구하며 이해하려는 독자들을 위해 그 문을 열어줍니다. 이 책은 이 땅에서 천국으로 가는 길을 걷는 동안 우리를 바른 길로 인도하는 가이드입니다.

　　존 번연은 평신도로서 복음을 전했다는 이유로 감옥 생활을 하게 됩니다. 그는 감옥에서 주님과 깊이 교제하며 새로운 영적 세계를 체험합니다.

　　『천로역정』은 성도가 천국으로 가는 여정을 소상하게 이야기로 풀어가면서 많은 사람을 감동시켜 새로운 삶을 살게 하였습니다.

　　이 책은『천로역정』과 주제가 일치하는 설교들을 모아 놓았습니다. 조성래 목사님의 신앙 여정과 사역하는 과정에서의 많은 고난, 하나님의 인도와 은혜에 대한 말씀을 이 책은 생생히 전합니다.

　　이 책을 읽으면서『천로역정』의 주요 주제인 하나님의 사랑과 인도하심이 얼마나 섬세하고 놀라운지 깨닫게 됩니다. 하나님의 사랑과 돌보심에 관한 조 목사님의 설교는 독자들에게 희망과 기쁨을 전하며 하나님과의 관계를 반석에 세우는 데 큰 도움을 줄 것입니다.

　　『천로역정』을 경험하려는 독자들에게 이 책은 귀한 동반자입니다. 신앙생활의 여정에서 풍성한 은혜를 체험하며 나누고 싶은 분이라면 꼭 읽어보시기를 권합니다.

조주희 목사(성암교회 담임)

누구에게나 기회가 열리는 것은 아닙니다. 어떤 분에게는 기회가 열리는 것을 상상하기조차 어려울 수 있습니다. 조성래 목사님이 그렇습니다. 한 교회 사찰 집사였던 목사님은 신학교에 입학하기 위해 검정고시를 치러야 할 정도로 어려운 삶을 사셨습니다. 그 어려움을 헤치고 장로회 신학대학원 목회 연구과정을 졸업한 뒤 목회를 시작하셨습니다. 숨기고 싶은 과정일 수 있지만 조 목사님은 이를 '엄청난 은혜'라고 표현하십니다.

이 책에는 이렇듯 어려운 과정을 딛고 일어서서 목회자의 길을 걸어온 목사님의 신실한 마음, 목회 과정, 하나님에 대한 태도 그리고 말씀에 대한 열정이 고스란히 녹아 있습니다.

목사님은 자신의 삶과 30년이 넘는 목회 여정을 『천로역정』에 비유하십니다. 자신도 『천로역정』의 삶을 살아왔고, 성도들의 삶의 현장 또한 『천로역정』에 나타난 내용과 그리 다르지 않다고 생각하며, 성경과 『천로역정』을 연결하며 말씀으로 씨름해 오셨습니다. 그런 의미에서 이 책은 한 그리스도인이자 목회자의 신앙의 체취가 가득합니다.

서문에서 이야기한 대로 "혹시 이 설교를 들으면서 교인들이 상처받지는 않을까?", "어떻게 하면 교인들이 설교를 듣고 힘을 얻고 용기를 얻을까?"… 이렇게 노심초사하며 두려운 마음으로 말씀을 전한 내용이 고스란히 담겨 있어, 책을 읽는 분들에게 큰 위로와 힘이 되고 소망의 빛이 될 것입니다.

만나교회를 섬기는 조성래 목사님의 순수한 열정을 지켜보며 늘 저의 부족함을 깨닫게 하는 귀한 선배님이라고 생각했습니다. 이런 목사님의 강단 말씀이 담겨 있는 이 책을 추천합니다. 신앙의 감동을 맛보고, 우리에게 도전을 주는 메시지를 만나게 될 것입니다.

김강식 목사(산돌교회 담임)

헨델이 자기 방에서 숨 가쁘게 걸어 나오며 "하나님이 나에게 임하셨다"고 하고서 써내려간 곡이 유명한 대작 〈메시야〉였던 것처럼, 조성래 목사님이 서울 동숭교회, 양평 백석교회, 광명 만나교회에 이르는 성역 30년 목회현장에서 주의 나라를 섬기던 중에 현현하신 하나님의 임재를 만나고 나서 써내려가기 시작한 책이 『천로역정 강해』 설교이다.

그분의 영에 이끌려 한 편 한 편 설교를 써내려가던 중에 주님이 위탁하신 성도들을 육의 본성과 세속 도시에서 벗어나 영구한 도성 그리스도의 나라에 들어갈 백성으로, 곧 천향인(天向人)으로 배양하고 양육하려는 목회 소명이 『천로역정』 설교를 계속 쓰게 하는 열심을 간직하게 했고, 오직 그분의 손이 조 목사님을 주장하셨기에 성서의 구원세계를 주옥같이 해석하고 또 하게 하셔서 오늘 이 책을 엮어내게 된 것이다.

존 번연이 벤포드(Bedford) 감옥에서 성령의 감동으로 써내려간 『천로역정』이 영원한 하나님의 도성(City Of God)을 향하는 거룩한 구도자들의 영혼을 격려하고 치유해주면서 백절불굴의 기독 신앙을 견지하게 해준 것처럼, 조성래 목사님이 성령의 감동에 이끌려 성서와 씨름하며 세속 도시와 타협하지 않는 신앙을 엮어낸 이 책이 많은 기독교 독자에게 감동을 주고, 영존하는 영원(Eternal Eternity)으로부터 AI 시대를 살아가는 우리와 후대 모두가 저항조차 할 수 없는 크나큰 은혜로 덮이게 될 것을 의심치 않는다.

천로역정(天路歷程)

“천로(天路)는 천국으로 가는 길을 말하며

역정(歷程)은 지나온 경로를 뜻한다.”

차 례

서 문

존 번연*(John Bunyan; 1628~1688)이 저술한 『천로역정』은 19세기 '설교의 황태자'로 불린 찰스 스펄전(Charles Spurgeon; 1834~1892) 목사님에게 많은 영감을 준 책으로 알려져 있습니다.

『천로역정』은 성경이 들어가는 곳마다 1순위로 번역된 책입니다. 그래서 성경 다음으로 많이 읽힌 책이며, 성경 다음으로 많은 영향(은혜)을 준 책입니다.

한국에는 장로교 선교사 제임스 게일(James Gale; 1863~1937)이 1895년 『천로역정』을 처음으로 우리말로 번역하여 소개했습니다. 그가 번역한 『천로역정』을 한 청년이 읽고 감명받아 회심하여 한국 교회에 큰 영향을 끼쳤는데, 그가 바로 1907년 평양 대부흥을 이끈 길선주(1869~1935) 장로입니다.

『천로역정』은 나에게도 성령의 감동으로 다가왔습니다. 어느 날 유튜브에서 존 번연의 『천로역정』을 오디오북◎으로 듣다가 큰 은혜를 받았습니다. 그리고 그날, 나는 새로운 결단을 했습니다. 『천로역정』의 내용을 주제로 설교해야겠다는 것이었습니다.

설교를 준비하면서 참으로 놀라운 사실을 발견하게 되었습니다. 『천로역정』에 등장하는 모든 인물과 사건은 우리 모습이며, 우리 삶에서 일어나는 것들이었습니다. 그래서 등장인물과 사건을 바탕으로 설교를 준비했습니다. 하지만 부담도 되었습니다.

◆ 존 번연은 영국 벧포드의 엘스토우에서 땜장이의 맏아들로 태어났다. 초등학교를 겨우 졸업했으나 경건서적들과 부인의 영향으로 회심했다. 1649년 결혼할 때 그의 아내는 아서 덴트(Arthur Dent)의 『보통 사람들이 천국으로 가는 길』과 루이스 베일리(Lewis Bayly)의 『경건의 실천』을 가지고 왔는데, 번연은 이 책을 읽고 또 읽었다. 1653년 번연은 벧포드에 있는 기포드(Gifford) 목사의 독립파 교회에 등록했다. 번연은 당시 평신도의 설교를 금지한 국법을 어겨 12년간 감옥 생활을 했다. 복음 전도자, 설교자, 독립침례교회 목사로서 열심과 근면과 헌신으로 '번연 주교'라는 별명까지 얻었다. 약 60권의 저서가 있다.

◎ 유튜브 『천로역정』 5시간 완독 오디오북』(두날개출판사, 엮은이 주경희)에서 발행하고 원기범 아나운서가 낭독한 『천로역정』의 내용을 인용했다.

"이 설교를 들으면서 교인들이 상처받지는 않을까?"

"어떻게 하면 교인들이 설교를 듣고 힘을 얻고 용기를 얻을까?"

30년 동안 목회자로 살면서 설교는 늘 무거운 부담이었습니다. 하지만 『천로역정』의 사건과 인물을 주제로 설교하면서 그 부담도 줄어들고 설교 방향이 달라졌습니다. 성도님들과 그들이 당면한 형편이 『천로역정』 속 인물이나 사건과 다르지 않다는 것을 깨달았기 때문입니다. 또한 하나님께서 그분의 자녀들인 우리를 향한 목적도 『천로역정』에 나타난 바와 일치한다는 것을 발견했습니다.

저는 『천로역정』을 연구하고 설교하면서 신학적인 관점이 아닌 신앙적인 관점에서 바라보고 접근했습니다. 『천로역정』에 등장하는 인물들의 모습과 행동에, 시공을 뛰어넘어 현대인이 직면한 모든 문제와 함께 우리가 겪는 신앙 문제가 투영되어 있음을 발견했습니다. 그래서 어떻게 설교하면 성도님들의 삶이 신앙적으로 바뀔까 고민하며 설교를 준비했습니다.

『천로역정』에서 주제가 정해지면 그 주제에 맞는 성경 구절을 선택하고, 주제와 연관된 문제에 대해 성경적 관점에서 답을 찾아갔습니다. 그리고 우리가 어떻게 신앙으로 결단할지 질문하며 성경이 제시하는 방법으로 행하도록 답을 제시했습니다.

천성으로 향하는 크리스천을 '천향인'으로 표현한 것도 오늘 성도님들의 삶이 천국으로 향하여 가는 순례자임을 기억하고 살도록 강조하기 위함입니다.

하나님께서는 우리 삶을 돌보시며 책임지십니다.

저는 매주 설교할 때마다 성도님들의 신앙의 삶에 초점을 맞춥니다. 한 분도 낙오되지 않고 천향인처럼 믿음으로 인내하여 영원한 천국에 들어가야 한다는 마음으로 설교합니다. 참으로 놀랍게도, 설교하는 동안 성도님들의 눈빛이 달라지고 감동하는 모습이 보였습니다.

『천로역정』 강해집을 내는 근본적인 목적은 하나님께서 저와 우리 교회에 베풀어주신 은혜를 나누는 데 있습니다. 마귀의 유혹으로 믿음의 길에서 벗어난 누군가가 이 책을 통해 언약의 축복 속에서 구원의 감격으로 참된 기쁨의 삶을 사는 데 도움이 된다면 더 바랄 것이 없습니다.

우리 함께 『천로역정』을 시작합시다. 여러분의 믿음 안에서 새로운 출발을 응원합니다.

제 1 부

소망 안에서 새로운 출발

28. 시험을 통과한 사람들

[약 1:12-16] 시험을 참는 자는 복이 있나니 이는 시련을 견디어 낸 자가 주께서 자기를 사랑하는 자들에게 약속하신 생명의 면류관을 얻을 것이기 때문이라 사람이 시험을 받을 때에 내가 하나님께 시험을 받는다 하지 말지니 하나님은 악에게 시험을 받지도 아니하시고 친히 아무도 시험하지 아니하시느니라 오직 각 사람이 시험을 받는 것은 자기 욕심에 끌려 미혹됨이니 욕심이 잉태한즉 죄를 낳고 죄가 장성한즉 사망을 낳느니라 내 사랑하는 형제늘아 속지 말라

천향인은 굳센 믿음과 함께 가면서 대화를 이어갔습니다. 굳센 믿음은 겸손의 골짜기에서 불만이라는 사람을 만났습니다. "불만이라는 사람은

저에게 멸망의 도시로 돌아가자고 하더군요. 저는 세상 사람이 바라고 원하는 길보다 하나님 나라의 영원한 생명을 얻기 위해 겸손의 골짜기로 계속 가겠다고 했습니다."

"그 밖에 만난 사람은 없었나요?"

"부끄러움이라는 사람을 만났습니다. 이름과 달리 부끄러움을 전혀 모르는 사람이었습니다. 신앙생활은 매우 수치스러운 일이며 예수 믿는 것은 가난하고 어리석은 사람들이나 하는 일이라고 비꼬아 말하더군요."

"정말 부끄러운 사람이군요." 그는 자기가 하는 부끄러운 일을 전혀 알지 못했습니다. 그런데 사람들이 높게 평가하는 것이 하나님 보시기에는 하찮은 것들이었습니다.

저는 그 사람에게 "주님을 따르는 것이 부끄럽다고 느끼면서 어떻게 복 받기를 원하느냐?"며 야단쳤습니다. 그래도 그 사람은 끈질기게 나를 따라 다녔습니다. 그래서 저는 그 사람에게 "당신이 하찮게 생각하는 것을 나는 영광스럽게 생각한다. 나를 설득하려 해도 아무 소용이 없다"며 호통을 쳤습니다.

"그제야 비로소 물러가더군요. 속에서 주님이 주신 노래가 흘러나왔습니다."

천향인은 말했습니다. "저는 아볼론이라는 무시무시한 악마를 만나 죽는 줄 알았습니다. 사망의 음침한 골짜기 중간쯤 가서는 사탄의 유혹으로 죽을 고비를 여러 번 넘기게 되었습니다."

"세상 사람들에게 진리를 전하게 해달라고 하나님께 간구해야 합니다." 굳센 믿음은 이렇게 말하고는 자신의 노래를 들려주었습니다.

"하늘의 부르심을 입은 사람들이 겪어야 할 시련이 얼마나 많은지 육신의 허점을 노리고 오네! 지금이 아니라도 언젠가 시험당하고 굴욕을 당할지 모르네! 순례자들이여, 하늘로 가는 나그네들이여, 언제나 조심하며 단호히 물리치세!"

천향인과 굳센 믿음은 손을 꼭 잡고 이 모든 시련과 고통은 하늘이 주는 신령한 축복이라고 격려하면서 천국을 향해 계속 걸어갔습니다.

하루하루의 삶이 얼마나 힘들고 어려운 일이 많습니까? 한 치 앞을 내다볼 수 없는 격변의 시대, 믿음으로 바로 사는 일이 매우 어려운 시대를 맞이했습니다.

돌아보면 시련과 어려움과 고통은 우리를 떠나지 않습니다. 종류가 다를 뿐, 우리는 늘 어려운 시련과 고통 속에 살아왔습니다. 지금도 마찬가지이고 앞으로도 그러할 것입니다. 끊임없이 찾아오는 시련과 고통을 어떻게 극복할 수 있을까요?

먼저 고독해하거나 힘들어하지 마십시오. 내가 직면한 고통은 나만이 아니라 모든 사람이 겪는 것입니다. 어린이들도, 중고등학생과 대학생도 스트레스로 힘들어합니다. 직장생활하는 사람들은 더 그렇습니다. 힘들어하는 것의 대상이 다를 뿐, 모든 사람이 힘들게 살아가고 있습니다.

그런데 우리에게 놀라운 소망이 있습니다. 내가 겪는 고통을 알아주고 계신 분이 계십니다. 그분은 내 문제를 해결할 수 있는 능력도 갖고 계십니다. 오늘 그분이 우리의 모든 문제를 해결하기 위해 우리를 찾아오셨습니다. 바로 그분이 예수 그리스도이십니다. 예수님은 이렇게 말씀하십니다.

[약 1:12] 시험을 참는 자는 복이 있나니 이는 시련을 견디어 낸 자가 주께서 자기를 사랑하는 자들에게 약속하신 생명의 면류관을 얻을 것이기 때문이라

어려움과 시험을 당하는 여러분은 참으로 복 있는 자들입니다. 이 시련을 잘 통과하면 하나님은 여러분에게 생명의 면류관을 주십니다. 생명의 면류관은 삶의 모든 문제가 해결되는 승리를, 영원한 생명으로 천국 백성이 되는 것을 상징합니다. 우리는 축복받은 아브라함의 후손이요 하늘나라의 백성입니다.

모든 시험은 나의 욕심의 결과입니다. 자신을 돌아보며 모든 시련의 원인을 냉철하게 가늠해 보십시다. 탐욕과 욕심이 오늘의 나를 만들지 않았습니까? 잘 되는 사람은 그만한 이유가 있습니다. 그 사람이 오랜 세월 인내하고 노력하여 얻은 결실을 당장 내 것으로 만들려 한다면, 그것은 욕심이 아닐까요?

성경 속 인물 가운데 노력하지 않고 한순간에 축복받은 사람은 아무도 없습니다. 성경을 깊이 읽어보면 복을 받은 사람에게는 그만한 이유가 있다는 것을 알 수 있습니다.

욕심부리는 자는 욕심을 부리는지 알지 못합니다. 상대방이 자기를 위해 희생하는 것을 당연하게 생각합니다. 그래서 욕심이 무서운 것입니다.

[약 1:15-16] 욕심이 잉태한즉 죄를 낳고 죄가 장성한즉 사망을 낳느니라
내 사랑하는 형제들아 속지 말라

하나님은 아무도 시험하지 아니하십니다. 하나님이 나를 시험하신다고 하는데, 모든 시험은 내가 자초한 것입니다. 우리는 시험받을 때 남을 탓할 때가 많습니다. 하나님이 시험하시는 자는 특별한 자들인데도 사람들은 하나님이 나를 시험하신다고 쉽게 말합니다.

[약 1:13] 시험을 받을 때에 내가 하나님께 시험을 받는다 하지 말지니 하
나님은 악에게 시험을 받지도 아니하시고 친히 아무도 시험하지 아니하
시느니라

하나님은 시험받지도, 친히 시험하지도 않으십니다. 탐욕과 욕심이 나로
하여금 이런 시험을 받게 한 것입니다. 모든 시험은 나의 욕심의 결과물입니
다. 사탄은 우리를 시험하여 넘어뜨리려고 온갖 술책을 부립니다. 사탄이 사
용하는 강력한 무기가 탐심과 욕심입니다.

바울은 탐심을 우상숭배라고 했습니다. 사탄은 탐심과 욕망으로 우리를 파
멸에 이르게 합니다. 사탄이 마음속에 들어와 탐심과 욕망으로 미혹할 때, 우
리는 믿음의 방패로 그 유혹을 물리칠 수 있습니다.

[엡 6:16-17] 모든 것 위에 믿음의 방패를 갖고 이로써 능히 악한 자의 모
든 불화살을 소멸하고 구원의 투구와 성령의 검 곧 하나님 말씀을 가지라

믿음의 방패는 모든 유혹을 막아내는 강력한 힘이 있습니다. 믿음의 방패
로 무장하면 놀라운 믿음의 역사가 일어납니다. 시험을 이기려면 부끄러운
일을 멀리해야 합니다.

1994년 1월, 저는 동숭교회 파송으로 양평백석교회에 부임했습니다. 그때
동숭교회 심문주 장로님이 2년 된 다마스 차를 갖고 가겠냐고 물었습니다. 너
무도 감사한 일이지요. 당시 차가 너무 귀했습니다. 그 차로 백석교회에 가서
인사하고 왔습니다. 교회 주차장에 세우고 나오는데 물이 바닥에 흘러 떨어
졌습니다.

집사람에게 라이터를 갖고 오게 해서 불을 켜는 순간 휘발유에 불이 붙어

그 차가 다 타버리고 옆에 세워진 차까지 상하게 되었습니다. 소방차가 와서 불길을 잡았습니다. 경찰서에 가서 고의가 아님을 해명하고 사건을 잘 해결했습니다.

그 후 심 장로님이 금요 철야기도회에서 간증하기를, 맨손으로 서울에 올라와서 이렇게 복을 받았는데 조 전도사가 첫 목회지로 부임해 가는 길에 중고차를 선물했다며 회개했다고 합니다.

이튿날 심 장로님이, 돈을 지불할 테니 새 차를 뽑으라고 하셨습니다. 얼마나 감사한 일입니까? 그런데 제게 욕심이 생겼습니다. 기왕이면 좀더 큰 차라면 좋겠다 싶어 장로님께 말씀드렸더니 단호하게 거절하시며 400만 원을 줄 테니 알아서 하라고 하셨습니다.

지금 생각해 보면 참으로 부끄러운 행동이지요. 장로님께 이것 사 달라 저것 사 달라, 말이 됩니까? 새 차를 사주시면 감사하게 받아야 하는데도 그때는 그런 행동이 부끄러운 것인지도 몰랐습니다.

하나님께 필요한 것을 요구하며 기도하는 것은 부끄러운 일이 아니지만, 내가 필요한 것을 남에게 요구하는 것은 부끄러운 일인 줄 알아야 합니다.

우리는 사탄의 모든 유혹을 믿음의 방패로 막을 수 있습니다. 사탄의 잘못된 생각이 스며들 때 믿음으로 "아니다" 하면 그 생각이 사라집니다.

절망이 찾아올 때 "절망아, 물러가라. 하나님이 나와 함께하신다" 하면 절망이 사라집니다. 우울증이 찾아올 때도 예수 이름으로 믿음으로 물리치면 우울증이 내 안에 자리 잡지 못합니다. 돈이 떨어져도 "여호와는 나의 목자 되시니 내가 부족함이 없으리로다" 하면 나의 필요가 채워지는 놀라운 일이 일어납니다.

우리는 모든 시험을 믿음의 방패로 막을 수 있습니다.

시험을 통과하면 놀라운 축복이 예비되어 있습니다.

성경 속 인물 가운데 하나님이 직접 시험하시고 사탄에게 시험을 허락하신 두 사람이 있습니다. 아브라함과 욥입니다. 욥은 하나님께 인정받는 믿음의 삶을 살면서 엄청난 축복의 주인공이 되었습니다. 어느 날 여호와 하나님은 욥을 자랑하고 싶어 사탄에게 이렇게 말씀하십니다. "네가 내 종 욥을 유의하여 보았느냐? 그와 같이 온전하고 정직하여 하나님을 경외하며 악에서 떠난 자는 세상에 없느니라."

사탄이 하나님께 말합니다. "욥이 까닭 없이 여호와를 경외하리이까? 여호와 하나님이 그를 축복하시니 욥이 하나님을 섬기는 것은 당연하지요."

여호와 하나님이 사탄에게 말씀하십니다. "아니다. 욥은 진심으로 하나님을 섬기는 자다. 욥은 어떤 경우에도 하나님을 욕하거나 버리지 않을 것이다."

사탄이 말합니다. "그의 모든 소유물을 치소서 그리하시면 틀림없이 주를 향하여 욕하지 않겠습니까?"

"내가 그의 소유물을 다 네 손에 맡기노라 다만 그의 몸에는 네 손을 대지 말라."

사탄은 욥의 소유물을 송두리째 빼앗습니다. 그의 열 명의 자녀들이 맏아들 집에서 음식을 먹는데, 태풍에 집이 무너져 모두 죽었습니다. 욥은 몸에 종기가 나서 견딜 수 없어 기왓장으로 자기 몸을 긁었습니다. 그래도 욥은 하나님을 원망하지도, 불평하지도 않았습니다. 이런 상황에서도 욥은 하나님께 이렇게 고백합니다.

"주신 이도 여호와시요 취하신 이도 여호와시오니 여호와의 이름이 찬송을 받을지로다."

욥의 믿음이 하나님께 상달되었습니다. 하나님은 욥에게 이전보다 갑절의 복을 더하셨고, 욥은 140년을 더 살면서 아들들과 손자 4대를 보았고 늙어 나이가 차서 죽는 은혜를 받았습니다.

욥은 모든 시험을 통과하여 하나님께 인정받는 축복의 주인공이 되었습니다. 사탄의 모든 유혹과 시험을 물리치고 승리하여 갑절의 복을 받아 누렸습니다. 욥은 시련 가운데서 하나님을 만나는 놀라운 영적인 복을 받게 되었습니다.

사랑하는 성도 여러분!

여러분은 욕심과 탐욕으로 시험당하지 않습니까? 시험을 빨리 쉽게 통과하려면 믿음으로 받아들이고 나 자신을 돌아보며 회개해야 합니다. 모든 시험은 탐욕과 욕심 때문에 찾아온 것입니다. 시험당할 때 불평과 원망을 버리고 무조건 감사하십시오. 작은 일에도 감사하십시오. 실패해도 감사하십시오. 나에게 주어진 시험을 통과하면 상상을 초월하는 복을 누리게 됩니다.

시험을 통과하여 욥은 갑절의 축복을 받았고, 아브라함은 평안을 누리며 안정의 복을 받았습니다. 아브라함과 욥처럼 시험을 통해 갑절의 축복을 받고 안정과 평화의 복을 받으시기를 주 예수 이름으로 축원합니다.

29. 지혜로운 사람

[창 19:1-11] 저녁 때에 그 두 천사가 소돔에 이르니 마침 롯이 소돔 성문에 앉아 있다가 그들을 보고 일어나 영접하고 땅에 엎드려 절하며 이르되 내 주여 돌이켜 종의 집으로 들어와 발을 씻고 주무시고 일찍이 일어나 갈 길을 가소서 그들이 이르되 아니라 우리가 거리에서 밤을 새우리라 롯이 간청하매 그제서야 돌이켜 그 집으로 들어오는지라 롯이 그들을 위하여 식탁을 베풀고 무교병을 구우니 그들이 먹으니라 그들이 눕기 전에 그 성 사람 곧 소돔 백성들이 노소를 막론하고 원근에서 다 모여 그 집을 에워싸고 롯을 부르고 그에게 이르되 오늘 밤에 네게 온 사람들이 어디 있느냐 이끌어 내라 우리가 그들을 상관하리라 롯이 문 밖의 무리에게로 나가서 뒤로 문을 닫고 이르되 청하노니 내 형제들아 이런 악을 행하지 말

라 내게 남자를 가까이 하지 아니한 두 딸이 있노라 청하건대 내가 그들을 너희에게로 이끌어 내리니 너희 눈에 좋을 대로 그들에게 행하고 이 사람들은 내 집에 들어왔은즉 이 사람들에게는 아무 일도 저지르지 말라 그들이 이르되 너는 물러나라 또 이르되 이 자가 들어와서 거류하면서 우리의 법관이 되려하는도다 이제 우리가 그들보다 너를 더 해하리라 하고 롯을 밀치며 가까이 가서 그 문을 부수려고 하는지라 그 사람들이 손을 내밀어 롯을 집으로 끌어들이고 문을 닫고 문 밖의 무리를 대소를 막론하고 그 눈을 어둡게 하니 그들이 문을 찾느라고 헤매었더라

천향인과 굳센 믿음은 다정하게 이야기를 나누며 길을 가고 있었습니다. 그런데 그 뒤에 수다쟁이라는 사람이 뒤를 따라오고 있었습니다. 수다쟁이는 빠른 걸음으로 굳센 믿음에게 다가왔습니다. "무슨 이야기를 그렇게 재미있게 해요? 나도 끼어들어도 되겠소?" "물론입니다."

"같은 길을 가는데 말동무가 되면 좋지요." 굳센 믿음은 수다쟁이를 길동무로 받아 주었습니다.

굳센 믿음이 수다쟁이와 대화를 나누는 동안 천향인은 뒤따라 걸어갔습니다.

"굳센 믿음 씨! 저를 반갑게 맞아주시니 참으로 기쁩니다."

수다쟁이는 굳센 믿음에게 바짝 붙어 걸어가며 대화를 나누었습니다. "저는 다른 사람과 유익한 이야기 나누는 것을 매우 좋아합니다. 쓸데없는 농담은 좋아하지 않습니다." "저와 생각이 똑같군요."

굳센 믿음의 말에 수다쟁이는 다시 말을 이었습니다. "세상에서 하나님 이야기보다 더 뜻깊은 이야기가 어디 있겠습니까?"

"맞습니다. 당신은 저와 똑같은 생각을 하시는군요."

이야기를 나누면서 굳센 믿음은 수다쟁이가 점점 마음에 들었습니다. 그러나 멀찌감치 떨어져 걷고 있는 천향인이 마음에 걸렸습니다. 굳센 믿음은 천향인에게 다가가서 물었습니다.

"정말 대단한 사람입니다. 진짜 순례자인 것 같습니다."

천향인은 작은 목소리로 이렇게 말했습니다. "저 사람 말을 다 믿지 마십시오. 저 사람은 우리 마을 출신인데, 말은 그럴싸하게 하지만 알맹이가 없어요. 행동보다 말이 앞서는 사람입니다. 저 사람의 아버지는 말재간이라는 사람인데 그를 모르는 사람이 없을 정도입니다."

천향인의 말에 굳센 믿음은 적지 않게 놀랐습니다.

"저는 저 사람 집에 가본 적이 있습니다. 스스로 독실한 기독교인이라 하는데 기도도 하지 않고 말씀대로 순종하지 않습니다."

천향인의 말에 굳센 믿음은 고개를 끄덕였습니다. "훌륭한 사람으로 보았는데 말과 행동이 다르면 진정한 신앙인이 아니지요." 수다쟁이는 신앙에 대해 이야기만 하면 훌륭한 신앙인이 되는 줄 알고 있었습니다. 굳센 믿음은 수다쟁이에게 속은 것이 내심 약이 올랐습니다.

굳센 믿음은 수다쟁이를 시험해보기로 했습니다.

"하나님이 주시는 구원의 은총이 사람들의 마음에 어떤 변화를 일으킵니까?"

수다쟁이가 대답했습니다. "하나님의 은혜는 사람들이 마음속에서 죄를 반대하는 생각을 하게 만듭니다."

굳센 믿음이 말했습니다. "죄를 반대하는 것이 아니라 죄를 혐오하는 것이지요."

그러자 수다쟁이는 고개를 갸우뚱거리며 '반대하는 것과 혐오하는 것'이 무엇이 다른지 물었습니다.

"다르지요. 죄를 반대하면서도 자기 이익을 위해 죄를 짓는 경우들이 얼마나 많습니까? 도둑질하는 사람도 자기가 한 일은 옳다고 하지 않습니다. 그러나 죄를 혐오하는 자는 죄를 짓지 않습니다."

굳센 믿음의 말에 수다쟁이는 얼굴이 일그러졌습니다. "당신은 말을 억지로 만들어 나를 골탕 먹이려는 것 같군요. 저는 말하는 것보다 진실로 믿고 행동하는 것이 더 중요하다고 생각합니다."

"그만두시오. 듣기 싫소."

굳센 믿음은 수다쟁이를 붙잡고 말했습니다. "당신의 신앙은 당신 혓바닥에 있습니다. 지금이라도 참된 믿음을 갖고 하나님 말씀의 가르침을 실천해 보십시오."

그러나 수다쟁이는 "별 거지 같은 사람 다 보겠네. 당신과 더 이야기하고 싶지 않소!" 하고 굳센 믿음을 떠나가 버렸습니다.

교회 안에 말로만 신앙생활 하는 사람이 많습니다. 참으로 놀라운 사실은, 예수를 오래 믿고 성경 많이 읽은 사람들이 수다쟁이가 된다는 것입니다. 이들은 성경 말씀을 이야기하지만 그 말씀을 생활 속에서 실천하지 않습니다. 말만 하는 것은 참된 신앙이 아닙니다. 하나님 말씀을 믿음으로 받아들이면 삶에 놀라운 변화가 일어나는데, 그런 변화를 체험해야 진정한 신앙인입니다.

세상적인 가치관으로 따지기 좋아하고, 자기주장을 관철시키려고 수단 방법을 가리지 않는 사람들이 있습니다. 이들이 교회에 문제를 일으키는 장본인이 됩니다.

교회에서 일어나는 모든 문제는 수다쟁이, 곧 말만 하고 행동이 따르지 않는 자들을 통해 일어납니다. 주님과 함께 올바른 신앙생활을 하는 자들은 수다쟁이와 가까이하지 않습니다.

우리는 하나님의 자녀라는 생각으로 신앙생활을 해야 합니다. 내 말에 책임지고 행동하는 사람이 건전한 신앙인입니다.

신앙생활에서 꼭 필요한 것은 하나님이 주신 지혜입니다. 하나님이 주신 지혜로 살아가는 사람은 누구도 당해낼 자가 없습니다.

오늘 본문은 지혜로운 자의 삶에 대해 이야기합니다. 지혜로운 자는 상식을 지킵니다. 예수님께서 말씀을 증거하시면서 이런 비유로 말씀하십니다.

전쟁이 일어났는데, 어떤 왕이 파악해 보니 적군이 2만 명이었습니다. 자기 군사는 만 명밖에 되지 않았습니다. "지혜로운 왕이라면 어떻게 하겠느냐? 만 명으로 2만 명을 대적하겠느냐, 사신을 보내 화해하겠느냐?"

예수님은 "지혜로운 왕은 무리하게 싸우지 않고 사신을 보내 화친한다"고 말씀하십니다.

우리는 참으로 지혜가 필요한 시대에 살고 있습니다. 싸우지 않고 화친하며 목표를 이루어가는 것이 진정한 지혜입니다.

아브라함은 하나님의 명령으로 갈대라 우르의 고향을 떠나는데 그 길에 롯도 동행합니다. 참으로 놀라운 사실은, 롯이 아브라함 때문에 축복의 주인공이 된다는 것입니다. 양 떼와 소 떼가 번성하여 아브라함의 목자와 롯의 목자 간에 다툼이 일면서 문제가 생기기 시작합니다. 이 모습을 지켜본 아브라함은 롯을 불러 말합니다.

"우리는 한 친족이니 다투는 것은 옳지 않다. 이제 우리 분가하자. 네가 좌하면 나는 우하고 네가 우하면 나는 좌하리라."

롯이 요단 동편을 바라보니 물이 넉넉하고 초지도 풍성하여 애굽 땅과 같았습니다. 롯은 삼촌 아브라함을 생각하지 않고 요단 동편을 택합니다. 요단 서편은 물도 초지도 없는 황무지였습니다. 아브라함은 다투지 않고 양보하며 요단 서편을 택했습니다.

그런데 놀랍게도 롯은 쇠망하고 아브라함은 번성합니다. 하나님이 소돔과 고모라를 유황불로 심판하셨기 때문입니다. 다툼이나 싸움이 아닌 평화를 택한 아브라함이 승리한 것입니다. 우리는 평화와 화해를 선택하는 지혜로운 자가 되어야 합니다. 내 감정에 이끌려 행동하면 실패하는 자가 됩니다.

내 고집대로 행동하는 것도 지혜롭지 못한 자의 자세입니다. 지혜로운 자는 하나님을 생각하며 화평을 추구합니다. 또한 사람의 마음을 살피는 감동적인 삶을 삽니다. 양보가 미덕이라 하지만 사람들은 자기 문제에 대해서는 양보하지 않습니다. 양보한다는 것은 자기를 포기하는 것입니다. 양보하며 자기를 포기하는 자에게 하나님은 감동하십니다.

자기 욕구를 버리는 것은 성령의 감동으로만 가능한 일입니다. 하나님이 감동하시는 현장에는 놀라운 일이 일어납니다.

솔로몬 왕 때 일입니다. 두 여자가 아기를 데리고 왔는데 한 아기는 죽었고 다른 아기는 살아있었습니다. 이 두 아기는 사흘 간격으로 같은 장소에서 태어났다고 합니다.

그런데 한 여자가, 살아 있는 아기가 자기 아기라고 우기면서 솔로몬 왕에게 재판을 요구합니다. 이 재판을 지켜보는 많은 사람이 긴장하며 왕의 재판을 지켜봅니다. 솔로몬 왕은 말했습니다. "여봐라, 저 살아있는 아기를 둘로 나누어서 두 여자에게 나누어 주어라."

그러자 산 아들의 어머니는 그 아들을 위해 마음이 불붙듯 하여 왕께 아룁니다. "내 주여. 저 아기를 그에게 주시고 죽이지 마옵소서."

다른 여자는 말합니다. "내 것도 되게 말고 네 것도 되지 말게 나누어 주소서."

그러자 솔로몬 왕은 "산 아이를 양보하는 저 여자에게 돌려주어라. 저 아이의 진짜 엄마다"라고 판결했습니다. 많은 사람은 솔로몬 왕의 지혜에 감동했습니다.

지혜로운 자는 하나님과 사람을 감동시킵니다. 지혜에는 사람을 감동시키는 능력이 있습니다. 내 주위 사람을 감동시키면 하나님도 감동하십니다. 하나님이 감동하시면 삶에 놀라운 기적이 일어납니다.

지혜로운 사람이 많아질 때 우리 사회가 밝아지고, 이 나라는 위대한 나라, 축복받는 나라가 됩니다.

> [마 7:24-25] 그러므로 누구든지 나의 이 말을 듣고 행하는 자는 그 집을 반석 위에 지은 지혜로운 사람 같으리니 비가 내리고 창수가 나고 바람이 불어 그 집에 부딪치되 무너지지 아니하나니 이는 주추를 반석 위에 놓은 까닭이요

반석 위에 집을 세웠다는 것은 예수 그리스도 위에 신앙을 세웠다는 것입니다. 신앙의 뿌리가 예수 그리스도 위에 내리게 되면 어떤 시련이나 역경도 넉넉하게 이겨낼 수 있습니다.

그러나 반석이 아닌 모래에 뿌리내린 신앙은 언제 무너질지 모릅니다. 비가 내리고 창수가 나고 바람이 불면 모래 위에 세운 집은 무너집니다. 신앙의 집을 모래 위에 집을 짓는 것은 수다쟁이처럼 말만 하고 행동에 옮기지 않는 것으로, 이런 믿음으로는 언제 신앙이 무너질지 모릅니다.

> [마 7:26-27] 나의 이 말을 듣고 행하지 아니하는 자는 그 집을 모래 위에 지은 어리석은 사람 같으리니 비가 내리고 창수가 나고 바람이 불어 그

우리는 참된 신앙으로 돌이켜야 합니다. 어떤 시련이나 역경이 닥쳐도 든든히 서 있는 반석 위에 신앙의 집을 지어야 합니다. 이 반석이 바로 예수 그리스도이십니다. 하나님 말씀에 뿌리내리고 그 말씀에 순종하면 축복의 주인공으로 살아갈 수 있습니다.

사랑하는 성도 여러분!

여러분은 지혜로운 자입니까? 어리석은 자입니까?

예수를 바로 믿으면 복 받습니다. 진정한 복은 하늘의 복이요, 이 복은 하나님의 자녀로서 권세를 누리며 세상을 다스리며 살아가는 것입니다.

하늘의 복을 받은 자들은 가난해도 행복하고 모자라도 부족함 없는 삶을 삽니다. 믿음으로 바로 살면 꾸어주고 나누어주는 풍족한 삶을 살게 됩니다.

믿음으로 살아가는 자는 형통의 복을 누리게 됩니다.

우리는 지혜로운 자가 되어야 합니다. 지혜로운 삶을 살아야 합니다. 지혜로운 자는 다투거나 싸우지 않습니다. 화해하고 용서하며 주위 사람을 감동시킵니다. 말씀에 순종하며 축복의 주인공으로 살아갑니다. 우리 모두 지혜로운 자가 되어 사람을 감동시키는 축복의 주인공이 되기를 주 예수 이름으로 축원합니다.

30. 허영의 도시

[마 7:24-27] 그러므로 누구든지 나의 이 말을 듣고 행하는 자는 그 집을 반석 위에 지은 지혜로운 사람 같으리니 비가 내리고 창수가 나고 바람이 불어 그 집에 부딪치되 무너지지 아니하나니 이는 주추를 반석 위에 놓은 까닭이요 나의 이 말을 듣고 행하지 아니하는 자는 그 집을 모래 위에 지은 어리석은 사람 같으리니 비가 내리고 창수가 나고 바람이 불어 그 집에 부딪치매 무너져 그 무너짐이 심하니라

굳센 믿음과 천향인은 신앙의 대화를 나누며 진리의 길을 걸었습니다. 바로 그때 한 사람이 뒤따라오는 것을 발견했습니다. 그 사람은 전도자였습니다. 천향인은 말했습니다. "저분은 나의 좋은 친구인데 전도자라는

분입니다." 전도자는 밝은 웃음으로 다가와 "사랑하는 성도님들 안녕하십니까? 주님의 이름으로 평안을 빕니다."라고 인사를 했습니다.

천향인은 말했습니다. "여기는 어떻게 오셨습니까? 저에게 영원한 생명을 얻게 해준 당신, 참으로 반갑습니다. 환영합니다." 그들은 인사를 나누었습니다.

전도자는 이들과 함께 걸으면서 지나온 과정의 이야기를 들으며 매우 흡족했습니다. "정말 장하십니다. 여러분은 많은 약점이 있고 수많은 고난을 겪었음에도 믿음을 잃지 않고 여기까지 오셨군요. 저는 씨를 뿌렸고 여러분은 열매를 거두게 되었습니다. 그러나 안심하기에는 이릅니다. 면류관을 머리에 쓸 때까지 계속 믿음으로 달음질해야 합니다. 아직 여러분은 마귀들의 손이 미치는 곳에 있습니다."

"좋은 충고 감사합니다. 저희 같은 순례자들에게는 이런 충고가 얼마나 고마운지 모릅니다. 저희에게는 매우 큰 힘이 됩니다."

전도자는 두 사람에게 전해주고 싶은 말이 있었습니다.

"앞으로 가는 길에 도시가 나올 것입니다. 허영이라는 이름의 도시입니다. 이 도시에서 누군가는 믿음으로 피를 흘리며 자기 믿음을 증명해야 할지 모릅니다. 하지만 결코 믿음을 저버려서는 안 됩니다. 두 분 중에 누군가 피 흘리고 죽는다 해도 그것은 행복한 일이 될 것입니다. 죽음은 먼저 천국에 가는 길이기 때문입니다."

두 사람은 계속 길을 가다가 큰 도시에 다다랐습니다. 그 도시의 이름이 허영의 도시였습니다. 입구에서부터 번쩍번쩍 빛나는 많은 보석이 사람들의 눈을 사로잡았습니다. 그러나 이 도시는 우상숭배와 비도덕적 생활로 혼란스러웠습니다. 1년 내내 시장이 열려 북적거렸습니다. 사람들은 경박했고, 그들의 생각은 허영으로 가득 차 있었습니다. 그러나 당시에도 지금처럼 경건한 순례자들이 있었습니다.

바알세불과 아볼론은 순례자들이 이 허영의 도시를 지나간다는 사실을 알았습니다. 그래서 이 도시에 온갖 허영을 사고파는 시장을 만들어 놓고 연중무휴로 열었습니다. 이 시장에서는 갖가지 보물, 신분, 명예, 부동산, 땅, 향락 등을 사고팔았습니다.

허영의 도시에는 없는 것이 없었습니다. 이 도시에서는 도적질, 사기, 쾌락과 간통을 사고팔았습니다. 이런 것들이 이 도시를 지배하고 있었습니다.

천국으로 가는 사람은 이 허영의 도시를 통과해야 했습니다. 만왕의 왕이신 예수님도 이 도시를 통과했습니다. 두 사람도 이 허영의 도시를 통과해 나아가야 합니다.

이 세상이야말로 허영의 도시입니다. 세상은 바알세불과 아볼론이라는 사탄이 지배하고 있습니다. 성령 안에서 거듭나지 못한 사람은 바알세불과 아볼론의 유혹에서 벗어날 길이 없습니다. 이 도시에서는 세상의 온갖 허영을 사고파는 데 저마다의 인생을 낭비하고 있습니다.

허영의 도시에서 사고파는 온갖 것이 우리를 유혹합니다. 이 중에서 여러분의 마음을 사로잡는 것이 무엇입니까?

신분 상승을 위해 인생을 팔고 있지 않습니까?

부동산으로 돈 버는 일에 인생을 걸고 있지 않습니까?

쾌락과 향락의 삶에 빠져 주님을 멀리하고 있지 않습니까?

일확천금에 인생을 걸고 있지 않습니까?

각종 보석으로 치장하고, 좋은 차를 타고 다니며, 통장에 돈을 수억씩 넣고 다니는 허황된 꿈 속에 살지 않습니까?

여러분, 제발 속지 마십시오. '저것만 있으면 행복하겠다' 해도 막상 가져 보면 별거 아닙니다. 솔로몬 왕은 갖고 싶은 것 다 갖고 난 뒤 "헛되고 헛되며 헛되고 헛되니 모든 것이 헛되다"라고 고백했습니다. 우리가 바라고 추구하는 모든 것은 허영에 불과한 것입니다. 이 허영의 도시를 어떻게 믿음으로 통과할지 함께 생각하고자 합니다.

롯의 삶을 통해 자신을 돌아보기 바랍니다. 롯이 살던 소돔과 고모라는 허영의 도시였습니다. 롯은 이 도시에서 절규하며 살아갔습니다. 좋은 환경에 부를 갖추면 행복한 삶을 살 수 있다고 생각했습니다. 그래서 그는 부자가 되기 위해 요단 동편을 선택했습니다.

당시 롯처럼 생각하는 사람이 참으로 많았습니다. 그래서 많은 사람이 소돔으로 모여들었고, 소돔은 문명이 발달하여 편리하고 번성한 도시가 되었습니다.

소돔 성에 사람들이 살면서 무서운 죄악이 함께 들어왔습니다. 사람들은 비윤리적인 삶 속에 성적으로 매우 타락했습니다. 동성애가 극도로 성행했습니다. 하나님은 이 모습을 보고 소돔 성을 멸하기로 작정하십니다. 그 전에 심판의 놀라운 소식을 전하려고 천사를 보내는 내용이 오늘 본문 말씀입니다.

주님은 공생애 사역에서 "주는 자가 받는 자보다 복이 있다"고 하시면서 대접받고자 하는 자는 먼저 남을 대접하라고 말씀하십니다.

당시 타락한 소돔 성에서는 남을 배려하고 대접하는 일이 없었습니다. 두 천사가 하나님의 뜻을 전하기 위해 소돔 성으로 들어갔는데, 롯은 그들을 알아보고 땅에 엎드려 절하며 간곡하게 부탁합니다.

[창 19:2-3] 이르되 내 주여 돌이켜 종의 집으로 들어와 발을 씻고 주무시

고 일찍이 일어나 갈 길을 가소서 그들이 이르되 아니라 우리가 거리에서
밤을 새우리라 롯이 간청하매 그제서야 돌이켜 그 집으로 들어오는지라
롯이 그들을 위해 식탁을 베풀고 무교병을 구우니 그들이 먹으니라.

참으로 놀랍지 않습니까? 여러분은 롯처럼 이렇게 손님을 대접해본 적이
있습니까? 롯이 이렇게 손님을 대접하는 것을 어디서 배웠습니까? 바로 아
브라함에게 배웠습니다. 아브라함도 그의 집을 지나가는 사람을 절대로 그냥
보내지 않았습니다.

[창 18:2-7] 눈을 들어 본즉 사람 셋이 맞은편에 서 있는지라 그가 그들을
보자 곧 장막 문에서 달려나가 영접하며 몸을 땅에 굽혀 이르되 내 주여
내가 주께 은혜를 입었사오면 원하건대 종을 떠나 지나가지 마시옵고 물
을 조금 가져오게 하사 당신들의 발을 씻으시고 나무 아래에서 쉬소서 내
가 떡을 조금 가져오리니 당신들의 마음을 상쾌하게 하신 후에 지나가소
서 당신들이 종에게 오셨음이니이다 그들이 이르되 네 말대로 그리하라
아브라함이 급히 장막으로 가서 사라에게 이르되 속히 고운 가루 세 스아
를 가져다가 반죽하여 떡을 만들라 하고 아브라함이 또 가축 떼 있는 곳
으로 달려가서 기름지고 좋은 송아지를 잡아 하인에게 주니 그가 급히 요
리한지라

아브라함은 지나가는 나그네를 위해 소 한 마리를 잡아서 대접합니다. 이
성경 구절을 읽고 어떤 분은 지혜를 얻어서 식당 메뉴를 소 한 마리로 만들었
다고 합니다. 소고기 한 접시에 소의 모든 부위가 들어가는 메뉴입니다.
　아브라함은 이들을 대접하고 내년 이맘때 아들을 낳게 되리라는 약속을 받

게 됩니다. 이 이야기에 사라가 너무 황당하여 "아니, 나이고 많아 생리도 끊어졌는데 아기를 낳는다니 내게 무슨 즐거움이 있으리요?" 하며 웃으니 하나님의 사자가 말합니다. "여호와께서 능하지 못한 일이 어디 있겠느냐. 사라에게 아들이 있으리라." 그래서 아들 이름을 이삭, 곧 웃음이라고 지었습니다.

롯에게는 손님 대접이 자연스러운 일상이 되었습니다. 정성을 다하여 손님을 대접하는 롯에게 재난에서 구원받는 놀라운 일이 일어납니다. 대접하는 아브라함과 롯의 신앙을 본받는 저와 여러분이 되기를 바랍니다.

허영의 도시 소돔 성 사람들은 부요하고 잘 살았지만 행복하지 않았고 성적으로 타락했습니다. 소돔 성에 새로운 사람이 들어왔다는 소식이 퍼져가면서 노소를 막론하고 롯의 집에 모이기 시작했습니다. 그들은 말합니다. "너희 집에 온 사람을 끌어내라." 그들과 동성애를 하겠다는 것입니다.

그러자 롯은 그들에게 사정하며 제안합니다. "나에게 남자를 가까이하지 않는 두 딸이 있다. 그들을 너희에게 내어 줄 테니 너희 눈에 좋은 대로 행하라."

자기 집에 온 하나님의 사자는 내어 줄 수 없다며 단호하게 말합니다. 하지만 두 딸을 창녀처럼 그들에게 내어주고 내 집에 온 손님을 내가 보호하겠다는 말이 납득이 됩니까? 소돔 사람들은 싫다고 했습니다. 남자를 가까이하지 않는 두 딸과 관계를 갖는 것보다 그 집에 들어온 사람과 동성애를 하겠다는 것입니다.

바로 이것이 당시 소돔 성의 일상이었습니다. 이처럼 동성애가 일상이 된 것입니다.

하나님은 하나님의 질서를 파괴하는 자들을 그냥 지나치지 않고 반드시 심판하십니다. 롯이 그들을 내어주지 않자 그들은 문을 부수고 들어와 하나님의 사람과 동성애를 하려고 합니다. 그때 하나님은 그들을 징벌하십니다.

[창 19:11] 문 밖의 무리를 대소를 막론하고 그 눈을 어둡게 하니 그들이
문을 찾느라고 헤매었더라

그들은 모두 소경이 되어 헤매다가 집으로 돌아갔습니다.

하나님은 롯을 불쌍히 여기셨습니다. 허영의 도시에 살면서 믿음으로 살려
는 롯을 구원하기 위해 천사를 보내십니다. 롯은 손님을 대접하는 그 믿음으
로 천사를 대접하게 되었는데, 이 놀라운 사실을 신약성경은 이렇게 이야기
합니다.

[히 13:1-2] 형제 사랑하기를 계속하고 손님 대접하기를 잊지 말라 이로
써 부지중에 천사들을 대접한 이들이 있었느니라

하나님의 사자는 롯의 가정을 구원하기 위해 복음을 전합니다. 하나님이
소돔 성을 불로 심판하시는데 절대로 돌아보지 말고 들에 머물지 말고 산으
로 도망하라는 것입니다. 롯은 사위 될 사람들에게 하나님의 이 무서운 심판
을 전했지만 그들은 이 복음을 농담으로 여겼습니다.

동틀 때 천사가 롯을 재촉하여 그의 아내와 두 딸을 이끌어냅니다. 여호와
께서 그들에게 자비를 베풀어 그들을 끌어낸 것입니다. 그리고 롯은 천사에
게 이렇게 요청합니다.

[창 19:20] 보소서 저 성읍은 도망하기에 가깝고 작기도 하오니 나를 그 곳으
로 도망하게 하소서 이는 작은 성읍이 아니니이까 내 생명이 보존되리이다

하나님의 긍휼이 롯과 함께하셔서 하나님이 그 성은 멸하지 않기로 했는데 바로 그 성이 소알이라는 작은 성이었습니다. 그런데 롯의 아내는 복음의 말씀을 받아들이지 않고 소돔 성의 재산이 너무 아까와 뒤를 돌아보다 소금 기둥이 되었습니다.

[창 19:26] 롯의 아내는 뒤를 돌아보았으므로 소금 기둥이 되었더라

아브라함이 아침에 일어나 소돔 성을 바라보니 하늘에서 내린 유황불로 연기가 가득했습니다. 소돔과 고모라성의 모든 사람과 동물이 죽고 롯과 그의 두 딸만 살아나왔습니다.

바로 이것이 하나님의 구원입니다. 하나님이 유황불 속에서 죽어야 할 롯과 그의 두 딸에게 복음을 전하여 그들이 불 가운데서 살아남게 된 것입니다. 롯의 믿음이 그와 그의 두 딸을 살린 것입니다.

롯은 허영의 도시에서 소돔 성 사람들과 타협하지 않았습니다. 하나님의 사자인 천사를 살리는 일에 인생의 모든 것을 걸었습니다. 위협 속에서도 믿음을 지켰습니다. 롯을 본받아 믿음으로 구원받는 승리의 삶을 사시기를 바랍니다.

사랑하는 성도 여러분!

차별금지법을 아시지요? 동성애를 합법화시키는 법입니다. 이 법이 통과되면, 남자끼리 혹은 여자끼리 결혼한다며 주례를 부탁했을 때 거절할 경우 차별금지법에 저촉됩니다. 사람들은 이 법이 어떻게 처리될지 비상한 관심을 보이며, 정치권에서는 수단 방법을 가리지 않고 이 법을 통과시키려 했습니다.

차별금지법이 통과되지 못하도록 합심해서 기도해야 합니다. 얼마나 많은 사람이 탐욕과 욕심에 이끌려 살고 있는지 모릅니다.

금리와 부동산 문제로 많은 사람이 실의에 잠겨 있고 희망을 잃어가고 있습니다. 도시에 사는 가난한 사람들은 아무리 부동산 시세가 달라져도 집을 살 수 없습니다. 집값이 내려가도 그들에게는 그림의 떡입니다.

그러면 우리의 소망이 무엇입니까?

우리의 소망은 주 예수 그리스도밖에 없습니다. 예수 안에 거하면 모든 것을 이길 수 있고 모든 것을 누릴 수 있습니다.

여러분의 소망은 무엇입니까? 돈입니까? 권력입니까? 향락입니까? 이런 것들은 부질없는 것이며, 우리의 진정한 소망이 되지 못합니다. 우리의 진정한 소망은 오직 예수요 오직 구원입니다. 이 구원의 은혜가 임하면 소망이 생기고, 모든 문제가 해결되고, 영생을 얻는 놀라운 일이 일어납니다.

롯은 허영의 도시 소돔 성에서 구원받았습니다. 우리 모두 이 허영의 도시에서 구원받아 소망이 넘치는 은혜와 축복의 삶을 사시기를 주 예수 이름으로 축원합니다.

31. 진리 안에서 자유를 누리라

[요 8:31-32] 그러므로 예수께서 자기를 믿은 유대인들에게 이르시되 너
희가 내 말에 거하면 참으로 내 제자가 되고 진리를 알지니 진리가 너희
를 자유롭게 하리라

천향인과 굳센 믿음은 허영의 도시를 지나갔습니다. 천국으로 가려면
반드시 허영의 도시를 통과해야 했기 때문입니다. 그들은 허영의 도시를
지나가면서 팔려고 내어놓은 상품에 눈길을 돌리지 않았습니다. 그러자
시장 사람들은 천향인과 굳센 믿음을 관심 있게 지켜보았습니다.

시장 사람들은 그들이 자기들이 내어놓은 물건에 관심을 갖지 않자 매
우 불쾌했습니다. 상인들 중 한 사람이 말했습니다.

“이보시오, 여기 좋은 물건들 많소. 구경 좀 해보시오.”

“죄송합니다. 저희가 찾는 물건은 이곳에 없는 것 같군요.”

“이곳엔 없는 게 없는데 도대체 당신들은 무엇을 찾고 있소?”

“저희는 진리를 찾고 있습니다.”

“뭐요?”

진리를 찾는다는 굳센 믿음의 말에 시장이 웅성거리기 시작했습니다. 시장에는 사람들이 찾는 수만 가지 물건이 있지만 진리는 없었습니다. 상인들은 두 사람을 고발했고, 허영의 도시의 우두머리는 그들을 잡아들였습니다. “너희는 어디서 와서 어디로 가는 놈이냐?”

“저희는 멸망의 도시에서 구원을 얻기 위해 천국으로 가는 자입니다.”

“뭐라고? 너희는 헛된 꿈을 꾸어 세상을 혼란에 빠지게 하려는 수작이로구나?”

“아닙니다. 저희는 순례자일 뿐입니다.”

허영의 도시 우두머리는 천향인과 굳센 믿음의 말을 듣지 않았습니다.

“저 자들은 정신이 이상한 자들이다. 정신이 들 때까지 마구 때려라.”

우두머리는 두 사람에게 심한 매질을 하게 했습니다. 그리고 그들을 우리에 가두어 지나가는 사람들의 구경거리가 되게 했습니다.

“저 자들이 진리를 찾으려 한다지. 얼이 빠져도 단단하게 빠졌어!”

사람들은 그들을 놀렸지만 그들은 대들지도, 원망하지도 않았습니다. 오히려 그들에게 하나님의 긍휼이 임하기를 기도했습니다. 그러자 그들의 모습에 감동하는 사람도 생겨났습니다. ‘저들이 믿는 진리는 무엇일까? 이런 상황 가운데서 어떻게 이렇게 의연하게 대처할 수 있을까?’

사태가 이렇게 되자 허영의 도시는 모든 책임을 천향인과 굳센 믿음에게 돌렸습니다.

"저 사람은 헛된 생각에 사로잡혀있다. 저들에게 본보기를 보여주어라."

부하들은 이들을 심하게 때리고 꽁꽁 묶어 시장 골목을 돌게 했습니다. 이런 상황에서도 두 사람은 의연했습니다.

허영의 도시 우두머리는 두 사람에게 성을 어지럽게 한 죄를 물어 재판했습니다. 굳센 믿음은 말했습니다. "이 성에는 바알세불이 왕이기에 진리가 없고, 진리를 모르므로 사람들은 우리를 대적할 수밖에 없습니다."

그러자 반대편 사람 시기, 미신, 알랑방귀가 나와서 변론했습니다.

시기라는 사람이 말했습니다. "저들은 우리가 가진 법률은 무시하고 하나님의 법만 옳다고 증언합니다. 저 사람을 그냥 두면 우리 마을이 없어질 것입니다."

이어서 미신이 말했습니다. "저 사람은 자기 종교만 옳으며 우리가 믿는 것은 모든 것이 헛된 것이라 합니다. 저들은 우리 모두가 지옥에 떨어진다고 합니다."

마지막으로 알랑방귀가 말했습니다. "저 사람은 우리의 고귀한 왕 바알세불에게 욕을 퍼붓습니다. 그뿐 아니라 여러 귀족들도 무시했습니다."

진리를 발견하고 진리 안에서 자유를 누리는 자들이 절실히 요구되는 시대에 우리는 살고 있습니다. 사람들은 진리에 별 관심이 없습니다.

여러분은 참된 진리를 발견하고 진리를 붙잡았습니까? 진리는 절대 변하지 않습니다. 진리는 모든 문제의 해답이며, 우리에게 참된 자유를 누리게 합니다. 세상 사람들은 거짓 진리를 진리라며 유혹합니다. 많은 사람은 거짓 진리에 속아서 헛된 인생을 살아갑니다.

사람들은 참된 이치, 참된 도리로 논리와 법칙에 모순되지 않는 바른 판단을 진리라고들 합니다. 그런데 세상에 논리와 법칙에 모순되지 않는 것이 어디 있습니까? 미혹의 영이 세상을 장악하며 사람들의 마음을 사로잡고 있습니다.

> [딤전 4:1-2] 그러나 성령이 밝히 말씀하시기를 후일에 어떤 사람들이 믿음에서 떠나 미혹하는 영과 귀신의 가르침을 따르리라 하셨으니 자기 양심이 화인을 맞아서 외식함으로 거짓말하는 자들이라

미혹의 영은 자신을 속이고 거짓을 따라 살게 만듭니다. 하나님 말씀보다 내 생각을 더 믿게 만듭니다.

하나님 말씀은 말씀 그대로 받아들여야 합니다. 바로 그것이 진리 안에서 사는 자의 올바른 삶입니다. 오늘 본문에서 예수님이 이렇게 말씀하십니다. "진리를 알지니 진리가 너희를 자유하게 하리라."

참으로 놀라운 말씀입니다. 진리는 우리가 참된 자유를 누리게 합니다. 예수님이 말씀하신 진리는 무엇입니까? 이 진리를 찾아 진리 안에서 자유를 누리는 은혜가 여러분에게 임하기를 바랍니다.

빌립은 친구 나다나엘에게 나아가서 이렇게 말합니다. "모세가 기록했고 여러 선지자가 말한 메시야를 내가 만났다. 그분은 나사렛 예수이시다." 그러자 나다나엘은 나사렛에서 무슨 선한 것이 날 수 있겠느냐며 반문합니다. 빌립은 말합니다. "와서 그분을 만나보라."

친구 빌립의 강권에 못 이겨 나다나엘이 예수님에게 나아오는데, 예수님은 나다나엘을 바라보며 이렇게 말씀하십니다.

[요 1:47] 예수께서 나다나엘이 자기에게 오는 것을 보시고 그를 가리켜 이르시되 보라 이는 참으로 이스라엘 사람이라 그 속에 간사한 것이 없도다.

예수님 말씀을 듣고 나다나엘은 예수님에게 묻습니다. "어떻게 나를 아셨습니까?"

"빌립이 너를 부르기 전에 네가 무화과나무 아래에 있을 때 보았다."

나다나엘이 무화과나무 아래에서 진리를 찾기 위해 묵상하며 간구하는 모습을 보시고 예수님이 빌립을 감동시켜 나다나엘에게 전도하게 한 것입니다.

전도란 진리를 찾는 자들에게 바른 길을 가르쳐주는 것을 말합니다. 나다나엘은 예수님을 통해 진리를 발견했습니다. 예수님은 진리이시기에 예수님을 만난 사람은 진리 안에 거하게 되는 것입니다. 예수님은 진리의 근본이 되는 분이십니다.

[요 14:6] 예수께서 이르시되 내가 곧 길이요 진리요 생명이니 나로 말미암지 않고는 아버지께로 올 자가 없느니라

예수님은 사람들이 그토록 찾고 갈구하는 진리가 되는 분이십니다.

또한 예수님은 영원한 생명 되시는 분입니다. 진리 되신 예수님을 만나면 인생의 새로운 길이 열립니다. 예수님을 바로 믿으면 진리 안에서 자유를 누리는 삶을 살게 됩니다. 우리 모두 예수님을 만나 진리 안에서 참된 자유를 누리는 복된 삶을 사십시다.

하나님이 인간에게 베푸신 은혜 가운데 가장 귀하고 소중한 은혜가 있다면 하나님 말씀이 우리에게 문자로 전해진 게 아닌가 합니다. 하나님은 태초에 말씀으로 계셨습니다. 오늘도 예수님은 말씀 안에서 말씀을 통해 당신의 놀

라운 역사를 이루어 가십니다. 그래서 이 말씀은 진리입니다.

[요 17:17] 그들을 진리로 거룩하게 하옵소서 아버지의 말씀은 진리니이다

진리이신 하나님은 당신 말씀대로 이루어 가십니다. 하나님 말씀을 믿음으로 받아들이면 말씀 속에 언약된 모든 축복이 믿음의 증거로 나타납니다. 이 믿음의 증거는 형통의 복으로 나타납니다.

[신 29:9] 그런즉 너희는 이 언약의 말씀을 지켜 행하라 그리하면 너희가 하는 모든 일이 형통하리라

형통의 복은 하나님 말씀 따라 순종하는 자에게 찾아오는 축복의 선물입니다. 이 복은 내 생각과 계획대로 되는 게 아니라 그 이상의 복을 의미합니다. 형통의 복이 임하는 자는 실패하더라도 성공하는 자보다 더 큰 복을 누리게 됩니다. 말씀에 주의하는 자는 좋은 것을 얻게 됩니다.

[잠 16:20] 삼가 말씀에 주의하는 자는 좋은 것을 얻나니 여호와를 의지하는 자는 복이 있느니라

우리는 하나님 말씀을 액면 그대로 받아들이고 지켜야 합니다. 하나님 말씀에 내 생각의 토를 달지 말아야 합니다. 하나님이 보시기에 좋은 것과 내가 보기에 좋은 것은 다릅니다. 하나님이 보시기에 좋은 것을 선택하고 행해야 합니다. 내가 좋아하는 것에는 반드시 문제가 생기지만 하나님이 좋아하는 것에는 내가 생각하지 못한 은혜가 넘칩니다.

[신 28:1] 네가 네 하나님 여호와의 말씀을 삼가 듣고 내가 오늘 네게 명령하는 그의 모든 명령을 지켜 행하면 네 하나님 여호와께서 너를 세계 모든 민족 위에 뛰어나게 하실 것이라

하나님 말씀 따라 온전히 순종하며 살면 뛰어난 민족이 되게 하겠다고 약속하셨습니다. 어떻게 하면 하나님 말씀대로 온전히 순종하며 살 수 있을지 고민하며 기도해야 하고, 그 말씀이 우리 삶의 목적이 되어야 합니다. 하나님 말씀은 진리입니다. 그 말씀대로 무조건 순종하십시오. 그리하면 축복의 주인공으로 세상을 살게 될 것입니다.

여러분은 무엇을 붙잡고 살아갑니까? 부와 권력, 사회적 지위를 의지하고 믿고 살아갑니까? 이런 것들은 언제 스러질지 모릅니다. 진리가 아닌 것들은 언젠가는 무너지게 되어 있습니다.

예수님의 영이신 성령님은 보혜사로 진리되신 하나님이십니다. 보혜사 성령님은 모든 영역에서 우리를 구체적으로 도와 주십니다.

하나님 말씀을 바르게 이해해야 합니다. 신구약 66권이 하나님의 로고스의 말씀입니다. 우리는 레마의 말씀, 곧 하나님이 나에게 주신 말씀을 붙잡아야 합니다. 내가 섬기는 교회 담임목사를 통해 주일마다 주시는 레마의 말씀을 붙잡아야 승리의 삶을 살 수 있습니다.

여러분, 속지 마십시오. 시각·청각으로 유혹하는 많은 매체의 현란한 정보에 마음 빼앗기지 마시고 하나님이 나에게 주시는 레마의 말씀을 붙잡으십시오. 이 레마의 말씀 속에 놀라운 축복이 있습니다.

사랑하는 성도 여러분!

여러분은 진리를 붙잡았습니까? 진리가 아닌 비(非)진리를 붙잡고 살고 있

지는 않습니까? 허영의 도시인 이 세상에서 파는 진리는 모두 비진리입니다.

진리는 예수 그리스도요 하나님 말씀이며 성령이십니다. 이 진리를 붙잡고 살면 모든 영역에서 자유를 누리고 상상을 초월하는 축복의 삶을 살 수 있습니다.

새로운 피조물은 환경을 지배하고 다스리는 삶을 삽니다. 이들은 하나님 말씀을 삶에 적용하며 이 세상을 살아갑니다. 이들은 부활의 능력으로, 믿음으로 모든 시련과 역경을 승화시켜 갑니다.

진리는 인생의 운명을 바꾸고, 모든 영역에서 자유를 누리게 하며, 완전한 승리의 삶을 살게 합니다. 우리 모두 진리를 붙잡고 믿음 안에서 승리하는 복된 삶을 사시기를 주 예수의 이름으로 축원합니다.

32. 소망의 삶을 살자

[창 30:26-34] 내가 외삼촌에게서 일하고 얻은 처자를 내게 주시어 나로 가게 하소서 내가 외삼촌에게 한 일은 외삼촌이 아시나이다 라반이 그에게 이르되 여호와께서 너로 말미암아 내게 복 주신 줄을 내가 깨달았노니 네가 나를 사랑스럽게 여기거든 그대로 있으라 또 이르되 네 품삯을 정하라 내가 그것을 주리라 야곱이 그에게 이르되 내가 어떻게 외삼촌을 섬겼는지, 어떻게 외삼촌의 가축을 쳤는지 외삼촌이 아시나이다 내가 오기 전에는 외삼촌의 소유가 적더니 번성하여 떼를 이루었으니 내 발이 이르는 곳마다 여호와께서 외삼촌에게 복을 주셨나이다 그러나 나는 언제나 내 집을 세우리이까 라반이 이르되 내가 무엇으로 네게 주랴 야곱이 이르되 외삼촌께서 내게 아무것도 주시지 않아도 나를 위하여 이 일을 행하시면

내가 다시 외삼촌의 양 떼를 먹이고 지키리이다 오늘 내가 외삼촌의 양
떼에 두루 다니며 그 양 중에 아롱진 것과 점 있는 것과 검은 것을 가려내
며 또 염소 중에 점 있는 것과 아롱진 것을 가려내리니 이같은 것이 내 품
삯이 되리이다 후일에 외삼촌께서 오셔서 내 품삯을 조사하실 때에 나의
의가 내 대답이 되리이다 내게 혹시 염소 중 아롱지지 아니한 것이나 점
이 없는 것이나 양 중에 검지 아니한 것이 있거든 다 도둑질한 것으로 인
정하소서 라반이 이르되 내가 네 말대로 하리라 하고

천향인과 굳센 믿음은 허영의 도시의 왕에게 재판을 받게 되었습니다.
이들을 반드시 죽여야 한다고 고소한 시기, 미신, 알랑방귀의 말에 굳센
믿음은 이렇게 담대하게 반론을 제기했습니다.

"시기심의 말은 사실과 다릅니다. 저는 모든 관습이 잘못되었다고 하
지 않았습니다. 다만 하나님 말씀에 어긋나는 것은 기독교 신앙에 반대된
다고 했습니다. 미신 씨의 말도 사실과 다릅니다. 하나님께 예배드리려면
거룩한 믿음이 필요합니다. 거룩한 믿음이 없는 종교는 생명 없는 인간이
만든 종교입니다. 인간이 만든 종교로는 구원받을 길이 없습니다. 마지막
으로 알랑방귀의 말대로 하나님을 믿지 않고 바알세불 왕과 그를 따르는
자들은 지옥으로 가는 것이 옳다고 생각합니다."

굳센 믿음이 말을 마치자 맹목, 원한, 허송세월, 잔인함이 기다렸다는
듯이 굳센 믿음의 죄는 죽어 마땅하다고 했습니다. 이들은 분이 풀리지
않아서 한마디씩 덧붙였습니다.

"저놈은 이단입니다."라고 맹목이 말했습니다. 그러자 원한이 말했습
니다. "저런 놈은 세상에서 없애버려야 합니다." 잔인은 "저자는 사형에
처해야 합니다."라며 덧붙입니다. "목매어 죽이는 것은 너무 시시합니다.

저런 자는 잔인하게 죽여야 합니다.”

이들의 말에 재판장은 흡족한 미소를 지었습니다. 재판장은 굳센 믿음에게 사형을 언도했습니다. 굳센 믿음은 군사들에게 이끌려 형장으로 끌려갔습니다. 군사들은 그에게 채찍질하더니 주먹으로 때리고 화형 틀에 묶어서 불을 질렀습니다. 굳센 믿음은 말로 표현할 수 없을 정도로 잔인하게 불에 태워져 재가 되었습니다.

바로 그때 하늘에서 흰 말 두 마리가 천사를 마차에 태우고 내려왔습니다. 재가 되었던 굳센 믿음이 다시 살아났습니다. 천사들이 굳센 믿음을 마차에 태우고 나팔을 불며 하늘로 올라가 구름 속을 지나 천국 문으로 들어가는 것을, 거기 있는 모든 사람이 선명하게 보았습니다.

이 모습을 지켜보던 천향인은 이렇게 기도했습니다. ‘굳센 믿음은 구원을 받아서 천국에 들어가게 되었구나! 오, 하나님, 감사합니다.’

천향인도 재판을 받게 되었습니다. 그도 사형을 언도받고 감옥에 갇히게 되었습니다. 천향인은 감옥에서 앞으로 당할 일을 두려워하고 있었습니다. 늘 다정다감했던 굳센 믿음이 떠올랐습니다.

그렇게 며칠이 흐른 어느 날, 뚜벅뚜벅 발소리가 들렸습니다. 천향인은 자기 처형시간이 다가온 줄 알고 숨을 죽이고 있었습니다. “천향인 씨!” 작은 목소리로 누가 부르고 있었습니다. “어서 나오세요. 시간이 없습니다.” “누구신지요?” “그건 나중에 말씀하고요. 지금이 아니면 여기서 나갈 수 없습니다. 어서 서두르세요.”

그 사람의 이름은 소망입니다. 소망은 자기가 가져온 옷을 천향인에게 입혀주었습니다. 감옥을 지키던 군사들은 굳센 믿음이 하늘로 올라간 이야기를 하느라 천향인이 감옥에서 빠져나가는 줄도 몰랐습니다.

누구나 힘들고 어려울 때를 맞이하는 우리에게 가장 필요한 것은 무엇일까요? 바로 소망입니다. 소망 있는 사람은 위기를 기회로 만들 수 있습니다. 어떤 어려움을 당해도 넉넉하게 이겨냅니다.

소망이란 어떤 것을 바라고 이루려는 열망입니다. 이런 열망이 우리 안에서 일어나면 놀라운 능력이 나타나고 새로운 믿음의 역사를 이루어 냅니다.

이 시대의 진정한 위기는 사람들의 마음속에 소망이 없다는 것입니다. 소망이 사라지면 자포자기하게 되고, 극단적인 선택으로 인생을 마감하기도 합니다.

우리나라의 2023년 자살률은 10만 명당 27.3명이라고 합니다. 1년에 13,978명이 극단적인 선택을 했다고 합니다. 하루 38명꼴입니다.(통계청 자료 참조) 이들은 모두 소망 없이 방황하던 사람들입니다. 소망이 없는 사람은 작은 어려움도 극복하지 못하고 소중한 삶을 포기하게 됩니다. 우리가 이들에게 소망을 심어주면 하루에 38명, 아니, 그 이상의 생명을 살릴 수 있습니다.

오늘 이 시대에 진정한 소망이 어디에 있습니까?

사람들은 소망을 갖고 싶어 하지만 세상 어디에도 소망을 발견할 수 없습니다. 우리에게 들려오는 것은 소망이 아니라 절망의 소리입니다. 소망은 내 삶의 문제를 해결 받는 길이 보일 때 생기는 것입니다. 그런데 세상 어디서도 그 문제를 해결 받을 길이 없습니다.

이 딱한 현실을 보고 계시는 하나님은 우리에게 소망을 주기 위해 독생자 예수 그리스도를 인간의 몸으로 보내셨습니다. 예수 그리스도는 이 땅에 오신 하나님이요, 우리의 소망이십니다.

참으로 놀랍게도, 예수님을 만나면 소망이 생기고 새로운 삶을 살게 됩니다.

야곱은 외삼촌 라반의 집에서 20년이란 세월을 보내게 됩니다. 라반은 야곱의 약점을 이용하여 힘든 일을 시키면서도 그의 품값을 착취합니다. 수많은 양 떼를 치면서 짐승에게 물려 죽은 것은 다 배상하게 하고, 20년 동안 품값을 열 번이나 바꾸었습니다. 그토록 땀 흘리며 최선을 다했지만 야곱의 재산은 아무것도 없었습니다.

라반은 야곱으로 인해 큰 부자가 되었습니다. 그는 야곱 때문에 자신이 부유해진 것을 누구보다 잘 알고 있었습니다. 라반은 잔머리를 굴려 야곱의 재산을 착취했습니다. 품삯을 많이 주는 것 같지만 결국 야곱을 빈털터리로 만들어 놓았습니다.

놀랍게도 야곱은 이런 외삼촌 밑에서 소망을 갖고 꿈을 꾸며 살았습니다. 외삼촌이 아니라 하나님이 그 꿈을 이루어주시리라 확신하며 살았습니다.

직장생활하면서 자기가 받고 싶은 대로 월급을 정할 수 있다면 얼마나 좋겠습니까? 요즘도 야곱처럼 월급을 자기가 정하는 사람이 있습니다. 야곱이 자기 월급을 자기가 정할 수 있었던 데는 그만한 이유가 있습니다. 최선을 다하는 삶을 살았고, 외삼촌에게 능력을 인정받았기 때문입니다. 야곱은 외삼촌 라반에게 없어서는 안 될 귀한 사람이었습니다.

[창 31:38-40] 내가 이 이십 년을 외삼촌과 함께 했거니와 외삼촌의 암양들이나 암염소들이 낙태하지 아니했고 또 외삼촌의 양 떼의 숫양을 내가 먹지 아니했으며 물려 찢긴 것은 내가 외삼촌에게로 가져가지 아니하고 낮에 도둑을 맞았든지 밤에 도둑을 맞았든지 외삼촌이 그것을 내 손에서 찾았으므로 내가 스스로 그것을 보충했으며 내가 이와 같이 낮에는 더위와 밤에는 추위를 무릅쓰고 눈 붙일 겨를도 없이 지냈나이다

외삼촌과 일한 지 이미 20년이 되었습니다. 아내를 얻고자 14년, 세상을 살아갈 밑천을 마련하고자 6년 동안 열심히 땀 흘려 일했지만 야곱에게는 남은 재산이 아무것도 없습니다. 야곱은 소신을 밝히며 이렇게 말합니다. "이제 외삼촌 집에서 일하는 것을 그만두고 고향으로 돌아가겠습니다."

야곱의 말에 라반은 너무도 놀라운 제안을 합니다.

[창 30:27-28] 라반이 그에게 이르되 여호와께서 너로 말미암아 내게 복 주신 줄을 내가 깨달았노니 네가 나를 사랑스럽게 여기거든 그대로 있으라 또 이르되 네 품삯을 정하라 내가 그것을 주리라

라반은 야곱에게 품값을 정하라고 합니다. 참으로 놀라운 축복이 아닙니까? 내 일터에서 내가 품값을 정할 수 있다는 것은 그만큼 신임받고 인정받았다는 말 아닙니까?

야곱은 외삼촌 집에서 20년 동안 일하면서 몹시 서운하고 원망스러운 일이 있었습니다. 야곱과 의논하지도 않고 라반이 일방적으로 열 번이나 품값을 바꾸었습니다. 여러분은 이런 경우 참을 수 있습니까?

[창 31:40-41] 내가 이와 같이 낮에는 더위와 밤에는 추위를 무릅쓰고 눈 붙일 겨를도 없이 지냈나이다 내가 외삼촌의 집에 있는 이 이십 년 동안 외삼촌의 두 딸을 위해 십사 년, 외삼촌의 양 떼를 위해 육 년을 외삼촌에게 봉사했거니와 외삼촌께서 내 품삯을 열 번이나 바꾸셨으며

그래도 야곱은 하나님이 모든 것을 아시고 반드시 보상하리라는 소망을 간직하며 참고 견뎌냈습니다. 품값을 정하라는 외삼촌의 제안에 야곱은 이렇게

응답합니다.

> [창 30:32] 오늘 내가 외삼촌의 양 떼에 두루 다니며 그 양 중에 아롱진 것과 점 있는 것과 검은 것을 가려내며 또 염소 중에 점 있는 것과 아롱진 것을 가려내리니 이 같은 것이 내 품삯이 되리이다

야곱의 제안에 라반은 쾌히 승낙하며 협상을 맺습니다. 야곱은 자기가 자기 임금을 정했습니다. 협상이 끝나자 라반은 본성을 드러내어 놀라운 일들을 행합니다. 바로 그날, 자기 염소와 양 떼 중에서 아롱진 것과 얼룩진 것을 모두 골라내어 자기 아들들의 손에 맡기고 사흘 길을 걸어서 양 떼를 치게 합니다. 이 모든 사실을 알고도 야곱은 어떤 이의도 제기하지 않습니다. 야곱에게는 외삼촌이 모르는 놀라운 기술이 있었기 때문입니다. 야곱은 양이 새끼를 밸 때 얼룩이를 낳게 하는 비결을 알고 있었습니다.

> [창 30:37-39] 야곱이 버드나무와 살구나무와 신풍나무의 푸른 가지를 가져다가 그것들의 껍질을 벗겨 흰 무늬를 내고 그 껍질 벗긴 가지를 양 떼가 와서 먹는 개천의 물 구유에 세워 양 떼를 향하게 하매 그 떼가 물을 먹으러 올 때에 새끼를 배니 가지 앞에서 새끼를 배므로 얼룩얼룩한 것과 점이 있고 아롱진 것을 낳은지라

아무리 잔꾀를 부려도 라반은 야곱을 능가할 수 없었습니다. "뛰는 놈 위에 나는 놈이 있다"는 말이 있지 않습니까? 얼마 지나지 않아 외삼촌의 양 떼와 염소 떼가 얼룩이로 바뀌기 시작합니다. 이후 외삼촌의 양 떼와 염소 떼에 얼룩이가 더 많아졌습니다. 하나님이 외삼촌의 부를 야곱으로 다 옮기신 것입

니다.

그렇습니다. 재물에는 날개가 있어서 날아가기도 하고 날아오기도 합니다.

[잠 23:5] 네가 어찌 허무한 것에 주목하겠느냐 정녕히 재물은 스스로 날
개를 내어 하늘을 나는 독수리처럼 날아가리라

내가 가진 재물이 언제 독수리처럼 날아가 버릴지 모릅니다. 하나님이 함
께하시면 날개 달린 재물은 언젠가 나에게 날아올 수도 있습니다. 이런 소망
을 갖고 살면 당면한 어려움을 잘 극복할 수 있습니다. 기회는 언제나 찾아오
는 것입니다.

욕심 때문에 라반의 모든 재물이 야곱에게 날아가 버렸습니다. 참으로 놀
라운 것은, 탐욕과 욕심은 재물을 가져다주는 것이 아니라 재물이 날아가게
만든다는 것입니다. 외삼촌에게 당하고만 살았던 야곱은 외삼촌보다 더 큰
부자가 되었습니다.

그렇습니다. 소망은 인생의 운명을 바꾸어 놓습니다.

맨손으로 괴나리봇짐 지고 외삼촌 집으로 도망 왔던 야곱은 큰 부자가 되
어 고향으로 돌아가게 됩니다.

라헬을 사랑한 야곱은 그녀와 결혼할 조건으로 7년을 봉사했는데, 첫날밤
을 지내고 보니 라헬이 아니라 그의 언니 레아였습니다. 그래서 외삼촌에게
따졌지만 "이를 위하여 칠 일을 채우면 라헬을 주겠다"고 하며 다시 7년을 봉
사하라 합니다. 결국 요셉은 외삼촌 말대로 칠 일을 채우고 라헬을 아내로 맞
았고, 그 후 7년 동안 라반에게 봉사했으며, 레아와 라헬 그리고 두 여종을 통
해 딸 한 명과 이스라엘 12지파가 될 아들 열두 명의 자녀와 놀라운 재물의

축복까지 얻게 됩니다. 그는 고향을 떠날 때 빈 들에서 하나님을 만났고, 그때 꾼 꿈들이 20년 만에 다 이루어진 것입니다.

여러분은 어떤 꿈을 꾸며 살아가십니까? 꿈은 하루아침에 이루어지는 게 아니라 시련과 역경과 고난을 거쳐야 이루어지는 것입니다.

세상에는 꿈을 꾸는 사람과 꿈을 이루어 내는 사람이 있습니다. 꿈을 꾸는 사람은 꿈을 꾸는 것으로 끝나지만 꿈을 이루어 내는 사람은 시련과 역경과 고난을 통과한 사람입니다.

꿈꾸는 것에서 만족해선 안 됩니다. 꿈을 이루어 내는 믿음의 사람이 되어야 합니다. 믿음의 사람은 시련과 역경과 고난을 믿음으로 통과합니다. 이런 자들을 소망의 사람이라고 합니다. 소망의 사람은 절망의 환경을 믿음으로 바꾸어 갑니다.

소망의 사람 야곱은 외삼촌과의 갈등을 이겨내고 외삼촌에게 인정받아 자기 품값을 자기가 정하게 되었고, 때가 되어 외삼촌의 부를 차지하게 되는 놀라운 복을 받게 된 것입니다. 야곱은 위기를 기회로 만들어내는 기적을 이루어 냈습니다. 우리도 소망의 사람이 되어 위기를 기회로 만들어내는 사람이 되어야겠습니다.

사랑하는 성도 여러분!

우리는 너무나 힘들고 어려운 시대에 살고 있습니다. 우리에게 가장 필요한 것은 소망을 갖고 사는 것입니다. 허황된 생각에 사로잡혀 있거나 절망과 한숨 속에 꿈 없이 하루하루를 살아가는 사람이 얼마나 많은지 모릅니다.

소망 있는 사람은 환경을 바꾸어 갈 능력이 있습니다. 어떤 경우에도 낙심하거나 절망하지 않습니다. 위기를 기회로 바꾸고 새로운 역사를 이루어 냅니다. 시련과 역경을 통과하여 성공하는 승리자가 됩니다.

우리에게 이런 소망을 주시는 분이 예수 그리스도이십니다. 예수님은 소망을 통해 당면한 모든 위기를 기회로 만들어주십니다. 부활의 소망으로 죽음을 극복하고 영원한 생명을 얻게 하십니다. 이들에게 의의 소망을 주시어 그리스도의 보혈로 모든 죄를 용서받게 하셨습니다.

우리는 소망의 사람이 되어 소망의 삶을 살아야 합니다. 우리 모두 예수님이 주시는 소망으로 위기를 기회로 만들어 은혜와 축복의 삶을 살아가는 성도들이 되기를 주 예수 이름으로 축원합니다.

“진리를 붙잡으면

모든 영역에서

자유와 승리를 누리게 된다.”

제 2 부

무지한 신앙인들의 삶

33. 사심을 버려라

[엡 2:1-10] 그는 허물과 죄로 죽었던 너희를 살리셨도다 그 때에 너희는 그 가운데서 행하여 이 세상 풍조를 따르고 공중의 권세 잡은 자를 따랐으니 곧 지금 불순종의 아들들 가운데서 역사하는 영이라 전에는 우리도 다 그 가운데서 우리 육체의 욕심을 따라 지내며 육체와 마음의 원하는 것을 하여 다른 이들과 같이 본질상 진노의 자녀이었더니 긍휼이 풍성하신 하나님이 우리를 사랑하신 그 큰 사랑을 인하여 허물로 죽은 우리를 그리스도와 함께 살리셨고 (너희는 은혜로 구원을 받은 것이라) 또 함께 일으키사 그리스도 예수 안에서 함께 하늘에 앉히시니 이는 그리스도 예수 안에서 우리에게 자비하심으로써 그 은혜의 지극히 풍성함을 오는 여러 세대에 나타내려 하심이라 너희는 그 은혜에 의하여 믿음으로 말미암

아 구원을 받았으니 이것은 너희에게서 난 것이 아니요 하나님의 선물이라 행위에서 난 것이 아니니 이는 누구든지 자랑하지 못하게 함이라 우리는 그가 만드신 바라 그리스도 예수 안에서 선한 일을 위하여 지으심을 받은 자니 이 일은 하나님이 전에 예비하사 우리로 그 가운데서 행하게 하려 하심이니라

천향인과 소망은 천국을 향해 새 출발을 하게 되었습니다. 그들이 허영의 도시의 경계선을 벗어날 때의 일입니다. 그들보다 앞서가는 사람이 있었습니다. 그는 매우 부요한 집안의 자손같이 보였습니다. 천향인은 그 사람에게 다가가서 인사했습니다. "안녕하십니까? 어디서 온 누구시지요?"

"저는 감언이설의 마을 출신으로, 이름은 사심입니다. 천국을 향해 가는 중입니다."

천향인은 말했습니다. "감언이설의 마을은 매우 부요한 마을 아닙니까?" "그렇습니다. 마을 사람 모두가 제 친척입니다. 그 유명한 변절 씨도 감언이설 씨도 기회주의 씨도 우리 마을 출신이고, 우리 교구를 맡고 있는 일구이언의 목사님은 외삼촌 되십니다."

천향인은 어디선가 이 사람에 대해 들은 것 같았습니다. 그래서 앞서간 사람에게 다시 물었습니다. "결혼은 하셨습니까?"

"물론이죠. 제 아내는 명문가 딸로, 예의도 매우 바른 사람이지요. 속임수의 딸로, 지위가 높음은 물론 사람들에게 매우 친절하게 대한답니다."

천향인은 골똘히 생각에 잠겨 있다가 뭔가를 떠올렸습니다. 그러고는 소망에게 다가가 속삭였습니다. "이제 생각납니다. 저 사람은 감언이설 마을에 사는 게 틀림없소. 저 사람은 마을에서 손꼽히는 사기꾼이지요."

천향인은 그 사람에게 다가가 물었습니다. "당신은 이 세상 모든 것을 알고 있다고 자랑하는 사심 씨가 아닙니까?"

"그렇긴 하지만 제 본명이 아닙니다. 사심이란 이름은 저를 시기하는 사람이 붙여준 이름에 불과하지요." 사심은 정색하며 대답했습니다. 두 마음을 지닌 사심이라는 이름으로 불릴 이유가 전혀 없다는 것입니다. 천향인은 사심을 추궁하며 계속 물었습니다. "하지만 사람들이 그렇게 부르는 것은 그만한 이유가 있어서가 아닐까요?"

"무슨 말이요, 나는 시대의 흐름을 읽고 올바른 판단으로 돈을 많이 번 것뿐이오. 그런데 사람들은 나를 욕심 많은 사람으로 시기하여 내 이름을 사심이라고 부르는 것입니다. 내 신앙은 시대에 맞게 발전되고 다듬어져 왔습니다. 그랬기에 나에게 많은 이득을 가져다주었소."

마침내 천향인은 사심의 본심을 알게 되었습니다. 천향인은 사심의 말에 이렇게 말했습니다.

"사심 씨, 신앙이란 비단옷이 벗겨지고 누더기옷을 입어도 지켜야 합니다. 당신처럼 이익을 위해 수단 방법 가리지 않고 아첨과 거짓을 일삼았다면 어찌 그걸 신앙이라 하겠습니까?"

그러자 사심은 흥분하며 말했습니다. "지금 내 신앙을 모독하는 겁니까? 내 신앙은 남에게 해가 되지 않고 나에게 유익한 것이오. 난 내 신앙을 포기하지 않을 거요. 그러니 함께 길이나 갑시다."

천향인은 사심의 말을 듣고 발끈하며 이렇게 말했습니다.

"저는 이런 신앙을 가진 사람과 함께 갈 수 없습니다."

그는 사심을 남겨두고 빠른 걸음으로 나아갔습니다.

사심이란 사사로운 욕심으로 자기 욕망을 채우려는 마음입니다. 여러분은 이런 마음으로 세상을 살아가지는 않습니까?

이 시대의 모든 문제는 이런 사심에서 생겨나는 것입니다. 사심은 타락한 인간의 본성으로, 누구에게나 있습니다. 우리 내면에서 일어나는 사심을 다스리며 절제할 수 있는 것이 인격이요 신앙의 능력입니다.

오늘날 노사 간 갈등이 심각합니다. 양 측 다 이야기를 들어보면 틀린 것이 없는 듯합니다. 그런데 문제는 상대방 입장을 생각지 않고 자기 입장에서만 주장하는 것입니다.

회사에서 수익이 나야 노동자에게 분배할 수 있는 것 아닙니까? 회사에서 수익이 나지 않는데도 임금을 올려달라고 하면, 노동자의 사심이 아니고 무엇이겠습니까? 노동자들이 열심히 일해서 많은 수익이 났음에도 다른 목적으로 노동자의 임금을 착취한다면 이것은 기업가의 사심이 아니겠습니까?

살아가면서 사심이 없을 수 없지만, 내 마음속에서 일어나는 사심을 어떻게 절제하며 다스릴 수 있느냐가 문제입니다.

[딤전 6:9-10] 부하려 하는 자들은 시험과 올무와 여러 가지 어리석고 해로운 욕심에 떨어지나니 곧 사람으로 파멸과 멸망에 빠지게 하는 것이라 돈을 사랑함이 일만 악의 뿌리가 되나니 이것을 탐내는 자들은 미혹을 받아 믿음에서 떠나 많은 근심으로써 자기를 찔렀도다.

사심은 우리를 시험과 올무에 빠지게 하고 결국 파멸로 이끕니다. 돈을 다스리지 못하고 사랑하면 우리는 믿음에서 떠나 근심과 걱정 속에서 괴로워하며 살게 됩니다.

신앙도 마찬가지입니다. 사심으로 인하여 은혜받지 못하는 경우가 너무나 많습니다. 사심을 가지면 자기 자신 때문에 자기가 상처받고 그 책임을 남에게 떠넘깁니다. 이런 자들은 아무 이유 없이 주님의 몸 된 교회를 등지려 합니다. 얼마나 어리석은 일인지 모릅니다. 마음속에 자리 잡은 신앙의 사심을 예수 이름으로 물리치는 저와 여러분이 되기 바랍니다.

오늘 본문은 마지막 시대에 어떻게 살아가야 할지를 말씀하고 있습니다. 삶은 결코 만만치 않습니다. 우리는 타락의 본성을 지니고 태어났고, 공중의 권세 잡은 자 마귀가 사람들의 마음을 사로잡아 역사하기 때문입니다.

[엡 2:3] 전에는 우리도 다 그 가운데서 우리 육체의 욕심을 따라 지내며 육체와 마음의 원하는 것을 하여 다른 이들과 같이 본질상 진노의 자녀이었더니

사심은 사사로운 육신의 욕심으로, 마귀가 준 선물입니다. 선물은 값없이 주고받는 것인데, 이 선물을 누가 주느냐를 잘 살피고 받는 것이 지혜입니다. 선물을 잘못 받아서 인생을 망치는 사람이 너무 많습니다.

세상에는 마귀가 주는 선물이 있고 하나님이 주시는 선물이 있습니다. 마귀가 주는 선물을 받으면 불행해지고, 인생을 망치게 됩니다. 참으로 놀랍게도 마귀가 주는 선물은 대단히 매력적이고 사람들의 마음을 사로잡습니다.

가령 쉽게 돈 벌 수 있다거나, 인생을 즐겁게 해주겠다는 등의 유혹이 있습니다. 물리치기 쉽지 않지요. 뇌물과 함께 제시되는 것들도 큰 유혹입니다. 목적을 갖고 베푸는 선물, 곧 뇌물은 사회를 부정부패에 빠지게 하며 모든 사람을 불행하게 만듭니다.

마귀는 오늘도 엄청난 선물로 사람들을 유혹합니다. 사심, 욕심, 탐심, 거짓말, 미움, 질투, 증오, 욕심… 모두 마귀가 주는 선물입니다. 마귀가 주는 이런 선물은 여러분을 파멸로 몰아갑니다.

하나님은 우리의 형편과 처지를 세심히 살펴십니다.

[시 139:1-4] 여호와여 주께서 나를 살펴 보셨으므로 나를 아시나이다 주께서 내가 앉고 일어섬을 아시고 멀리서도 나의 생각을 밝히 아시오며 나의 모든 길과 내가 눕는 것을 살펴 보셨으므로 나의 모든 행위를 익히 아시오니 여호와여 내 혀의 말을 알지 못하시는 것이 하나도 없으시니이다

그래서 우리가 잘못을 뉘우치고 돌이키면 우리를 모든 위기에서 건져주시고 구원하십니다. 우리 내면에 들어와 있는 사심은 우리를 불행한 길로 이끌어 갑니다.

하나님은 풍성하신 은혜로 그의 자녀들을 돌보고 지켜주십니다. 은혜란 우리가 해결할 수 없는 모든 문제를 나 대신 누군가 해결해 주는 것입니다. 하나님은 인생의 모든 문제를 값없이 해결해 주셨습니다.

[히 9:27] 한번 죽는 것은 사람에게 정해진 것이요 그 후에는 심판이 있으리니

사람들은 죽으면 모든 것이 끝난다고 생각하지만, 그렇지 않습니다. '착하고 바르고 의롭게 살다 죽는 사람과 온갖 못된 일을 하면서 남을 괴롭히고 포악한 행동을 하고 살인을 저지르는 사람이 죽으면 똑같이 된다.' 혹시 이것이 여러분이 생각하는 진정한 공의입니까?

성경은 그렇지 않다고 말씀합니다. 죽음 후엔 심판이 있습니다. 하나님은 저와 여러분의 죽음을 예수님의 십자가와 부활로 해결하셨습니다. 죽음을 해결할 수 없는 나에게 하나님은 은혜로 이 문제를 해결하셨습니다.

나의 죄를 해결해 주는 것이 은혜입니다. 죄에는 하나님께 지은 죄와 사람들에게 지은 죄가 있습니다. 죄에는 반드시 형벌이 따르는데, 예수님이 십자가에서 우리의 모든 죄를 해결해 주셨습니다. 죄 없는 의인은 한 명도 없습니다.

[롬 3:10-18] 기록된 바 의인은 없나니 하나도 없으며 깨닫는 자도 없고 하나님을 찾는 자도 없고 다 치우쳐 함께 무익하게 되고 선을 행하는 자는 없나니 하나도 없도다 그들의 목구멍은 열린 무덤이요 그 혀로는 속임을 일삼으며 그 입술에는 독사의 독이 있고 그 입에는 저주와 악독이 가득하고 그 발은 피 흘리는 데 빠른지라 파멸과 고생이 그 길에 있어 평강의 길을 알지 못했고 그들의 눈 앞에 하나님을 두려워함이 없느니라 함과 같으니라.

살아가면서 내가 해결할 수 없는 일들을 만날 때가 있습니다. 자녀 문제, 경제 문제, 질병 문제 등, 내 힘으로 해결할 수 없는 일을 당할 때가 있습니다. 내가 해결할 수 없는 큰 문제도 주님 손에 들려지면 순식간에 쉽게 해결됩니다.

선지자의 생도 중 한 사람이 중병에 걸렸습니다. 남편을 치료하기 위해 부인은 갖고 있는 땅을 팔아서 병을 치료하려 했지만 낫지 않자 빚을 내어 병원에서 그를 치료합니다. 그래도 그는 치유되지 못하고 세상을 떠납니다.

장례를 치른 뒤 빚쟁이들이 집으로 몰려왔습니다. 빚 갚을 능력이 없는 것을 알자 그의 두 아들을 종으로 팔아서 빚을 갚으라고 독촉합니다.

그때 엘리사 선지자가 그 집에 오게 되었습니다. 이 딱한 사정을 들은 엘리사는 여인에게 이렇게 말합니다. "네 집에 무엇이 있는지 내게 말하라." "계집종의 집에는 기름 한 병밖에 없습니다." "그래, 너는 두 아들과 함께 빈 그릇을 빌려오라. 조금 빌려오지 말고 많이 빌려오라."

사르밧 과부는 아들과 함께 동네에 다니면서 빈 그릇을 많이 빌려 왔습니다. 두 아들과 함께 문을 닫고 빌려온 그릇에 기름을 부으니 기름이 가득 찹니다. 다른 빈 그릇을 가져와서 부으니 기름이 계속 흘러나옵니다. 빌려온 그릇에 다 기름을 채우고 나니 병에 기름이 뚝 끊어집니다.

이 기름을 팔아서 빚을 갚고 나머지는 팔아서 생활비로 쓰라고 엘리사는 말합니다. 하나님은 그 집에 엘리사를 보내셔서 여인이 해결할 수 없는 문제를 다 해결하셨습니다.

우리는 선한 일을 하기 위해 지음 받은 존재입니다. 내가 어떤 사람인지 바로 알아야 위대한 삶을 살 수 있습니다. 우리는 보통 사람이 아니라 하나님이 기뻐하시는 선한 일을 하기 위해 지음 받은 새로운 피조물입니다. 새로운 피조물인 우리는 하나님의 기쁨이 되는 삶을 살아야 합니다.

> [엡 2:10] 우리는 그가 만드신 바라 그리스도 예수 안에서 선한 일을 위해 지으심을 받은 자니 이 일은 하나님이 전에 예비하사 우리로 그 가운데서 행하게 하려 하심이니라

여러분은 하루하루의 삶을 어떻게 살아가고 있습니까? 사탄의 선물인 사심에 붙잡힌 채 사사로운 욕심에 이끌려 살아가지는 않습니까? 내 마음속에 들어온 사심을 예수 이름의 권세로 몰아내십시오.

하나님이 우리에게 두 손과 두 발과 두 귀를 주신 까닭을 아십니까? 한 손과 한 발과 한 귀는 나를 위해, 다른 한 손과 한 발과 한 귀는 하나님과 이웃을 위해 베푸는 헌신의 삶을 살라고 주시지 않았겠습니까?

삶의 목적이 '성공하는 삶'에서 '베푸는 삶'이 될 때, 그것이 진정한 축복의

삶이 아닐까요? 베풀고 나누어야 풍성한 축복의 삶을 살 수 있습니다. 바로 이것이 우리를 창조하신 하나님의 선한 계획에 들어있는 것입니다.

우리는 하나님의 선한 일을 위해 지음 받은 새로운 피조물입니다. 나 한 사람 때문에 가족이 행복하고, 이웃이 평화가 넘치고, 교회 공동체가 행복해한다면 나는 하나님의 선한 일을 이루어가는 새로운 피조물인 것입니다.

사랑하는 성도 여러분!

사탄이 주는 선물을 받으면 불행해집니다. 사탄이 주는 선물을 거부하고 하나님이 주시는 선물을 받아야 합니다. 사탄이 주는 선물은 사심, 욕심, 탐심, 위선, 거짓말, 미움, 증오, 질투입니다. 이런 생각이 우리 속에 들어올 때 단호히 거부하며 예수 이름으로 물리쳐야 합니다.

하나님이 주시는 선물이 있습니다. 은혜와 평강, 긍휼과 자비, 사랑과 용서, 화해와 축복입니다.

사탄이 주는 선물을 물리치고 하나님이 주시는 선물을 열망하며 복된 삶을 살아야 합니다. 하나님은 당신의 선한 일을 위해 우리를 부르시고 세우셨습니다. 우리는 하나님의 선한 일을 위해 세움 받은 도구입니다.

남을 돕는 데 앞장 서십시다. 베풀며 꾸어주며 나누어주는 것은 복된 일입니다. 한 손은 나를 위해, 다른 한 손은 이웃을 위해 봉사하는 삶은 참으로 아름다운 삶입니다.

내 생활비의 반을 하나님과 이웃을 위해 사용하겠다는 거룩한 목표를 세워 보십시다. 믿고 결단하면 놀라운 축복의 삶을 살게 될 것입니다.

여유 있는 삶이란 많이 가진 삶이 아니라 많이 베푸는 삶입니다. 바로 이런 삶이 축복의 근원이 되는 삶입니다. 사심을 버리고 베풀고 꾸어주고 나누어주며 살아가는 모든 성도들이 되시기를 주 예수 이름으로 축원합니다.

34. 세상에 소망을 두지 말라

[요한1서 2:14-17] 아이들아 내가 너희에게 쓴 것은 너희가 아버지를 알았음이요 아비들아 내가 너희에게 쓴 것은 너희가 태초부터 계신 이를 알았음이요 청년들아 내가 너희에게 쓴 것은 너희가 강하고 하나님의 말씀이 너희 안에 거하시며 너희가 흉악한 자를 이기었음이라 이 세상이나 세상에 있는 것들을 사랑하지 말라 누구든지 세상을 사랑하면 아버지의 사랑이 그 안에 있지 아니하니 이는 세상에 있는 모든 것이 육신의 정욕과 안목의 정욕과 이생의 자랑이니 다 아버지께로부터 온 것이 아니요 세상으로부터 온 것이라 이 세상도, 그 정욕도 지나가되 오직 하나님의 뜻을 행하는 자는 영원히 거하느니라

천향인과 소망은 사심을 제쳐놓고 빠른 발걸음으로 앞서 나갔습니다. 한참 가다 돌아보니 사심 곁에 세 사람이 있었습니다. 그들은 세상 집착, 돈 사랑, 자린고비였습니다.

자린고비가 사심에게 물었습니다. "앞서가는 저 사람들은 누구입니까? 먼 지방에서 온 사람들인데 자기 고집으로 순례의 길을 가는 사람들이죠?"

"천향인과 소망은 하나님을 위해 목숨도 내어놓아야 한다고 주장하지만, 멸시받고 박해받으며 신앙생활을 하기보다는 남에게 인정받고 대우받으며 신앙생활을 하는 것이 좋지 않습니까?"라고 사심이 말했습니다.

사심, 세상 집착, 돈 사랑, 자린고비, 네 사람은 축제 선생의 제자들이었습니다. 축제 선생은 제자들에게 폭력과 사기, 아첨 악행을 가르치는 선생이었습니다. 그들은 축제 선생의 가르침대로 행동했습니다. 그때 사심이 화제를 바꾸면서 이런 말을 했습니다.

"신앙생활을 열심히 하지 않는 사람에게 복 받을 기회가 찾아왔다네! 신앙생활을 열심히 해야 한다는 조건이 붙어 있지!"

"이 사람이 신앙생활을 열심히 해서 복 받는 길이 과연 옳은 것일까요?"

그러자 돈 사랑이 답했습니다. "물론 옳은 일이지! 목사님이 사례금을 많이 받기 위해 열심히 설교했다 치세. 그래서 성도도 늘고 교회 재정이 풍부하여 사례금이 늘어난다면 그보다 보람된 일이 어디 있겠나? 바로 그것은 하나님의 진정한 축복이지. 그런데 저 앞에 가는 사람도 그렇게 생각하는지 궁금하군."

그러자 세상 집착이 나섰습니다.

"내가 한번 물어보겠네! 사심, 자네는 저 사람과 다투었으니 말일세!"

그들은 천향인과 소망을 불러 세웠습니다. 세상 집착이 나서서 조금 전 이야기를 천향인과 소망에게 물어보았습니다. 천향인과 소망은 그들과 생각이 전혀 달랐습니다.

"아니, 그런 세상적인 목적을 갖고 신앙생활을 한다고요? 그러면 세상 부귀영화를 위해 신앙생활을 한단 말입니까? 그것은 이교도들이나 하는 행동들입니다. 성경에 하몰과 세겜은 야곱의 딸과 가축을 탐내었습니다. 야곱의 신앙을 따르는 척하고 할례를 행했지요. 그러나 그들은 야곱의 두 아들에게 모두 죽고 성읍은 불태워졌습니다. 위선으로 똘똘 뭉친 바리새인들의 신앙도 그랬습니다. 오래 기도하는 척하면서 과부의 재산을 빼앗을 궁리만 했습니다. 재물 때문에 자기 주인인 예수님을 팔아넘긴 가롯 유다는 어떻게 되었습니까? 스승을 황소 한 마리 값인 은 30냥에 팔아 넘겼지만 그 돈을 한 푼도 써보지 못하고 자살하게 되고 창자가 터져 나와 죽게 되었습니다. 이런 자들은 세상을 얻기 위해 신앙을 버린 자들입니다."

천향인이 이렇게 말하자 축제 선생의 제자들은 아무런 대꾸도 하지 못했습니다. 천향인과 소망은 그들을 버려두고 천국을 향해 앞서 걸어갔습니다.

많은 사람이 세상을 너무 사랑하여 하나님께 소망을 두고 살지 않습니다. 성도들도 세상에 얼마나 집착하는지 참으로 놀랄 지경입니다. 욕망에, 권력에, 돈에, 자식에… 세상 온갖 것에 집착하며 온전한 자유가 없습니다.

하나님께 소망을 두지 않는 사람이 어떻게 믿음 생활을 바르게 할 수 있습니까? 그런 믿음은 위선이요 거짓된 신앙입니다. 믿음으로 산다는 사람들을 만나 이야기해 보면 의외로 삶 가운데 주님은 없고 자기중심적이며 세상 것들로 가득 차 있는 경우가 많습니다. 대화의 거의 대부분이 자기 자랑과 자기 가족의 세상적인 자랑입니다.

사람들이 얼마나 돈을 사랑하는지 모릅니다. 돈을 사랑함이 일만 악의 뿌리가 된다고 했음에도 돈을 너무너무 사랑하는 것입니다. 돈을 사랑하면 믿음에서 떠나게 됩니다. 믿음이 떠나면 하나님께 드리는 헌금도 자린고비로 드리고, 베풀고 나누는 삶을 멀리합니다.

아무리 부자가 되어도 이런 사람들의 삶은 불쌍할 정도로 가난합니다. 많은 사람이 돈 모으는 데만 집중하지, 돈 쓰는 데 집중하는 사람은 찾아보기 힘듭니다.

여러분, 언제까지 자린고비의 삶을 살다가 하늘나라에 가겠습니까? 하나님이 주신 복을 기꺼이 나누는 축복된 삶을 살아야 합니다. 재물을 값지게 사용하는 것은 결코 낭비가 아니라 축복을 심는 것입니다. 축복을 심지 않고 어떻게 축복의 열매를 거둡니까?

사심을 버리고 세상적인 집착에서 벗어나 하나님께 소망을 두고 사십시다. 돈을 사랑하는 삶에서 벗어나 베풀고 꾸어주고 나누어 주면서 주위 사람들을 감동시키는 삶을 사십시다.

오늘 본문은 그리스도인이 어떤 삶을 살아야 세상을 다스리고 지배하는 믿음의 삶을 사는지를 이야기합니다.

오늘 이 시대에 재물 때문에 불행을 겪는 사람이 얼마나 많은지 모릅니다. 아버지가 세상을 떠난 뒤 재산 상속 때문에 소송하고 형제간에 원수가 되는 경우가 얼마나 많습니까?

[전 5:13] 내가 해 아래에서 큰 폐단 되는 일이 있는 것을 보았나니 곧 소

유주가 재물을 자기에게 해가 되도록 소유하는 것이라

재물을 사랑하면 그 재물이 사람에게 해가 되는 것입니다. 그러나 재물을 지배하고 다스리면 모든 사람을 유익하게 하는 축복의 통로가 됩니다. 이런 재물은 하나님의 선물입니다.

[전 5:19] 또한 어떤 사람에게든지 하나님이 재물과 부요를 그에게 주사 능히 누리게 하시며 제 몫을 받아 수고함으로 즐거워하게 하신 것은 하나님의 선물이라

부귀영화도 사랑하면 안 됩니다. 많은 재산과 높은 지위는 안개같이 순식간에 사라집니다. 세상 것들을 다스리지 못하고 사랑하면 하나님의 사랑이 떠나갑니다. 하나님의 사랑은 우리를 자유하게 하고 축복의 삶을 살게 합니다.

세상 것들에 집착하지 말고 자유를 누리며 사십시오. 세상 것들을 사랑하지 말고 세상에 있는 것들을 다스리는 은혜와 축복이 임하기 바랍니다.

종교개혁자 루터는, 사람들이 속이거나 속는 것은 진리와는 아무런 관련이 없는 행동이라고 했습니다. 우리는 불법이 횡행하는 시대에 살고 있습니다. 공중권세 잡은 자와 악한 영과 마귀가 믿지 않는 자들을 다스립니다. 이런 시대에 우리가 멀리해야 할 것은 무엇이겠습니까?

먼저 쾌락의 삶을 멀리해야 합니다. 사람들은 쾌락을 즐기려고 술을 좋아합니다. 술에서 쾌락의 만족을 느끼지 못한 사람들은 더 큰 자극, 이를테면 마약에 삶을 의탁합니다. 이런 삶을 좇는 자들은 결국 인생을 망치게 되는데, 쾌락의 유혹은 참으로 무서운 것입니다.

다음으로 멀리해야 할 것은 육신의 정욕과 안목의 정욕과 이생의 자랑입니다.

[요일 2:16] 이는 세상에 있는 모든 것이 육신의 정욕과 안목의 정욕과 이
생의 자랑이니 다 아버지께로부터 온 것이 아니요 세상으로부터 온 것이라

하나님을 대적하며 자기만족을 추구하는 자는 육신의 정욕에 사로잡힌 삶
입니다. 안목의 정욕은 겉으로 보이는 것으로, 성적인 유혹을 불러일으킵니
다. 믿음으로 살아가는 어떤 분이 길거리에 뿌려진 포르노 전단지를 보고 그
런 그림에 빠지기 시작했습니다. 그다음에는 포르노 동영상을 보면서 성적으
로 타락한 삶 가운데 가정 파탄을 일으키게 되었다고 합니다.

무엇을 바라보고 사느냐가 중요합니다. 타락한 삶을 바라보고 살면 결국
타락합니다. 돈을 바라보고 살면 돈 때문에 많은 죄를 짓게 되고, 포르노 동영
상에 빠지면 성적으로 타락하며 삶 자체가 망가지게 됩니다. 그러나 주님을
바라보고 주님을 생각하며 선한 일을 하면 풍성한 은혜의 삶을 살 수 있습니
다.

다음으로 이생의 자랑입니다. 인간의 본성에는 내 것을 자랑하려는 욕망이
있습니다. 여러분이 만나는 모든 사람을 생각해 보십시오. 나누는 대화의 주
제는 자기 자랑입니다. 친구를 만나든 동기를 만나든, 누구를 만나든 자기 자
랑만 하다 끝납니다. 너 나 할 것 없이 모두 자기 자랑하고 남의 자랑 듣다가
돌아옵니다.

내 주위에 내가 하는 자랑을 들어줄 사람이 있다는 것은 너무나 기쁜 일입
니다. 여러분이 하는 자랑을 아무나 들어 줄 수 있는 게 아닙니다.

그런데 참으로 놀라운 것은, 이런 자랑이 모두 헛되고 헛되다는 것입니다.
솔로몬은 자기 생애를 돌아보며 "헛되고 헛되며 헛되고 헛되니 바람을 잡으

려는 것과 같다"고 했습니다.

여러분, 바람을 잡아보셨습니까? 우리는 바람을 잡을 수 없습니다.

[요일 2:15] 이 세상이나 세상에 있는 것들을 사랑하지 말라 누구든지 세
상을 사랑하면 아버지의 사랑이 그 안에 있지 아니하니

헛된 욕망과 헛된 자랑에 인생을 걸지 말고, 주님을 자랑하고 복음을 자랑
하는 일에 여러분의 인생을 거십시오. 세상에서 가장 가치 있는 일은 하나님
의 뜻을 행하며 사는 것입니다.

[요일 2:17] 이 세상도, 그 정욕도 지나가되 오직 하나님의 뜻을 행하는
자는 영원히 거하느니라

하나님의 뜻을 행하면 영원한 삶을 살게 됩니다. 영원한 삶이란 가장 가치
있는 삶입니다. 그러므로 하나님의 뜻을 바로 알고 살아야 합니다.

[살전 5:16-18] 항상 기뻐하라 쉬지 말고 기도하라 범사에 감사하라 이것
이 그리스도 예수 안에서 너희를 향하신 하나님의 뜻이니라

늘 기뻐하는 삶을 살아야 합니다. 근심 걱정 다 내려놓고 기뻐하며 웃으며
살아야 합니다. 그리스도인은 늘 싱글벙글해야 합니다. 기쁘게 사는 것이 하
나님의 뜻입니다.

그리고 기도의 삶을 사는 것이 하나님 아버지의 뜻입니다. 기도의 삶이란
기도한 대로 행하며 사는 것입니다. 쉬지 말고 기도하는 것은 '기도한 대로 생

활하는 삶'입니다. 쉬지 않고 기도하는 삶이 하나님의 뜻을 이루는 삶입니다.

그리스도인은 어떤 경우에도 감사해야 합니다. 성공할 때만이 아니라 실패했을 때도 감사해야 합니다. 실패했을 때 감사하면 그 실패가 성공으로 바뀌는 전화위복의 역사가 일어납니다.

감사하는 만큼 행복한 삶을 살게 됩니다. 조금 감사하면 조금 행복한 삶을, 많이 감사하면 많이 행복한 삶을 살게 됩니다. 이것이 감사의 법칙입니다.

[요 6:40] 내 아버지의 뜻은 아들을 보고 믿는 자마다 영생을 얻는 이것이니 마지막 날에 내가 이를 다시 살리리라 하시니라

하나님 아버지의 뜻은 이 땅을 살아가는 모든 사람이 예수 믿고 영생을 얻어 축복된 삶을 살다가 하나님 나라 천국에 들어가는 것입니다. 하나님의 뜻을 이루는 데 거룩한 목적을 두면 가치 있는 삶을 살게 됩니다.

사랑하는 성도 여러분!

여러분은 어떤 삶을 살고 있습니까? 썩어 없어질 이 세상 것들에 소망을 두고 살아가지는 않습니까? 아무리 귀한 것이라도 그것은 다 없어질 허황된 것입니다. 10년 후, 20년 후, 30년 후를 생각해 보셨습니까? 여러분이 가진 돈, 명예, 권력, 지위 등이 그때 여러분에게 어떤 의미가 있겠습니까?

재물이 자식들에게 상속된다 해도 그것 때문에 자식들이 얼마나 행복해할지 아니면 분란이 일어나 서로 원수가 될지 생각해 보셨습니까? 헛되고 헛되며 모든 것이 바람을 잡는 것과 같습니다.

우리가 붙잡고 살아야 할 것은 이 세상 것들이 아니라 하나님 나라의 것들입니다. 제발 이 세상에 너무 집착하지 마십시오. 돈을 사랑하지 마시고 돈을

다스리며 사십시오. 언제까지 자린고비의 삶만 살겠습니까? 여러분 내면에 자리 잡은 사심을 단호히 물리치십시오.

하나님 나라에 소망을 두고 살아야 합니다. 하나님께 소망을 두고 하나님의 뜻을 이루며 살아야 합니다. 제발 마귀에게 속아서 불행한 삶을 살지 마시고 하나님께 돌아와서 참 진리 안에서 행복하고 복된 삶을 사십시오.

우리 모두 이 세상 것들을 버리고 하나님께 돌아와 참된 자유와 기쁨을 누리며 은혜와 축복의 삶을 사는 성도들이 되시기를 주 예수 이름으로 축원합니다.

35. 재물의 유혹

[딤전 6:17-18] 네가 이 세대에서 부한 자들을 명하여 마음을 높이지 말고 정함이 없는 재물에 소망을 두지 말고 오직 우리에게 모든 것을 후히 주사 누리게 하시는 하나님께 두며 선을 행하고 선한 사업을 많이 하고 나누어 주기를 좋아하며 너그러운 자가 되게 하라

천향인과 소망은 안락이라는 들판에 이르게 되었습니다. 평평한 땅이 끝없이 펼쳐져 있고 억새와 갈대숲이 들판을 덮고 있어 마음이 편안해졌습니다.

"벌써 들판의 수확이 끝나버렸군!" 천향인이 혼자 중얼거렸습니다. 소망이 말했습니다. "인생에서 느끼는 안락함혹 이 들판과 같지 않을까요?”

“안락함은 한순간에 불과하잖아요. 소망 씨의 말씀이 맞습니다.”

길을 가다 문득 재물이라는 언덕이 보였습니다. 그 옆으로는 은광이 보였습니다.

“천향인 씨, 저 은광을 아시나요?”

“예, 은광에 대해 들은 적이 있지요. 이 길을 가는 사람들이 은을 가지려고 옆길을 가다가 땅이 꺼져 불구가 된 사람이 있다고 들었습니다.”

“우리도 조심해야겠군요.”

은광으로 올라가는 길에서 천향인과 소망을 부르는 사람이 있었습니다. 데마라는 사람이었습니다.

“여보시오, 이리 좀 와 보시오.”

“뭐 좋은 구경거리라도 있습니까?” “내가 당신들에게 보여 드릴 것이 있습니다.”

“도대체 그것이 무엇이오?” “여기 은광이 있는데 모두 은을 캐기 위해 들어갔다오. 당신들도 은광에 들어가 보지 않겠습니까? 아마 한몫 잡게 될 거요. 은광에 들어가기만 하면 한순간에 큰 부자가 될 겁니다.”

그때 소망이 잠시 마음이 흔들렸습니다. 소망이 천향인에게 말했습니다.

“우리도 한번 은광에 들어가 볼까요,”

그러자 천향인은 버럭 화를 내며 말했습니다. “소망 씨, 나는 가지 않겠소. 아니, 내가 조금 전에 한 이야기를 금방 잊었소? 이건 우리를 유혹하려는 함정이 틀림없습니다.”

천향인은 데마에게 큰 소리로 물었습니다.

“그곳은 위험하지 않습니까? 많은 순례자가 위협을 당했다던데요.”

"아니오, 그런 위험은 전혀 없소. 절대 위험하지 않아요."

데마는 그렇게 말하면서 얼굴이 벌겋게 달아올랐습니다. 천향인은 한 눈에 데마가 거짓말을 하고 있음을 눈치챘습니다. 천향인은 데마에게 다시 큰 소리로 말했습니다.

"우리가 가는 길은 주님이 가신 길이오. 이 길에서 벗어나면 그리스도의 심판대에서 크게 꾸짖음을 받게 될 거요."

데마가 말했습니다. "잠깐만 들러서 가면 하나님도 눈치채지 못하실 거요."

천향인은 말했습니다. "하나님은 우리가 모르는 것까지도 모두 알고 계십니다. 하나님 앞에서는 어떤 것도 숨길 수 없어요. 데마 씨, 당신은 왜 사람들을 잘못된 곳으로 유혹하는 거요. 당신 때문에 많은 순례자가 믿음을 저버리지 않았소."

"주님의 길을 방해하는 자는 주님의 원수입니다." 천향인은 큰 소리로 데마를 꾸짖었습니다. 하지만 데마는 쉽게 물러나지 않았습니다.

"나도 당신과 같이 아브라함의 자손이오. 왜 내 말을 그렇게 나쁘게 듣는 거요. 나는 당신들에게 해를 끼칠 생각이 전혀 없소이다."

"오호라, 당신의 증조부가 게아시고 아버지가 유다겠군요. '그 아버지에 그 아들'이라더니, 당신의 행동은 마귀의 장난이 틀림없소."

천향인과 소망은 발걸음을 재촉했습니다.

재물의 유혹은 누구도 피할 수 없습니다. 이 유혹을 이기려면 탐심과 욕심을 버려야 합니다. 탐심과 욕심은 타락한 인간의 본성입니다. 재물의 유혹은 매우 극복하기 어려운 것입니다.

오늘날 많은 범죄에는 돈이 관련되어 있습니다. 정치, 경제, 문화, 사회 전반에서 일어나는 사건의 중심에 있는 돈의 힘이 얼마나 막강한지 모릅니다. 돈으로 해결되지 않는 게 없다고 하지만, 돈으로 해결되지 않는 것이 너무 많습니다. 오히려 그 돈이 문제를 일으키고, 인생을 망가뜨리고, 그 돈 때문에 인생이 패망의 길로 걸을 때가 많습니다.

그런데도 사람들은 그 돈을 모으기 위해 수단 방법 가리지 않고, 어떤 위험도 감수하며 매달립니다. 사탄은 돈으로 사람을 유혹합니다. 부당한 방법으로 쉽게 돈을 벌 수 있다는 유혹을 물리치기란 쉽지 않습니다.

부정한 방법으로 재물을 모으는 데 소망을 두지 말고, 내게 맡겨진 일에 최선을 다해야 합니다. 믿음으로 살아가는 사람들은 하나님의 방법으로 재물을 얻는 삶을 삽니다.

믿음의 조상들은 하루아침에 벼락부자가 된 사람은 없습니다. 놀랍게도 그들 가운데 가난한 사람이 한 사람도 없습니다.

살아가면서 재물은 꼭 필요합니다. 옛말에 한평생 먹고 살 복은 태어나면서부터 갖고 나온다고 했습니다. 예나 지금이나 사람들의 지대한 관심이 재물에 있습니다. 어떻게 하면 부자가 될까요? 가난한 자와 부자의 삶은 어떤 차이가 있을까요?

과연 부자는 행복하고 가난한 자는 불행할까요? 아닙니다. 가난한 자가 더 행복하고 부자가 불행한 경우가 많습니다. 좋은 차, 좋은 옷, 좋은 음식을 누려도 행복하지 않으면 아무 소용이 없습니다.

행복이란 자족한 삶에서 찾아오는 것인데, 무슨 일이든 억지로 하는 것이 아니라 즐기면서 하면 행복합니다. 단칸방에서 잠을 잘지라도 감사하고, 거친 음식일지라도 감사하는 마음으로 맛있게 먹으며 살아가는 것이 진정한 행복이 아닐까요?

억만장자 록펠러는 주급 3달러를 받을 때, 화장실에서 3달러를 만지작거릴 때가 가장 행복했다고 합니다.

자동차 왕 포드는 일만이 유일한 낙이며, 정비사로 일할 때가 가장 행복했다고 했습니다.

행복은 저 멀리 있는 것이 아니라 아주 가까이 있습니다. 가정에서, 일터에서, 여러분이 섬기는 교회에서 행복을 찾으시기 바랍니다.

[딤전 6:17] 네가 이 세대에서 부한 자들을 명하여 마음을 높이지 말고 정함이 없는 재물에 소망을 두지 말고 오직 우리에게 모든 것을 후히 주사 누리게 하시는 하나님께 두며

재물에 소망을 두며 살지 말아야 합니다. 재물에 소망을 두면 어리석은 삶을 살게 됩니다. 그러나 하나님께 소망을 두면 베풀고 꾸어주고 나누어주며 사는 행복한 삶, 축복의 삶을 살게 됩니다. 재물에 소망을 두지 말고 하나님께 소망을 두고 살아가는 은혜와 축복이 임하기를 원합니다.

세상의 유혹 중에 가장 큰 유혹이 재물의 유혹이 아닌가 합니다. 오늘 이 시대에도 재물의 유혹은 심각합니다. 최근엔 비트코인에 투자하여 하룻밤에 수천만 원을 벌었다는 이야기도 있지만, 쉽게 번 돈은 대개 허망하게 없어지기 마련입니다.

쉽게 돈 벌 수 있다는 유혹에서 빠져나오기란 매우 어렵습니다. 남이 쉽게 돈 버는 모습을 보며 자기는 바보처럼 느껴지고, 일확천금의 유혹에 넘어가게 됩니다. 재물의 유혹에 넘어가지 않으려면 신앙생활을 바로 해야 합니다. "하나님이 주시는 재물의 선물만 받겠다"고 늘 다짐하면서 말입니다.

[신 8:18] 네 하나님 여호와를 기억하라 그가 네게 재물 얻을 능력을 주셨

음이라 이같이 하심은 네 조상들에게 맹세하신 언약을 오늘과 같이 이루
려 하심이니라

하나님께서는 우리에게도 재물 얻을 능력을 주셨습니다. 하나님께서 허락
하신 재물은 안전하게 오래 유지되지만, 마귀의 유혹으로 일시적으로 취하는
재물은 순식간에 없어지게 됩니다.

믿음의 사람은 돈을 많이 벌 수 있다는 유혹에 빠져 투기하지 않습니다. 한
탕주의의 유혹은 마귀가 주는 선물입니다. 마귀의 선물을 단호하게 거절해야
합니다.

[잠 13:11] 망령되이 얻은 재물은 줄어가고 손으로 모은 것은 늘어 가느
니라

열심히 땀 흘리며 수고하면서 번 재물은 쌓여갑니다. 열심히 땀 흘리며 살
아가는 사람들은 언제 부자가 되었는지 모르게, 살다 보면 부자가 되어 있습
니다. 그러나 불의한 방법으로 번 재물은 오래가지 못하고 어느 땐가 순식간
에 사라지게 되어 있습니다. 참으로 허망한 것이지요. 살다 보면 불의한 방법
으로 재물을 얻는 유혹을 받을 때가 종종 있습니다.

이스라엘 백성이 출애굽하여 약속의 땅 가나안으로 갈 때, 발람이라는 선
지자가 있었습니다. 모압 왕 발락이 선지자 발람을 불러 이렇게 제안합니다.

[민 22:17] 내가 그대를 높여 크게 존귀하게 하고 그대가 내게 말하는 것
은 무엇이든지 시행하리니 청하건대 와서 나를 위해 이 백성을 저주하라
하시더이다

발람은 아침에 일어나 나귀를 타고 고관들과 함께 이스라엘 백성을 저주하기 위해 약속된 장소로 갑니다. 그런데 나귀가 길을 가다 멈추어 섭니다. 화가 난 발람은 나귀를 때립니다. 그래도 나귀는 앞으로 나아가지 않습니다. 하나님의 사자가 그 길을 막고 있는 것을 나귀는 보았는데, 하나님의 사람인 발람은 보지 못했습니다. 바로 그때 나귀가 말하는 거예요.

[민 22:30-32] 나귀가 발람에게 이르되 나는 당신이 오늘까지 당신의 일생 동안 탄 나귀가 아니냐 내가 언제 당신에게 이같이 하는 버릇이 있었더냐 그가 말하되 없었느니라 그 때에 여호와께서 발람의 눈을 밝히시매 여호와의 사자가 손에 칼을 빼 들고 길에 선 것을 그가 보고 머리를 숙이고 엎드리니 여호와의 사자가 그에게 이르되 너는 어찌하여 네 나귀를 이같이 세 번 때렸느냐 보라 내 앞에서 네 길이 사악하므로 내가 너를 막으려고 나왔더니

짐승인 나귀는 하나님의 사자를 발견했는데 하나님의 사람 발람은 그러하지 못하고 나귀를 때립니다. 그러자 짐승인 나귀가 발람을 책망합니다.

재물에 대한 탐욕과 유혹은 참으로 무서운 것입니다. 하나님의 사자가 이 유혹에 넘어가 하나님의 백성을 저주하러 가다가 나귀에게 책망받게 됩니다.

발람은 하나님의 사자를 만나고 하나님의 백성을 축복하게 됩니다. 사탄이 주는 저주의 산물인 재물의 유혹에 넘어가지 마시고, 하나님 말씀으로 무장하며 믿음으로 사시기 바랍니다. 모든 재물의 유혹을 예수 이름으로 물리치는 저와 여러분이 되시기를 원합니다.

사람은 많든 적든 재물을 갖고 있습니다. 재물을 바르게 사용하는 것은 결코 쉬운 일이 아닙니다. 재물은 바르게 사용하면 엄청난 축복의 삶을 살지만

잘못 사용하면 저주의 삶을 살게 됩니다. 얼마나 많은 돈을 갖고 있느냐가 아니라 가진 재물을 얼마나 바르게 사용하느냐가 중요합니다.

[딤전 6:18] 선을 행하고 선한 사업을 많이 하고 나누어 주기를 좋아하며 너그러운 자가 되게 하라

내가 가진 재물을 선한 일에 쓰고 나누어주기를 좋아하는 너그러운 사람이 되어야 하나님이 함께하는 사람이 되고 축복의 주인공이 됩니다. 재물의 모든 유혹에서 벗어나 재물을 다스리고 지배하는 복된 삶을 살기를 간곡히 부탁드립니다.

사랑하는 성도 여러분!

여러분은 재물의 유혹을 어떻게 물리칩니까? 재물의 유혹을 물리치면 놀라운 축복의 문이 열립니다.

신앙생활 하면서 하나님이 주신 축복에 감사하지 않고 하나님 앞에 드리는 헌금이 아까워 십일조까지 중단한 적은 없습니까?

이런 것은 마귀의 유혹입니다. 참으로 놀랍게도, 힘들고 어려울 때는 십일조를 잘하는데 형편이 좋아지면서 십일조를 중단하는 경우가 많습니다.

저희 교회는 성도는 많지 않지만 믿음으로 온전한 십일조를 드리는 분이 많습니다. 십일조의 은혜를 체험하며 사는 분들입니다. 여러분도 이 십일조의 유혹에서 벗어나면 풍족한 삶의 길이 열립니다.

천향인과 소망에게 데마가 찾아와서 "은광에 들어가면 큰돈을 벌 수 있다"고 유혹합니다. 은광에 들어가면 힘들이지 않고 평생 먹고 살 수 있다는 유혹에 소망은 마음이 흔들렸습니다.

천향인은 데마에게 호통을 치면서 하나님 앞에 나아가 고발할 것이라고 야단쳤습니다. 그리고 천향인과 소망은 데마를 멀리 떠났습니다. 바로 이것이 그리스도인의 삶입니다. 잘못된 길에서 빨리 돌이켜 그곳을 빠져나와야 미혹되지 않습니다.

오늘날 어딜 가나 재물의 유혹이 우리 마음을 빼앗아 가고 있습니다. 쉽게 돈 벌 수 있다는 유혹, 조심하십시오. 세상에는 쉬운 것이 없습니다. 여기 투자하면 큰돈 벌 수 있다는 유혹이 곳곳에 널려 있습니다. 이런 곳에 함부로 투자할 생각 마시고 여러분이 하는 일에 최선을 다하는 삶을 사십시오. 마귀가 주는 재물의 유혹에서 빠져나와 하나님이 주시는 재물의 축복을 사모하십시오.

하나님은 사랑하는 백성에게 풍성한 복을 누리게 하십니다. 하나님께 드리고 이웃에게 베풀고 꾸어주고 나누어주는 삶이 하나님의 복을 누리는 삶입니다. 마귀의 유혹에서 벗어나 하나님이 주시는 재물의 복을 받아 놀라운 축복의 삶을 사기기를 주 예수 이름으로 축원합니다.

36. 롯의 아내를 기억하라

[창 19:12-26] 그 사람들이 롯에게 이르되 이 외에 네게 속한 자가 또 있느냐 네 사위나 자녀나 성 중에 네게 속한 자들을 다 성 밖으로 이끌어 내라 그들에 대한 부르짖음이 여호와 앞에 크므로 여호와께서 이 곳을 멸하시려고 우리를 보내셨나니 우리가 멸하리라 롯이 나가서 그 딸들과 결혼할 사위들에게 말하여 이르기를 여호와께서 이 성을 멸하실 터이니 너희는 일어나 이 곳에서 떠나라 하되 그의 사위들은 농담으로 여겼더라 동틀 때에 천사가 롯을 재촉하여 이르되 일어나 여기 있는 네 아내와 두 딸을 이끌어 내라 이 성의 죄악 중에 함께 멸망할까 하노라 그러나 롯이 지체하매 그 사람들이 롯의 손과 그 아내의 손과 두 딸의 손을 잡아 인도하여 성 밖에 두니 여호와께서 그에게 자비를 더하심이었더라 그 사람들이 그

들을 밖으로 이끌어 낸 후에 이르되 도망하여 생명을 보존하라 돌아보거나 들에 머물지 말고 산으로 도망하여 멸망함을 면하라 롯이 그들에게 이르되 내 주여 그리 마옵소서 주의 종이 주께 은혜를 입었고 주께서 큰 인자를 내게 베푸사 내 생명을 구원하시오나 내가 도망하여 산에까지 갈 수 없나이다 두렵건대 재앙을 만나 죽을까 하나이다 보소서 저 성읍은 도망하기에 가깝고 작기도 하오니 나를 그 곳으로 도망하게 하소서 이는 작은 성읍이 아니니이까 내 생명이 보존되리이다 그가 그에게 이르되 내가 이 일에도 네 소원을 들었은즉 네가 말하는 그 성읍을 멸하지 아니하리니 그리로 속히 도망하라 네가 거기 이르기까지는 내가 아무 일도 행할 수 없노라 하였더라 그러므로 그 성읍 이름을 소알이라 불렀더라 롯이 소알에 들어갈 때에 해가 돋았더라 여호와께서 하늘 곧 여호와께로부터 유황과 불을 소돔과 고모라에 비같이 내리사 그 성들과 온 들과 성에 거주하는 모든 백성과 땅에 난 것을 다 엎어 멸하셨더라 롯의 아내는 뒤를 돌아보았으므로 소금 기둥이 되었더라

소망은 잘못을 뉘우치며 천향인에게 말했습니다.

"사심 씨가 쉽게 부자가 될 수 있다는 유혹을 받으면 영락없이 발걸음을 돌리게 되겠지요."

천향인은 말했습니다. "그럼요, 틀림없이 그렇게 할 겁니다. 은광으로 들어가면 백이면 백이 모두 죽임을 당하게 될 것입니다."

조금 길을 가다 뒤를 돌아보니 사심과 그의 친구 세상집착, 돈사랑, 자린고비가 은광 옆을 지나는 것이 보였습니다. 아니나 다를까, 그들은 단번에 데마의 유혹에 넘어가고 말았습니다.

은광에 들어간 후 함정에 빠졌는지 그들은 보이지 않았습니다. 소망은

데마의 잔머리를 조롱하는 노래를 지어 불렀습니다.

"♬사심과 데마는 한마음이라네. 한 사람이 부르면 다른 한 사람은 얼씨구나 달려가 부귀와 영화를 나누어 갖자고 했다네. 그들은 세상의 값비싼 것을 얻었을지 모르지만 천국은 영영 멀어지고 말았다네.♬"

어느덧 천향인과 소망은 들판의 맞은편에 나아갔습니다. 그곳에는 오래된 유적이 있었는데, 여인의 모습처럼 서 있는 큰 기둥이었습니다. 천향인과 소망은 가까이 가서 한참 동안 그 기둥을 바라보았습니다. 기둥 꼭대기에 이런 글이 새겨져 있었습니다.

"롯의 아내를 기억하라"

소망은 천향인에게 여인의 얼굴이 새겨진 기둥에 대해 물었습니다. 천향인은 소돔과 고모라가 멸망할 때 롯의 식구들이 간신히 빠져나왔는데 롯의 아내는 재물이 아까워 천사의 경고를 무시하고 뒤를 돌아보다 소금기둥이 되었다는 하나님 말씀을 소망에게 들려주었습니다.

소망은 물었습니다. "이 기둥은 롯의 아내가 틀림없군요. 그런데 우리가 왜 이 기둥을 보게 되었을까요?"

"롯의 아내는 그곳을 빠져나와 심판은 면하게 되었지만 다음 심판은 피하지 못했어요. 이런 사실을 우리에게 알려 주시려는 것 아닐까요?"

천향인의 말에 소망은 고개를 끄덕였습니다.

"롯의 아내가 잠시 뒤를 돌아보는 것만으로도 소금기둥이 되었다면 저는 데마의 유혹에 넘어가 은광에 들르려 했으니, 롯의 아내와 지은 죄가 별반 다르지 않군요."

소망은 침울한 표정을 지었습니다. 그러자 천향인이 소망을 위로해주었습니다. "기운 내세요. 주님은 자애로우신 분이심을 잘 아시잖아요. 당신이 뉘우치고 있으니 주님은 용서해주실 것입니다."

"예, 깊이 반성하고 있습니다."

천향인은 말했습니다. "범죄하고 타락한 소돔은 하나님의 불 심판을 받게 되었고 데마와 같은 사람도 결국 그런 심판을 받을 것이 분명합니다."

소돔과 고모라는 에덴동산처럼 풍요롭고 아름다운 동산이었습니다. 기름진 땅과 풍요로운 물이 있는 소돔 성에 사람들이 모여들고 문명이 발달하게 되었습니다. 소돔 성 사람들은 풍요로운 삶을 살게 되자 타락의 길을 걷게 되었습니다.

참으로 놀라운 사실은, 풍요로운 삶을 살면 타락하게 된다는 것입니다. 당시 소돔 성에는 남자가 남자로 더불어 부끄러운 행동을 하는 일들이 성행했습니다. 그래서 하나님은 소돔과 고모라 성에 하나님의 심판인 유황불을 내리기로 하신 것입니다.

이런 타락의 도시에서 롯은 하나님을 경외하며 믿음으로 살았습니다. 타락한 도시에서 믿음으로 살아가는 것은 매우 힘든 일입니다. 언제 어떻게 죽을지 모릅니다. 롯은 그들과 같은 타락의 삶을 멀리하고 믿음으로, 하나님 말씀대로 순종하는 삶을 살았습니다. 그래서 그가 천사를 대접하게 된 것입니다.

하나님은 롯의 가정을 구원하기 위해 유황불의 심판 소식을 하나님의 사자 천사를 통해 전하십니다. 그런데 롯의 사위는 농담으로 받아들였고, 롯의 가족들도 그 소식을 받아들이지 않았습니다. 롯의 아내도 하나님이 보낸 천사의 경고를 무시하고는 뒤를 돌아보았다가 소금기둥이 되었습니다.

많은 사람은 부귀영화에 인생을 겁니다. 롯의 아내도 세상 부귀영화를 너무나 좋아하고 사랑했습니다. 이날까지 노력하여 얻은 부귀영화를 두고 소돔 성을 떠난다는 것은 상상도 할 수 없는 일이었습니다.

"내가 어떻게 마련한 집인데 이 집을 버리고 떠나? 내가 노력하여 모아둔 금, 은, 보석을 두고 어디로 떠난단 말이야? 절대로 떠날 수 없지!"

부귀영화를 사랑하는 이런 마음은 누구에게나 있습니다. 누가 땀 흘려 이루어 놓은 부귀영화를 놓치려 하겠습니까? 그런데 놀라운 사실은, 마귀가 주는 부귀영화가 있고 하나님이 주시는 부귀영화가 있다는 것입니다. 마귀가 주는 부귀영화를 지니면 패망하게 됩니다. 마귀가 주는 재물은 죽음을 구하는 것이 됩니다.

[잠 21:6] 속이는 말로 재물을 모으는 것은 죽음을 구하는 것이라 곧 불려 다니는 안개니라

남을 속이고 사기 쳐서 모은 재물은 결국 죽음을 구하는 길이요, 안개처럼 순식간에 사라집니다. 죄인들이 모아놓은 재물은 의인을 위해 쌓이는 것에 불과하다고 성경은 말합니다. 세상 부귀영화는 우리를 패망하게 만듭니다.

그러나 하나님이 주시는 부귀영화는 많은 사람을 살리는 생명의 역사를 일으킵니다. 하나님은 믿음으로 바로 살아가는 자에게 재물과 부요를 주시며, 그 복을 받아 누리게 하십니다.

[잠 8:18-21] 부귀가 내게 있고 장구한 재물과 공의도 그러하니라. 내 열매는 금이나 정금보다 나으며 내 소득은 순은보다 나으니라. 나는 정의로운 길로 행하며 공의로운 길 가운데로 다니나니 이는 나를 사랑하는 자가 재물을 얻어서 그 곳간에 채우게 하려 함이니라.

부자이면서도 가난하게 살아가는 사람이 너무도 많습니다. 이들은 빚을 내

어 부동산을 사고 그 빚을 다 갚으면 또 빚을 내어 다른 부동산을 삽니다. 이들은 엄청난 부자면서도 늘 돈, 돈 하며 삽니다.

성경은 이런 사람들을 어리석은 부자라고 합니다. 자기가 번 돈을 한 푼도 값지게 써보지 못하고 세상을 떠나게 되니 얼마나 어리석은 삶입니까? 어리석은 부자가 아닌 지혜로운 부자가 되어야 합니다. 지혜로운 부자는 재물을 값지게 사용하는 누림의 복을 받습니다. 하나님이 주시는 복을 받아 누리는 자들이 되시기 바랍니다.

우리는 뒤를 돌아보며 사는 경우가 너무 많습니다. 옛 생활이 그립거나 그 시절로 돌아가고 싶은 열망이 있어서입니다. 누구나 좋든 싫든 옛 생활을 그리워하는데, 이것이 인간의 본능입니다. 자기 고향을 그리워하는 것도 이 때문입니다.

이스라엘 백성이 출애굽한 뒤 광야에서 조금만 기분 나쁘면 애굽으로 돌아가자고 선동하며 외칩니다. 두 천사는 롯의 식구들의 손을 잡아 끌어내어 이렇게 말합니다.

[창 19:17] 그 사람들이 그들을 밖으로 이끌어 낸 후에 이르되 도망하여 생명을 보존하라 돌아보거나 들에 머물지 말고 산으로 도망하여 멸망함을 면하라.

롯의 식구들은 천사가 이끄는 대로 앞을 향해 달려갑니다. 천사는 말합니다. "뒤를 돌아보지 마라. 뒤돌아보면 죽는다."

롯의 아내는 집에 있는 패물이며 보석이 생각나서 떠날 수 없는 것입니다. 그토록 당부하는 천사의 명령에도 불구하고 롯의 아내는 그만 뒤를 돌아보고 말았습니다. 그러다가 소금기둥이 되었습니다.

우리는 예수님만 바라보며 앞으로 나아가야 합니다. 예수님의 십자가와 부활은 우리의 운명을 바꾸고 우리에게 새로운 소망을 주었습니다. 예수님은 "내 부친을 장사하고 주님을 따르겠습니다"라는 제자와 "가족과 작별 인사라도 하고 주님을 따르게 해달라"는 제자의 청에 이렇게 말씀하십니다.

[눅 9:60-62] 이르시되 죽은 자들로 자기의 죽은 자들을 장사하게 하고 너는 가서 하나님 나라를 전파하라 하시고 또 다른 사람이 이르되 주여 내가 주를 따르겠나이다마는 나로 먼저 내 가족을 작별하게 허락하소서 예수께서 이르시되 손에 쟁기를 잡고 뒤를 돌아보는 자는 하나님의 나라에 합당하지 아니하니라 하시니라

이 세상에 소망을 두고 살지 마십시다. 우리가 추구하는 세상 모든 것은 안개와 같습니다. 아무리 짙은 안개라도 해가 뜨면 사라집니다. 뒤돌아보지 말고 하나님이 예비하신 부름의 상을 위해 달려가는 성도들이 되시기를 간곡히 부탁드립니다.

하나님은 그의 백성의 삶을 책임지고 가장 선한 길로 인도하십니다. 하나님의 인도하심 따라 믿음으로 순종하는 삶을 살면 형통한 삶, 축복의 삶을 살게 됩니다. 주님은 이렇게 약속하셨습니다.

[히 6:14-15] 이르시되 내가 반드시 너에게 복 주고 복 주며 너를 번성하게 하고 번성하게 하리라 하셨더니 그가 이같이 오래 참아 약속을 받았느니라

우리는 복을 받을 수밖에 없는 존재입니다. 롯의 식구들은 천사들의 도움

으로 소돔을 떠나게 됩니다. 이들은 믿음으로 살았기에 유황불의 재앙에서 구원받게 된 것입니다. 롯이 소돔 성을 떠나자 하늘에서 유황이 비처럼 내립니다.

[창 19:24-25] 여호와께서 하늘 곧 여호와께로부터 유황과 불을 소돔과 고모라에 비같이 내리사 그 성들과 온 들과 성에 거주하는 모든 백성과 땅에 난 것을 다 엎어 멸하셨더라

롯은 도망가다 지쳐 땅에 쓰러집니다. 더 이상 도망갈 힘이 없었습니다. 바로 그때, 작은 성이 보입니다. 그 성 이름이 소알입니다. 롯은 하나님께 소알 성에 들어가게 해달라고 기도합니다.

[창 19:20] 보소서 저 성읍은 도망하기에 가깝고 작기도 하오니 나를 그 곳으로 도망하게 하소서 이는 작은 성읍이 아니니이까 내 생명이 보존되리이다

믿음의 사람 롯의 기도가 하나님께 상달되었습니다. 롯의 식구들이 소알 성에 들어가게 되었습니다. 놀랍게도, 소돔과 고모라의 모든 성에 유황불이 내려와 모두 타 죽었는데 소알 성에는 유황불이 내리지 않았습니다. 믿음의 사람 롯 때문에 소알 성의 모든 사람이 하나님의 진노에서 벗어나 구원받는 놀라운 일이 일어났습니다.

바로 이것이 그리스도인의 사명입니다. 믿음으로 살아가는 그리스도인 한 사람이 바로 살면 가정을 구하고, 도시를 구하고, 나라를 구하는 놀라운 일이 일어납니다.

그리스도인은 복의 근원입니다. 나 한 사람 때문에 내 가정이 살아나서 복을 받고, 우리 교회가 살아나고, 내가 사는 지역이 살아나고 복을 받는 놀라운 역사가 일어납니다.

사랑하는 성도 여러분!

롯의 아내를 생각해 봅시다. 여러분은 롯의 아내처럼 세상 부귀영화를 사랑하면서 이 세상에 소망을 두고 살아가지는 않습니까? 세상에 소망을 두고 세상을 사랑한 롯의 아내는 뒤를 돌아보다가 소금기둥이 되고 저주의 표상이 되었습니다.

"저 사람처럼 믿음으로 살면 복을 받는다"는 소리를 들으며 살아야 합니다. 주위 사람들이 나를 바라보며 감동되고 은혜받게 해야 합니다. 축복의 근원이 되고 나 때문에 주위 사람이 행복해지며 복을 받게 하는 사명이 우리 모두에게 있습니다.

롯은 타락한 도시 소돔과 고모라에서 믿음으로 살았습니다. 그래서 하나님은 그를 구하기 위해 두 천사를 먼저 보내 롯의 가정의 모든 식구를 소돔에서 떠나게 하십니다. 롯은 하나님께 기도했고, 그 기도가 응답받아 소알성에 들어가게 되었고, 소알성의 모든 백성은 구원받게 됩니다. 롯이 소알성에 들어가지 않았다면 소알성의 모든 사람이 하늘에서 내려오는 유황불로 죽어 잿더미가 되었을 것입니다. 롯 한 사람 때문에 소알성의 모든 사람이 살아나게 된 것입니다.

롯의 아내를 생각합시다. 우리 모두 롯의 아내처럼 살지 말고 롯처럼 믿음으로 바로 살아서 나 때문에 모든 사람이 살아나고 행복해하고 구원받는 축복의 역사가 일어나기를 주 예수 이름으로 축원합니다.

37. 헛된 자신감을 버려라

[삿 11:29-36] 이에 여호와의 영이 입다에게 임하시니 입다가 길르앗과 므낫세를 지나서 길르앗의 미스베에 이르고 길르앗의 미스베에서부터 암몬 자손에게로 나아갈 때에 그가 여호와께 서원하여 이르되 주께서 과연 암몬 자손을 내 손에 넘겨 주시면 내가 암몬 자손에게서 평안히 돌아올 때에 누구든지 내 집 문에서 나와서 나를 영접하는 그는 여호와께 돌릴 것이니 내가 그를 번제물로 드리겠나이다 하니라 이에 입다가 암몬 자손에게 이르러 그들과 싸우더니 여호와께서 그들을 그의 손에 넘겨 주시매 아로엘에서부터 민닛에 이르기까지 이십 성읍을 치고 또 아벨 그라밈까지 매우 크게 무찌르니 이에 암몬 자손이 이스라엘 자손 앞에 항복하였더라 입다가 미스바에 있는 자기 집에 이를 때에 보라 그의 딸이 소고를

잡고 춤추며 나와서 영접하니 이는 그의 무남독녀라 입다가 이를 보고 자기 옷을 찢으며 이르되 어찌할꼬 내 딸이여 너는 나를 참담하게 하는 자요 너는 나를 괴롭게 하는 자 중의 하나로다 내가 여호와를 향하여 입을 열었으니 능히 돌이키지 못하리로다 하니 딸이 그에게 이르되 나의 아버지여 아버지께서 여호와를 향하여 입을 여셨으니 아버지의 입에서 낸 말씀대로 내게 행하소서 이는 여호와께서 아버지를 위하여 아버지의 대적 암몬 자손에게 원수를 갚으셨음이니이다 하니라

강에는 수초들이 물결을 찰랑이고 있었습니다. 천향인과 소망은 생명수 강가에 이르렀습니다. 유유히 흐르는 강에 저녁노을은 한 폭의 그림과도 같았습니다. 강둑을 따라 걸으면서 천향인과 소망은 강물을 마셨습니다.

시원한 물이 두 사람에게 활기를 불어넣어 주었습니다. 강둑 아래에는 강둑을 지켜온 푸른 나무들이 있었습니다. 이 모두가 하나님이 주신 축복이었습니다.

"천향인 씨, 알고 있어요? 이 나무의 잎사귀는 배탈과 질병을 막아준답니다. 잎을 먹어보세요."

맑은 강물은 지친 몸과 마음을 달래주었고 나무 열매는 주린 배를 채워주었습니다. 하늘과 잔잔한 물결은 그들의 마음을 새롭게 해주었습니다. 천향인과 소망은 여행이 끝나지 않아 발걸음을 재촉했습니다.

얼마 가지 않아 길이 험해져 그들의 발이 부르트기 시작했습니다. 두 사람은 며칠 간의 아름다운 추억을 떠올리며 아쉬워했습니다. 천향인과 소망이 힘겹게 길을 걷고 있는데 길옆에 풀밭이 나타났습니다. "옆에 오솔길이 있는데 저 풀밭으로 가볼까요?" 천향인의 말에 소망은 걱정스럽

게 말했습니다. "그래도 괜찮을까요?" "별문제 없을 겁니다."

잠시 후 앞선 사람이 길을 걷고 있었습니다. 그 사람의 이름은 헛된 자신감이었습니다. 천향인은 헛된 자신감에게 가까이 가서 물었습니다.

"이 길은 어디로 이어지는 길인가요?"

"천국 문으로 가는 길입니다."

"역시 우리가 맞는 길을 가고 있었군요." 헛된 자신감의 말에 천향인과 소망은 안도하며 기뻐했습니다.

날이 저물더니 칠흑 같은 어둠이 밀려왔습니다. 두 사람은 손을 잡고 조심스럽게 앞으로 나아갔습니다. 허영에 들뜬 바보들을 잡기 위해 길 한가운데 파놓은 구덩이에 헛된 자신감이 빠지고 말았습니다. 천향인과 소망은 헛된 자신감을 불러보았지만 아무런 대답이 없었습니다. 그제야 천향인은 뭔가 잘못되어 가고 있는 것을 깨달았습니다.

천향인은 말했습니다. "내가 소망 씨를 잘못된 길로 인도한 것 같습니다. 제발 나를 용서해주십시오."

소망이 대답했습니다. "아닙니다, 이 일이 정말 좋은 교훈이 될 것입니다. 그보다 오던 길로 다시 돌아 나가야 할 것 같습니다. 제가 앞장서겠습니다. 어떤 위험이 있을지 모르니까요."

그런데 어디선가 그들을 격려하는 목소리가 들렸습니다.

"네가 전에 가던 길을 마음에 두고 돌아오라."

두 사람은 그 목소리의 주인공이 하나님임을 알았습니다. 천향인과 소망은 하나님이 일러주신 대로 왔던 길을 돌아갔습니다.

자신감을 갖고 시작한 일이 잘못된 경험은 없습니까? 저는 헛된 자신감으로 일을 시작하여 어려움을 당한 적이 여러 번 있습니다. 분명히 잘 될 것 같아서 시작했는데 잘못된 판단으로 너무나 힘들고 어려운 일을 겪은 것입니다.

세상에는 많은 유혹이 우리를 기다리고 있습니다. 사탄이 만들어 놓은 유혹에 빠지면 빠져나오기가 너무나 힘들고 어려움을 겪습니다. 이런 유혹 가운데 많은 것이 쉽게 돈 벌 수 있다는 유혹들입니다. 신앙생활에서도 우리는 종종 이런 유혹을 받습니다.

나 자신이 대단한 것처럼 생각할 때가 종종 있습니다. 상대방의 사정과 형편을 이해하지 못하고 '나 같으면 그렇게 하지 않아' 하면서 잘난 체한 적이 얼마나 많습니까?

헛된 자신감에 가득 차서 남을 정죄하는 경우가 있습니다. '어디 한번 해봐. 나 없으면 어떻게 되는지! 그 일, 아무나 할 수 있는 줄 알아!'

아닙니다. 나 없어도 아무 일 없고 모든 일이 잘 돌아갑니다. 자만하면 교만해지고, 교만하면 하나님 은혜가 임하지 않습니다. 하나님 은혜 없이 신앙생활 하면 결국 패망의 길을 걸을 수밖에 없습니다. 헛된 자신감을 단호히 버려야 합니다. 하나님 없이 자기 뜻을 이루려는 것은 헛된 자신감입니다.

솔로몬은 자기가 원하는 것을 다 이루었습니다. 궁궐 짓고, 연못을 파고, 수목을 심고, 아름답게 단장했지만 그것이 그에게 아무런 의미가 없게 되었습니다.

[전 2:9-11] 내가 이같이 창성하여 나보다 먼저 예루살렘에 있던 모든 자들보다 더 창성하니 내 지혜도 내게 여전하도다 무엇이든지 내 눈이 원하는 것을 내가 금하지 아니하며 무엇이든지 내 마음이 즐거워하는 것을 내가 막지 아니했으니 이는 나의 모든 수고를 내 마음이 기뻐했음이라 이것이 나의 모든 수고로 말미암아 얻은 몫이로다 그 후에 내가 생각해 본즉 내 손으로 한 모든 일과 내가 수고한 모든 것이 다 헛되어 바람을 잡는 것

이며 해 아래에서 무익한 것이로다.

바람을 잡아보셨습니까? 바람은 잡히지 않습니다. 잡히지 않는 바람을 잡으려는 사람은 참으로 어리석은 자입니다. 바람처럼 헛된 자신감에 빠져 살아가는 사람은 사탄이 파놓은 올무에 빠집니다. 참으로 위험한 자들입니다.

이스라엘 자손들이 여호와의 목전에서 악을 행하여 하나님을 버리고 바알과 아스다롯의 우상을 섬겼습니다. 여호와께서 이스라엘을 진노하셔서 블레셋 사람들과 암몬 자손이 이스라엘을 쳐들어와 18년 동안이나 그들을 억압했습니다. 농사를 지어 놓으면 다 빼앗아 가고, 여인들을 붙잡아가고, 젊은 사람들을 종으로 붙잡아갔습니다. 이들은 아무 소망 없이 하루하루를 살아가고 있었습니다. 그러다 그들은 잘못을 뉘우치고 회개했습니다.

[삿 10:15-16] 이스라엘 자손이 여호와께 여쭈되 우리가 범죄했사오니 주께서 보시기에 좋은 대로 우리에게 행하시려니와 오직 주께 구하옵나니 오늘 우리를 건져내옵소서 하고 자기 가운데에서 이방 신들을 제하여 버리고 여호와를 섬기매 여호와께서 이스라엘의 곤고로 말미암아 마음에 근심하시니라

하나님은 잘못을 뉘우치고 회개하는 그들을 구원하기로 하십니다. 하나님은 고통당하는 이스라엘 백성을 돌아보셨습니다.

당시 길르앗 사람 입다가 있었는데, 그는 큰 용사였습니다. 길르앗 사람들은 그를 기생의 아들이라며 쫓아냈습니다. 입다는 그의 형제들을 피하여 돕 땅에 거주하며 잡류들을 모아 큰 군대를 거느리고 있었습니다. 불량배나 건달 정도로 볼 수 있는 사람들이 입다에게 모여든 것입니다.

얼마 후 암몬 자손이 이스라엘을 치러 올라온다는 소식을 듣습니다. 그래서 이스라엘 장로들이 돕 땅에 있는 입다를 찾아가서 제안합니다. "암몬 자손과 싸우려 하니, 와서 우리의 장관이 되어 주시오."

입다가 말합니다. "당신들이 나를 내쫓을 때는 언제고 이제 와서 도와 달라 하느냐."

길르앗 장로들이 말합니다. "여호와가 우리 사이의 증인이시니 당신이 시키는 대로 하리이다."

입다는 이스라엘의 사사로 부름받아 백성을 이끌고 모압과의 전투에 앞장서서 나아갑니다.

입다는 헛된 자신감으로 해서는 안 될 말을 하나님께 하고 맙니다. "전쟁에서 승리하고 돌아올 때 누구든지 내 집 문에서 나와서 나를 영접하는 자를 번제물로 하나님께 드리겠다." 왜 누가 시키지도 않는 이런 무모한 말을 하게 되었을까요? 헛된 자신감에 붙잡혔기 때입니다. 헛된 자신감은 참으로 무서운 결과를 가져오게 합니다.

[삿 11:31-33] 내가 암몬 자손에게서 평안히 돌아올 때에 누구든지 내 집 문에서 나와서 나를 영접하는 그는 여호와께 돌릴 것이니 내가 그를 번제물로 드리겠나이다 하니라 이에 입다가 암몬 자손에게 이르러 그들과 싸우더니 여호와께서 그들을 그의 손에 넘겨 주시매 아로엘에서부터 민닛에 이르기까지 이십 성읍을 치고 또 아벨 그라밈까지 매우 크게 무찌르니 이에 암몬 자손이 이스라엘 자손 앞에 항복하였더라.

이스라엘 백성은 암몬과의 전쟁에서 큰 승리를 거두었습니다. 입다는 승리의 기쁨으로 돌아오게 되었습니다. 미스바에 있는 자기 집에 이를 때 입다의 딸이 소고를 잡고 춤추며 나와서 영접합니다. 그는 무남독녀였습니다. 이 모습을 지켜보던 입다는 너무 놀라 탄식하며 말합니다.

[삿 11:35] 입다가 이를 보고 자기 옷을 찢으며 이르되 어찌할꼬 내 딸이여 너는 나를 참담하게 하는 자요 너는 나를 괴롭게 하는 자 중의 하나로다 내가 여호와를 향해 입을 열었으니 능히 돌이키지 못하리로다 하니

입다는 스스로 자기 딸의 무덤을 파게 된 것입니다. 입다의 딸은 놀라운 믿음의 결단을 하게 됩니다. 아버지가 하나님께 서원한 것은 지켜야 한다는 것입니다. 그래서 입다의 딸은 아버지께 말합니다.

[삿 11:36-37] 딸이 그에게 이르되 나의 아버지여 아버지께서 여호와를 향해 입을 여셨으니 아버지의 입에서 낸 말씀대로 내게 행하소서 이는 여호와께서 아버지를 위해 아버지의 대적 암몬 자손에게 원수를 갚으셨음이니이다 하니라 또 그의 아버지에게 이르되 이 일만 내게 허락하사 나를 두 달만 버려 두소서 내가 내 여자 친구들과 산에 가서 나의 처녀로 죽음을 인하여 애곡하겠나이다 하니

왜 이런 비극적인 사건들이 일어나고, 이런 내용이 성경에 기록되어 있는지 아십니까? 입다는 하나님 아버지를, 그의 딸은 예수 그리스도를 상징합니다.

하나님 앞에 서원하여 딸을 번제로 드리는 입다의 마음이 어떠했겠습니까? 이 모습은 독생자 예수 그리스도를 십자가에 내어준 하나님 아버지의 마

음을 대변합니다. 그의 아들이 죽어야 우리가 살 수 있기에 독생자 예수 그리스도를 십자가에 내어준 것입니다.

입다는 딸을 번제로 드리며 마음 아파했는데, 이는 이 땅에 독생자 예수 그리스도를 십자가에 못 박히게 내어준 하나님 아버지의 마음을 미리 보여준 사건입니다. 입다의 딸은 말합니다. "여호와를 향해 입을 여셨으니 아버지의 입에서 낸 말씀대로 내게 행하소서."

예수님은 겟세마네 동산에서 이렇게 절규하며 기도하십니다.

[마 26:39] 조금 나아가사 얼굴을 땅에 대시고 엎드려 기도하여 이르시되 내 아버지여 만일 할 만하시거든 이 잔을 내게서 지나가게 하옵소서 그러나 나의 원대로 마시옵고 아버지의 원대로 하옵소서 하시고

"이 잔은 내게서 지나가게 하옵소서. 그러나 나의 원대로 마옵시고 아버지의 원대로 되기를 원합니다."

입다의 딸을 통해 예수님의 마음을 구약에서 보여준 놀라운 복음의 말씀입니다.

복음이란 무엇입니까? 사랑하라는 것, 헌신하라는 것, 복음이 아닙니다. 봉사하라는 것, 희생하라는 것도 복음이 아닙니다. 복음이란 하나님이 우리를 사랑하시며, 예수 그리스도께서 우리의 무거운 죄 짐을 벗겨주셨고, 우리를 위해 대신 죽으셨으며, 우리를 위해 모든 것을 내어주신 것을 말합니다.

[요 3:16] 하나님이 세상을 이처럼 사랑하사 독생자를 주셨으니 이는 그를 믿는 자마다 멸망하지 않고 영생을 얻게 하려 하심이라

"사랑하사, 주셨으니, 영생을 얻게 하려 하심이라." 이것이 복음입니다. 복음의 핵심은 예수 그리스도의 십자가입니다. 십자가를 바라보면 그 안에서 모든 문제가 해결됩니다.

예수 그리스도를 통해 하나님과의 회복이 이루어져, 하나님이 우리 아버지가 되었습니다. 내 이웃과의 관계가 회복되어, 복음 안에서 원수가 없어지고 서로 사랑하며 살아가게 되었습니다.

복음은 십자가입니다. 십자가는 더하기입니다. 십자가는 은혜를 더하고 사랑을 더하고 축복을 더합니다.

복음은 하나님이 우리를 자유하게 하신 것입니다.

우리는 복음 안에서 죽음에서까지 자유하는 참된 자유인이 되었습니다. 바로 이것이 복음의 능력입니다.

사랑하는 성도 여러분!

여러분은 헛된 자신감에 빠져 사탄이 파 놓은 함정에서 허덕이고 있지는 않습니까?

하나님은 저와 여러분을 구원하려고 이 땅에 오셨습니다. 이 땅에 오신 하나님이 예수 그리스도이십니다. 예수님은 복음의 능력으로 우리를 살리고 구원하셨습니다. 헛된 자신감의 함정에 빠져 있는 저와 여러분을 부활의 능력으로 건져주셨습니다.

딸을 번제로 드려야 하는 입다의 마음, 곧 독생자 예수 그리스도를 십자가에 내어주어야 하는 하나님의 마음을 헤아려 보시기 바랍니다. 입다의 딸이 번제물로 자청한 것, 곧 우리 죄를 속량하기 위해 당신 몸을 십자가에 제물로 내어놓은 예수님의 마음을 헤아려 보시기 바랍니다.

우리를 살려주신 그리스도의 참된 사랑을 잊어서는 안 됩니다. 보혈의 능력으로 우리에게 찾아온 모든 위기를 기회로 만들어 가야 합니다. 십자가의 복음을 전하는 전도자의 삶을 살아야 합니다. 하나님이 약속하신 모든 축복을 누리며 살아가는 복의 근원이 되어야 합니다. 복음의 능력으로 헛된 자신감에서 빠져나와 복음의 능력으로 이 땅을 살아야 합니다.

복음의 능력으로 모든 유혹에서 벗어나 날마다 승리하는 능력 있는 삶을 사시기를 주 예수의 이름으로 축원합니다.

제 3 부

신앙인과 불신자

38. 약속의 열쇠를 활용하라

[계 3:7-12] 빌라델비아 교회의 사자에게 편지하라 거룩하고 진실하사 다윗의 열쇠를 가지신 이 곧 열면 닫을 사람이 없고 닫으면 열 사람이 없는 그가 이르시되 볼지어다 내가 네 앞에 열린 문을 두었으되 능히 닫을 사람이 없으리라 내가 네 행위를 아노니 네가 작은 능력을 가지고서도 내 말을 지키며 내 이름을 배반하지 아니하였도다 보라 사탄의 회당 곧 자칭 유대인이라 하나 그렇지 아니하고 거짓말 하는 자들 중에서 몇을 네게 주어 그들로 와서 네 발 앞에 절하게 하고 내가 너를 사랑하는 줄을 알게 하리라 네가 나의 인내의 말씀을 지켰은즉 내가 또한 너를 지켜 시험의 때를 면하게 하리니 이는 장차 온 세상에 임하여 땅에 거하는 자들을 시험할 때라 내가 속히 오리니 네가 가진 것을 굳게 잡아 아무도 네 면류관을

빼앗지 못하게 하라 이기는 자는 내 하나님 성전에 기둥이 되게 하리니 그가 결코 다시 나가지 아니하리라 내가 하나님의 이름과 하나님의 성 곧 하늘에서 내 하나님께로부터 내려오는 새 예루살렘의 이름과 나의 새 이름을 그이 위에 기록하리라

억수같이 쏟아지는 장대비로 천향인과 소망은 어떻게 해야 할지를 몰랐습니다. 장대비 속에서 계속 길을 가는 것은 무리였습니다. 바로 그때 저쪽에서 불빛이 비치고 있었습니다.

"우리 저기 가서 하룻밤 머물고 가십시다."

천향인과 소망은 비를 맞으면서 빛이 비치는 오두막으로 달려갔습니다.

두 사람은 오두막에 들어가서 곯아떨어지고 말았습니다. 오두막에서 멀리 떨어지지 않은 곳에는 의심의 성이 있는데, 그 성의 성주는 절망이라는 거인이었습니다. 이 거인이 아침 시찰을 하다가 오두막에서 자고 있는 천향인과 소망을 바라보고 소리쳤습니다.

"네 이놈들, 네놈들은 도대체 누구냐?"

눈을 떠 보니 집채만 한 거인이 오두막 앞에 서 있었습니다.

"이놈들, 내 허락도 없이 이곳에 들어왔으니 너희는 여기서 나갈 수 없다."

"저희는 순례자입니다. 지난밤 하룻밤 신세를 지게 되었습니다. 죄송합니다. 한 번만 용서해주세요."

그러나 거인은 두 사람을 꽁꽁 묶어 자기 성으로 데리고 가서 지하 감옥에 가두어 놓고 밥도 주지 않은 채 매일 매질을 하면서 비참한 삶을 살게 했습니다.

천향인과 소망은 살려달라고 애원했습니다. 그러나 절망 거인은 험상궂은 표정으로 날마다 매질하며 그들을 죽이려 했습니다.

어느 날 절망 거인은 천향인과 소망을 향해 칼을 휘두르려고 했습니다. 그런데 갑자기 팔을 붙잡고 괴로워했습니다. 팔에 심한 경련이 왔기 때문입니다. 절망 거인은 종종 이런 발작이 일어났습니다.

"너희는 운도 좋구나! 그렇지만 여기서 살아나갈 방법은 없다. 차라리 스스로 목숨을 끊어라. 그렇지 않으면 더 심한 고통을 받게 될 것이다." 이렇게 말하고는 두 사람을 감옥에 가두고 가버렸습니다.

너무나 고통이 심하여 천향인은 소망에게 말했습니다. "차라리 이곳보다 무덤이 나을 것 같습니다."

그러자 소망은 말했습니다. "안 됩니다. 자살은 주님이 가장 싫어하는 행동입니다. 그래도 이곳이 지옥보다는 견디기 쉽습니다."

천향인과 소망은 주님의 말씀을 생각하면서 스스로 목숨을 끊지 않았습니다. 자살이 얼마나 하나님 앞에서 큰 죄라는 것을 알았기 때문입니다. 천향인과 소망은 하나님께 기도를 올렸습니다.

두 사람이 합심해서 기도하니 이들은 영적으로 충만하여 새 힘을 얻었습니다. 그 순간 천향인에게 반짝 떠오르는 것이 있었습니다. '아, 내가 미처 생각지 못했네. 그 열쇠만 있으면 무엇이든지 열 수 있잖아!' "그 열쇠가 뭐요?" "그것은 약속의 열쇠입니다."

약속의 열쇠는 하나님의 약속의 말씀이요, 이 열쇠는 오직 기도를 통해 얻을 수 있습니다. 천향인은 말했습니다. "내 품속에 그 약속의 열쇠가 있습니다."

천향인이 가슴에 품고 있는 두루마리에 끈이 하나 달려 있었습니다. 그 끈에 열쇠가 달려 있었는데 이 약속의 열쇠가 우리를 구원해주실 거라고 하고는 그 열쇠로 감옥 문을 열었습니다.

신기하게도 감옥 문이 열렸습니다. "자, 어서 갑시다."

성문도 이 열쇠로 쉽게 열렸습니다. 마지막으로 튼튼한 철문이 남아 있었습니다.

천향인이 약속의 열쇠를 넣었더니 철문도 쉽게 열렸습니다. 철문이 열리면서 소리가 나자 그 소리를 듣고 거인이 잠에서 깨어났습니다. 거인은 소리칩니다. "이놈들, 거기 서지 못해!"

거인은 성에서 나와 두 사람을 좇았습니다. 두 사람도 온 힘을 다해 도망쳤습니다. 두 사람은 절망 거인을 따돌리고 처음 울타리가 있는 발판 있는 곳에 이르렀습니다.

여러분은 문제가 생기고 어려움을 당하면 어떻게 해결해 갑니까? 온갖 문제가 우리 발목을 잡습니다. 일터에서도 상상을 초월하는 일들이 매일 일어납니다. 가정에서의 문제도 만만치 않습니다. 월급과 자녀들의 성적만 오르지 않고 모든 것이 올라간다며 사람들은 아우성입니다.

자녀교육 문제도 심각합니다. 학원 보내고 과외 시키고 해서 그들이 원하는 대학에 들어간다 해도 미래는 보장되지 않습니다. 시대가 너무 빨리 바뀌다 보니 열심히 공부하고 익힌 것이 제대로 살려지지 않고 묻혀버리는 경우가 많아서 모든 학부모가 불안해합니다.

사회 문제도 매우 심각합니다. 우리는 무엇이 정의인지 분간되지 않는 시대에 살고 있습니다. 이런 시대에 우리 문제를 해결해 줄 열쇠가 있다면 얼마나 좋을까요? 자물통에 맞는 열쇠만 있으면 쉽게 그 문을 열 수 있습니다. 오늘 본문은 인생 문제의 열쇠를 가진 분을 소개합니다.

[계 3:7] 빌라델비아 교회의 사자에게 편지하라 거룩하고 진실하사 다윗
의 열쇠를 가지신 이 곧 열면 닫을 사람이 없고 닫으면 열 사람이 없는 그
가 이르시되

내 모든 문제를 해결해 줄 분이 계십니다. 저와 여러분을 위해 십자가에 달
려 돌아가시고 사흘 만에 부활하신 예수 그리스도이십니다. 예수님은 저와
여러분의 모든 문제의 답을 갖고 계십니다. 저와 여러분의 모든 문제를 해결
할 수 있는 약속의 열쇠를 우리에게 주셨습니다. 하나님이 우리에게 주신 약
속의 열쇠를 활용하면 인생의 모든 문제는 쉽게 해결될 수 있습니다.

빌라델비아 교회는 작지만 주님께 칭찬만 들은 교회입니다. 빌라델비아는
사데에서 동남쪽으로 40킬로미터쯤 떨어진 곳에 있었는데, 화산으로 땅이 비
옥하여 포도농사가 잘 되었으며 피혁산업과 더불어 번영의 도시를 이루었습
니다.

이 도시를 이교도가 점령하여 신앙을 위협하고 박해했지만 빌라델비아 교
인들은 신앙의 정조를 지켰습니다. 믿음으로 살아가는 빌라델비아 교인에게
하나님은 큰 은혜를 더하셨습니다. 빌라델비아 교회는 작은 능력으로 엄청난
선교의 역사를 이루어 갑니다.

오늘도 선교의 비전을 품고 사역하는 교회는 하나님이 열린 문의 복을 더
해 주십니다. 선교의 비전은 교회의 사명이요, 교회는 선교에 온 힘을 집중해
야 합니다.

하나님께서 저희 교회를 축복하시는 까닭도 바로 여기 있다고 봅니다. 저
희 교회는 아무리 힘들고 어려워도 선교에 최선을 다해 왔습니다. 그리했더
니 하나님은 상상을 초월하는 복을 주셨습니다. 모든 면에서 부족함 없이 선
교사역을 감당할 수 있게 해주신 것입니다.

빌라델비아 교인들은 하나님의 약속의 말씀을 믿고 순종하여 그 약속의 열쇠로 모든 문제를 해결해 갔습니다. 말씀 따라 믿음으로 순종하면 말씀 속에 언약된 모든 축복이 실제가 되어 삶 속에서 증거로 나타납니다.

빌라델비아 교인들에게는 약속의 말씀의 열쇠가 있었습니다.

[계 3:10-11] 네가 나의 인내의 말씀을 지켰은즉 내가 또한 너를 지켜 시험의 때를 면하게 하리니 이는 장차 온 세상에 임하여 땅에 거하는 자들을 시험할 때라 내가 속히 오리니 네가 가진 것을 굳게 잡아 아무도 네 면류관을 빼앗지 못하게 하라

'네가 나의 인내의 말씀을 지켰은즉!'

하나님 말씀을 지키는 자에게는 인내가 필요합니다. 말씀을 지키며 참고 견디면 놀라운 기적이 일어납니다. 그 말씀이 실제가 되어 삶 속에서 믿음의 증거로 나타나게 됩니다.

빌라델비아 교인들은 말씀을 지켜 순종하면서 주님의 이름을 저버리지 않았습니다. 이들은 신앙생활을 하면서 부끄러운 행동을 하지 않았습니다.

하나님은 우리에게 또 다른 약속의 열쇠를 주셨습니다. 그 열쇠는 기도의 열쇠입니다. 하나님과의 관계가 회복되고 하나님이 주신 마음으로 기도하면 기도하는 것마다 응답되는 놀라운 경험을 하게 됩니다.

참으로 신기하고 놀랍게도, 제가 신앙생활 하면서 하나님께 부르짖어 기도한 것은 다 이루어 주셨습니다. 기도하는 순간에는 아무것도 이루어지지 않는 것 같은데 세월이 지나고 나니 다 이루어져 있었던 것입니다.

기도는 내가 원하는 때가 아니라 하나님이 원하시는 때에 응답되어 모든

것이 이루어진다는 것을 깨달았습니다. 하나님은 내가 원하는 방법이 아닌 하나님이 원하시는 방법으로 나의 기도가 응답되게 하셨습니다. 내가 하나를 요청할 때마다 그 이상의 풍성한 은혜를 주셨습니다.

기도의 열쇠로 인생의 모든 문제를 해결해 가는 여러분이 되시기 바랍니다. 기도의 열쇠를 바로 활용하는 믿음의 사람이 되어야 합니다. 믿음의 기도는 반드시 응답됩니다.

빌라델비아 교인들의 삶을 지켜보신 하나님은 그들을 이렇게 칭찬하셨습니다.

[계 3:8] 볼지어다 내가 네 앞에 열린 문을 두었으되 능히 닫을 사람이 없으리라 내가 네 행위를 아노니 네가 작은 능력을 갖고서도 내 말을 지키며 내 이름을 배반하지 아니하였도다

예수님은 빌라델비아 교인들을 칭찬하시며 열린 문의 복을 더하셨습니다. 주님이 축복의 문을 여시면 누구도 그 문을 닫을 수 없습니다. 주님이 열린 문의 복을 더하시면 교회는 급속도로 성장하게 됩니다.

오늘 우리에게 필요한 것은 열린 문의 복입니다. 이 열린 문의 축복이 모든 성도에게 임하시기를 주 예수의 이름으로 축원합니다.

예수님이 재림하시면 여러분에게 무슨 말씀을 하시겠습니까? 우리는 어떤 책망을 듣게 될까요? "악하고 게으른 종아" 하고 책망받지는 않겠습니까?

빌라델비아 교인들은 책망 대신 칭찬을 들었습니다. "네가 작은 능력을 갖고도 내 말을 지키며 내 이름을 배반하지 아니했도다."

빌라델비아 교회는 많은 유혹을 물리치고 끝까지 믿음을 지켰습니다. 그들

은 신앙인으로서 부끄러운 삶을 살지 않았습니다.

'빌라델비아'라는 이름에는 '형제 사랑'이라는 뜻이 있습니다. 형제 사랑이 얼마나 크고 놀라운지, 이들의 삶을 보고 주위 사람들이 예수를 믿는 놀라운 일이 일어난 것입니다.

다윗의 열쇠를 가진 분 예수 그리스도가 빌라델비아 교회를 지켜주시고 보호하시며 모든 필요를 공급해 주셨습니다. 하나님은 빌라델비아 교회를 통해 선교의 문을 열어주셨습니다. 이 교회에 주신 선교의 비전이 18~19세기에 선교의 꽃을 피우게 됩니다.

하나님은 선교의 사역을 통해 엄청난 복을 받게 하셨습니다. 참으로 놀랍게도, 선교하는 사람과 선교를 받는 사람이 함께 복을 받게 된 것입니다. 여러분도 빌라델비아 교인들처럼 주님으로부터 칭찬만 듣는 분들이 되시기 바랍니다.

사랑하는 성도 여러분!

여러분은 신앙생활을 하면서 어떤 문제로 고민하고 있습니까?

주님은 내 문제를 해결할 수 있는 열쇠를 갖고 계십니다. 바로 약속의 열쇠입니다. 이 약속의 열쇠가 신구약 66권 성경에 들어있습니다. 그 말씀의 열쇠로 인생의 모든 문제는 열리게 되어 있습니다.

하나님이 우리에게 주시는 또 하나의 열쇠가 있습니다. 기도의 열쇠입니다. 믿음으로 기도하면 상상을 초월하는 놀라운 기적의 역사가 일어납니다. 믿음의 기도는 귀신을 몰아내고, 불치병을 치유하며, 삶의 모든 필요를 공급합니다. 또한 불가능한 모든 일이 해결되는 놀라운 일이 일어나게 합니다.

귀신 들린 자를 제자들이 물리치지 못하고 있을 때 예수님이 와서 단숨에 물리치십니다. 이 모습을 보고 제자들이 예수님께 이런 질문을 합니다. "예수님이 하시는 일을 우리는 왜 못합니까?" 예수님은 이렇게 말씀하십니다.

[막 9:29] 이르시되 기도 외에 다른 것으로는 이런 종류가 나갈 수 없느니
라 하시니라

그렇습니다. 기도는 우리의 생각을 초월하는 역사를 일으킵니다. 기도는 놀라운 기적과 능력이 나타나게 합니다. 내 능력으로 해결할 수 없는 어떤 문제도 믿음으로 기도하면 해결됩니다.

기도는 영적인 사역이기 때문에 내가 생각하고 판단하는 모든 불가능한 일이 해결됩니다. 기도의 사역은 이해되지 않을 때가 있습니다. 이해하려 하지 말고 믿고 기도하십시오.

약속의 열쇠를 활용하는 것이 믿음 있는 사람의 행동입니다. 하나님이 우리에게 주신 말씀의 열쇠, 기도의 열쇠를 잘 활용하여 모든 문제를 믿음으로 해결하는 저와 여러분이 되시기를 주 예수의 이름으로 축원합니다.

39. 목자들의 영접을 받다

[시 23:1-6] 여호와는 나의 목자시니 내게 부족함이 없으리로다 그가 나를 푸른 풀밭에 누이시며 쉴 만한 물 가로 인도하시는도다 내 영혼을 소생시키시고 자기 이름을 위하여 의의 길로 인도하시는도다 내가 사망의 음침한 골짜기로 다닐지라도 해를 두려워하지 않을 것은 주께서 나와 함께 하심이라 주의 지팡이와 막대기가 나를 안위하시나이다 주께서 내 원수의 목전에서 내게 상을 차려 주시고 기름을 내 머리에 부으셨으니 내 잔이 넘치나이다 내 평생에 선하심과 인자하심이 반드시 나를 따르리니 내가 여호와의 집에 영원히 살리로다

천향인과 소망이 고난의 길을 벗어나자 천국으로 가는 큰 길이 나왔습

니다. 연이어 들판이 펼쳐지고 아름다운 산이 있었습니다.

천향인과 소망은 이제야 마음이 놓였습니다. 그들은 기쁨의 성에 도착했습니다. 그곳에는 과수원과 포도원이 있었습니다. 길 양쪽에는 오솔길이 펼쳐져 있고, 찰랑거리는 맑은 계곡물이 그 길을 따라 흐르고 있었습니다. 청량한 새 소리는 너무도 아름다워 가슴마저 벅차게 했습니다. 두 사람은 너무나 상쾌하고 즐거웠습니다.

"이렇게 아름다운 땅 주인이 나쁜 사람은 아니겠죠?" 천향인은 소망에게 걱정스러운 듯 물었습니다.

"걱정 말아요. 나는 여기가 어디인지 알 것 같아요. 이곳의 이름은 기쁨의 산일 것입니다. 아름다운 집의 여인들이 말해 주었지요. 이곳은 주님이 나그네들을 위로해주기 위해 만드셨다고 했습니다."

그제야 천향인은 환하게 웃으며 말했습니다. "주님의 은혜, 너무 감사합니다."

"여기서 조금 쉬고 가십시다." 천향인과 소망은 잠시 앉아 쉬어 가기로 했습니다.

그 후 언덕에 올랐습니다. 푸른 잔디에 예쁜 꽃이 피어 있고, 목자들이 양을 먹이고 있었습니다. 천향인과 소망은 목자들에게 다가가 물었습니다.

"안녕하십니까? 무얼 좀 여쭈어봐도 되겠습니까? 이 땅은 누구 것입니까? 그리고 양 떼는 누구 거죠?"

목자는 친절한 목소리로 대답했습니다.

"이 땅은 임마누엘의 땅입니다. 그분은 양 떼를 위해 목숨을 버리신 분이지요. 여기서는 그분의 나라가 한눈에 보인답니다."

"그렇다면 여기가 천국으로 가는 길이 맞나요?"

"네 맞습니다."

목자들은 뭔가 많은 것을 알고 있는 듯했습니다. 천향인은 목자들에게 많은 것을 알기 위해 계속 물었습니다.

"여기서 그곳까지 얼마나 멀까요?"

"그곳에 도착한 사람들에게는 그리 멀지 않게 느껴지지만 그렇지 못한 사람에게는 멀게만 느껴지지요."

"그곳으로 가는 길은 안전한가요?"

목자는 빙그레 웃으며 말했습니다. "마찬가지입니다. 그곳에 도착한 사람에게는 안전하지만 그렇지 못한 사람들은 비틀거리며 넘어지게 될 겁니다."

"이곳에 쉬어 갈 곳이 있나요?"

"이 산의 주인님은 나그네 대접하기를 잊지 말라 하셨지요. 어디서든지 쉴 곳을 구할 수 있습니다."

천향인과 소망이 순례 중임을 알게 된 목자들은 어디서 왔으며 어떻게 어려움을 헤쳐 왔는지 물었습니다. 천향인은 그간의 일들을 들려주었습니다. 목자들이 이런 질문을 한 까닭은 천국으로 떠난 사람들 중에서 기쁨의 산에 도착한 사람이 극히 드물었기 때문입니다.

천향인의 이야기를 들은 목자들은 그들을 따뜻하게 대해 주었습니다.

"기쁨의 산에 잘 오셨습니다."

목자들의 이름은 지식, 경계 그리고 성실이었습니다. 그들은 두 사람과 손에 손을 잡고 천막으로 데리고 가서 맛있는 음식을 대접했습니다. "이곳에서 좀 쉬시며 좋은 음식을 먹고 몸과 마음을 추스르는 게 어떨지요?"

목자들의 권유에 천향인이 대답했습니다. "정말 그래도 되나요? 너무 감사합니다."

우리는 몹시 힘들고 지친 인생을 살고 있습니다. 삶의 현장에는 내 힘과 능력으로 감당하기 어려운 일이 너무나 많습니다.

대체로 사람은 큰 문제나 걱정이 없고 멀쩡해 보입니다. 좋은 집에 살며 좋은 자동차를 타고 다니고 명품 옷을 입고 다니는 사람도 속을 들여다보면 상처투성이 삶인 경우가 많습니다. 좋은 집에 살아도 그 집을 마련하기 위해 진 빚을 갚기가 얼마나 힘든지 모릅니다. 먹고살고 자녀 공부시키면서 빚 갚는 일, 결코 만만치 않습니다. 저는 빚 갚는 일이 얼마나 어려운지 누구보다 잘 압니다.

우리는 미래에 대한 불안과 걱정이 가득한 삶을 살고 있습니다. 여러분이 지고 있는 무거운 질병의 짐과 연약함을 다 주님께 맡기십시오. 예수님께서 친히 담당하시고 병을 짊어지셨습니다.

[마 8:17] 이는 선지자 이사야를 통해 하신 말씀에 우리의 연약한 것을 친히 담당하시고 병을 짊어지셨도다 함을 이루려 하심이더라

삶은 미래에 대한 불안과 걱정으로 가득합니다. 나와 자녀와 가족과 일과 건강… 모든 것이 그렇습니다. 하지만 불안해하지 마십시오. 그분에게 여러분의 모든 삶을 맡기십시오. 그분이 모두 책임지십니다. 바로 그분이 당신의 생명을 십자가에 내어놓으신 나사렛 예수 그리스도이십니다.

오늘 본문은 하나님이 우리의 목자가 되신다고 말씀하십니다. 목자는 양의 사정과 형편을 살피면서 양이 무엇이 필요한지 정확하게 압니다. 그래서 목자는 이른 아침에 양들을 이끌고 들판으로 가서 배부르게 풀을 먹이고, 물가로 가서 물을 먹이고, 정오가 지나면 나무 그늘 밑에서 양들을 쉬게 합니다.

목자는 오후 3시가 지나면 또 양들에게 배부르게 풀을 먹이고, 날이 어두워지면 우리로 들어가게 합니다. 밤을 지내면서 목자들은 양들을 이리 떼에서 지켜주고 보호합니다.

양은 목자만 따라 다니면 모든 문제가 해결되고 안전합니다. 무서운 이리 떼에서 보호받습니다. 굶주림과 배고픔에서 벗어나 배부르고 풍족한 삶을 삽니다. 안정되고 평화롭게 즐거운 생애를 보낼 수 있습니다.

여러분은 여호와 하나님이 나의 목자이심을 알고 있습니까? 목자 되시는 하나님이 모든 위험에서 나를 보호하시며 나의 모든 필요를 공급해 주십니다. 우리는 목자 되시는 하나님께 순종하는 삶을 살아야 합니다.

양들 중에는 목자를 믿지 않고 자기 생각과 방법대로 살아가는 양이 있습니다. 목자가 "저쪽은 위험한 곳이니 가지 말라"고 해도 그 위험한 곳을 찾아갑니다. "이런 행동은 위험한 일이니 하지 말라"고 해도 청개구리처럼 더욱 그 일을 합니다.

목자가 이리 가자 하면 저리 가고, 이것을 하라 하면 저것을 하는 양들이 있습니다. 그토록 양을 사랑하여 충고하는 목자의 어떤 말도 듣지 않습니다. 주님은 이 잃어버린 양의 비유를 이렇게 설명하십니다.

[눅 15:4-7] 너희 중에 어떤 사람이 양 백 마리가 있는데 그 중의 하나를 잃으면 아흔아홉 마리를 들에 두고 그 잃은 것을 찾아내기까지 찾아다니지 아니하겠느냐 또 찾아낸즉 즐거워 어깨에 메고 집에 와서 그 벗과 이웃을 불러 모으고 말하되 나와 함께 즐기자 나의 잃은 양을 찾아내었노라 하리라 내가 너희에게 이르노니 이와 같이 죄인 한 사람이 회개하면 하늘에서는 회개할 것 없는 의인 아흔아홉으로 말미암아 기뻐하는 것보다 더하리라

예수님은 우리의 목자이십니다. 목자이신 하나님을 만나면 우리는 부족함 없는 삶을 살게 됩니다. 목자 되시는 하나님은 저와 여러분의 모든 형편과 어려움을 살피고 보살피시는 분이시며 모든 위기에서 구원해 주십니다.

하갈이 사라의 학대에 견디지 못하여 광야로 도망가다 샘 곁에서 하나님을 만났는데, 하갈이 만난 하나님을 이렇게 소개합니다.

[창 16:13] 하갈이 자기에게 이르신 여호와의 이름을 나를 살피시는 하나님이라 했으니 이는 내가 어떻게 여기서 나를 살피시는 하나님을 뵈었는고 함이라

하나님은 내가 지금 무엇이 필요한지 살피시고 나의 필요를 그때그때 공급해 주십니다. 그래서 우리는 걱정할 필요가 없고 두려워할 까닭이 없는 것입니다.

[시 23:3-4] 내 영혼을 소생시키시고 자기 이름을 위해 의의 길로 인도하시는도다 내가 사망의 음침한 골짜기로 다닐지라도 해를 두려워하지 않을 것은 주께서 나와 함께 하심이라 주의 지팡이와 막대기가 나를 안위하시나이다

그렇습니다. 하나님은 내 영혼을 소생시키시고 자기 이름을 위해 우리를 가장 선한 길로 인도해 주십니다.

목자는 이리 떼가 양을 해칠 때 막대기로 이리의 목을 비틀어 양을 구합니다. 양이 구렁텅이에 빠질 때 양의 앞다리와 뒷다리 사이에 막대기를 걸어 올려서 양을 구해냅니다. 하나님은 이 목자의 막대기로 우리를 모든 위협에서

건져주시고 우리를 대적하는 원수를 제거해 주십니다.

목자 되시는 여호와 하나님은 임마누엘 하나님이십니다.

[마 1:23] 보라 처녀가 잉태하여 아들을 낳을 것이요 그의 이름은 임마누엘
이라 하리라 하셨으니 이를 번역한즉 하나님이 우리와 함께 계시다 함이라

임마누엘 되시는 하나님은 우리가 어떤 환경에 있든지 우리와 함께 계십니
다. 우리의 모든 고통과 아픔과 탄식에 동참하십니다. 그래서 우리는 결코 외롭
지 않습니다. 임마누엘 되시는 하나님은 우리의 상처를 치유해 주시고, 모든 위
기에서 구해 주시며, 나를 미워하는 모든 자 앞에서 우리를 높여 주십니다.

[시 23:5-6] 주께서 내 원수의 목전에서 내게 상을 차려 주시고 기름을 내
머리에 부으셨으니 내 잔이 넘치나이다 내 평생에 선하심과 인자하심이
반드시 나를 따르리니 내가 여호와의 집에 영원히 살리로다

목자 되시는 하나님은 내 모든 일에 관여하시면서 가장 선하고 좋은 길로
인도하십니다. 우리는 목자 되시는 주님과 동고동락하며 살아가는 하나님의
걸작품입니다. 목자 되시는 하나님과 함께 풍성한 축복의 삶을 사십시다.

사랑하는 성도 여러분!
하나님은 우리의 목자이십니다. 양은 목자만 있으면 행복하고 안전한 삶,
부족함 없는 풍족한 삶을 누리게 됩니다. 그런데 사람들은 목자 되시는 주님
을 떠나서 살려고 발버둥 칩니다. 주님 말씀에 순종하지 않고 잘못된 길을 가
면서 축복해 달라고 아우성칩니다.

목자 되시는 주님의 뜻을 좇아 살지 않고, 주님이 시키는 일은 하지 않고 청개구리처럼 주님이 싫어하는 일만 하면서 살아가는 성도가 얼마나 많은지 모릅니다.

이들은 고생을 자초하며 살아갑니다. 내가 먼저고 주님이 다음이라고 생각합니다. 주님이 기뻐하시는 삶을 살지 않고 마귀가 좋아하는 삶을 살아가면서 주님 뜻대로 산다고 합니다. 주님의 말씀을 버리고 부패하고 타락한 내 생각대로 살아가는 삶이 목자를 떠난 삶입니다.

정신 차리고 돌아와야 합니다. 탐욕과 욕심의 삶을 버리고, 베풀고 나누는 삶으로 돌아와야 합니다. 우리 모두 목자 되시는 하나님께 돌아와 진정한 행복과 평화를 누리며 풍족한 삶을 사시기를 주 예수의 이름으로 축원합니다.

40. 교만의 늪에 빠진 사람들

[대하 26:16-21] 그가 강성하여지매 그의 마음이 교만하여 악을 행하여 그의 하나님 여호와께 범죄하되 곧 여호와의 성전에 들어가서 향단에 분향하려 한지라 제사장 아사랴가 여호와의 용맹한 제사장 팔십 명을 데리고 그의 뒤를 따라 들어가서 웃시야 왕 곁에 서서 그에게 이르되 웃시야여 여호와께 분향하는 일은 왕이 할 바가 아니요 오직 분향하기 위하여 구별함을 받은 아론의 자손 제사장들이 할 바니 성소에서 나가소서 왕이 범죄하였으니 하나님 여호와에게서 영광을 얻지 못하리이다 웃시야가 손으로 향로를 잡고 분향하려 하다가 화를 내니 그가 제사장에게 화를 낼 때에 여호와의 전 안 향단 곁 제사장들 앞에서 그의 이마에 나병이 생긴지라 대제사장 아사랴와 모든 제사장이 왕의 이마에 나병이 생겼음을 보

고 성전에서 급히 쫓아내고 여호와께서 치시므로 왕도 속히 나가니라 웃시야 왕이 죽는 날까지 나병환자가 되었고 나병환자가 되매 여호와의 전에서 끊어져 별궁에 살았으므로 그의 아들 요담이 왕궁을 관리하며 백성을 다스렸더라

천향인과 소망은 목자들이 마련해준 방에 들어갔습니다. 여행에 지친 그들은 오랜만에 편안하고 안락한 잠자리에 들게 되었습니다.

기쁨의 산에도 어느덧 동이 텄습니다. 새 소리와 바람 소리를 들으니 이곳이 천국처럼 느껴졌습니다.

천향인이 먼저 잠에서 깨어났습니다. 정신도 맑고 기분도 상쾌했습니다.

아침이 되자 목자들이 천향인과 소망을 찾아왔습니다. "편안하게 주무셨는지요?"

목자들이 천향인과 소망에게 반갑게 인사했습니다. "네, 어찌나 곤히 잠들었는지 아침까지 한 번도 깨지 않았습니다. 좋은 잠자리를 마련해 주셔서 진심으로 감사드립니다."

목자들이 말합니다. "우리와 산책을 하겠습니까?" "좋지요."

산책을 하니 가는 곳마다 풍경이 장관을 이루고 있었습니다. 흐드러지게 핀 꽃들은 형형색색 아름답고 향기가 코끝을 진동시켰습니다. 하나님이 지으신 세상이 너무나 아름다웠습니다.

그때 한 목자가 다른 목자에게 말했습니다. "우리가 순례자들에게 놀라운 것을 보여 드릴까요?" "이보다 더 좋은 곳이 있단 말인가요?"

"좋은 곳은 아닙니다만 봐 주시면 도움이 될 겁니다."

목자들은 두 사람을 데리고 오류라는 산꼭대기에 올라갔습니다. 그곳

에는 위험한 벼랑이 있고, 아래로는 꼭대기에서 떨어져 산산조각난 시신들이 널려 있었습니다. "저 끔찍한 광경은 무엇인가요?"

천향인이 물어보자 목자 중 한 명이 답합니다.

"육체의 부활이 없다던 후메네오와 빌레도의 말에 귀 기울이다 발을 헛디뎌 낭떠러지에서 떨어진 사람들의 이야기를 들어보셨나요? 저 밑에 보이는 시신이 그들의 시신입니다. 육체의 부활을 믿지 않은 사람들이지요."

"그런데 왜 그들을 묻어주지 않았는지요?"

"언덕에 오르려는 사람이나 벼랑 끝에 가까이 가는 자들에게 경고하기 위해서입니다."

이어서 목자들은 경고라는 산꼭대기로 우리를 데리고 갔습니다. 목자들이 손가락으로 가리키는 것을 보니 몇몇 사람이 무덤 사이에서 왔다 갔다 하고 있었습니다. 그런데 그들의 행동은 무척이나 이상했습니다.

천향인이 물었습니다. "저 사람은 눈이 보이지 않는 것 같습니다. 무덤에 걸려 넘어지고 자빠져서 빠져나오지 못하고 있잖아요."

"맞습니다. 오다가 울타리를 넘어가는 발판을 본 적이 있나요? 그 발판을 넘어 길을 가다 보면 의심의 성이 나옵니다. 그 성에는 절망이라는 거인이 있는데, 아주 고약한 사람입니다. 저 사람들도 여러분처럼 순례자였습니다. 올바른 길은 험하기 마련인데, 그들은 올바른 길을 버리고 초원으로 들어가는 길을 택한 것입니다. 풀밭으로 내려서자 길을 가다 절망 거인의 손에 붙들려버린 것입니다. 절망 거인은 순례자들을 의심의 성으로 끌고 가서 감옥에 가두었다가 자살하게 하거나 눈을 뽑아서 무덤에 내다 버린다고 합니다. 바로 저 사람들이 절망 거인에게 눈이 뽑힌 사람들이지요."

목자들의 이야기를 들은 천향인과 소망은 의심의 성에서 겪은 일이 생각나서 몸서리가 쳐졌습니다. 그리고 위기에서 벗어나게 해 주신 하나님의 자비하신 은혜에 다시금 감사했습니다.

우리 주위에는 교만한 사람들이 많습니다. 교만한 사람은 잘난 체합니다. 별로 잘난 게 없는데도 자신이 최고라고 생각하며 자기 능력을 과시하고 자기 자랑만 늘어놓습니다. 이들은 버릇없고 무례하고 건방집니다. 잘못해도 반성할 줄 모릅니다. 성경은 이런 자들에게 이렇게 경고합니다.

> [잠 16:18-19] 교만은 패망의 선봉이요 거만한 마음은 넘어짐의 앞잡이니라 겸손한 자와 함께 하여 마음을 낮추는 것이 교만한 자와 함께 하여 탈취물을 나누는 것보다 나으니라

이런 자와 가까이 지내면 함께 망합니다. 교만한 자들의 삶은 벼랑 끝에 매달려 사는 사람과 같습니다. 이들은 한번 떨어지면 파산하고 망합니다. 그래서 교만한 사람을 어리석은 사람이라고 합니다.

> [잠 29:23] 사람이 교만하면 낮아지게 되겠고 마음이 겸손하면 영예를 얻으리라

우리는 많은 오류를 범하며 살아갑니다. 여러분은 자기 분수를 알지 못하고 망령되이 행동하는 일이 없습니까?

초대교회에 후메내오와 빌레도가 있었습니다. 이들은 바울에게 큰 은혜 입은 자인데, 얼마나 바울을 괴롭히는지 초대교회에서 종양 같은 존재였습니

다. 교만하여 바울이 전하는 복음을 받아들이지 않고 영지주의자들이 전하는 잘못된 것을 받아들여 예수님의 부활을 부정했습니다.

[딤후 2:16-17] 망령되고 헛된 말을 버리라 그들은 경건하지 아니함에 점점 나아가나니 그들의 말은 악성 종양이 퍼져나감과 같은데 그 중에 후메내오와 빌레도가 있느니라

그러나 겸손한 자는 하나님께서 은혜를 더하여 주시고 때가 되면 높이십니다. 겸손한 자는 하나님께 인정받고 사람들에게 칭송받게 됩니다.

웃시야 왕은 유다 10대 왕으로, 52년 동안 나라를 잘 통치하여 백성을 편안하게 하고 나라가 번영하는 놀라운 복을 받게 됩니다. 그는 백성을 사랑하고 정직하게 나라를 다스렸습니다.

[대하 26:4-5] 웃시야가 그의 아버지 아마샤의 모든 행위대로 여호와 보시기에 정직하게 행하며 하나님의 묵시를 밝히 아는 스가랴가 사는 날에 하나님을 찾았고 그가 여호와를 찾을 동안에는 하나님이 형통하게 하셨더라

웃시야 왕은 나라를 통치하면서 어려움을 겪지 않습니다. 하나님이 주시는 지혜로 다스리니 나라는 태평성대하고 국력이 강해져, 엘롯을 건축하여 유다에 돌리는 놀라운 일을 했습니다.

사람은 하던 일이 잘되고 어려움이 없으면 교만해지기 마련입니다. 웃시야 왕은 교만해져 자기가 잘나서 나라가 안정된 줄 알았습니다. 그는 하나님의 은혜를 잊어버리고 감사하지 않는 삶을 살았습니다.

고마움과 감사를 잃어버리면 나도 모르게 교만해집니다. 교만해지면 하나

님의 은혜가 떠나갑니다. 교만은 패망의 선봉입니다.

교만한 삶을 살지 않으려면 말을 조심해야 합니다. 어떤 경우에도 남을 하대하는 말을 하지 말아야 합니다. 상대방을 높여 주면 좋은 관계가 형성되고 좋은 일이 생겨납니다. 그러나 남에게 상처가 되는 말을 하면 그 상처가 언젠가 비수로 돌아옵니다.

상대방에게 실수가 발견되면 따질 게 아니라 내 약점을 생각하면서 허물과 실수를 덮어주는 말을 해야 합니다. "괜찮아, 나도 그럴 때가 있어! 그래 잘했어!" 하고 칭찬하는 말을 하는 것입니다.

웃시야 왕은 교만하여 자기를 드러내고 선을 넘는 행동을 하다가 하나님께 버림받게 되었습니다.

제사는 제사장들이 드리는 것입니다. 그런데 웃시야 왕은 교만하여 제사장이 드리는 향로를 빼앗아 향단에서 제사 드리러 성전에 들어갑니다. 이 모습을 목격한 제사장 아사랴는 용맹 있는 제사장 80명을 데리고 그의 뒤를 따라가서 "이렇게 하면 안 됩니다. 왕이여, 성소에서 나가십시오. 왕이 범죄했으니 여호와께서 영광을 얻지 못하리이다." 하고 소리칩니다. 그러나 웃시야 왕은 제사장들의 간곡한 부탁을 뿌리치고 향단에 들어가서 분향하는데, 놀라운 일이 일어납니다.

[대하 26:19-20] 웃시야가 손으로 향로를 잡고 분향하려 하다가 화를 내니 그가 제사장에게 화를 낼 때에 여호와의 전 안 향단 곁 제사장들 앞에서 그의 이마에 나병이 생긴지라 대제사장 아사랴와 모든 제사장이 왕의 이마에 나병이 생겼음을 보고 성전에서 급히 쫓아내고 여호와께서 치시므로 왕도 속히 나가니라

웃시야 왕이 나병환자가 된 것입니다. 결국 왕좌에서 쫓겨나 별궁에서 평생을 보내게 되는데, 얼마나 추하고 비참한 삶인지 모릅니다.

여러분도 매사에 선을 넘는 행동을 해서는 절대로 안 됩니다.

부부간에도 지켜야 할 선이 있습니다. 이 선이 무너지면 문제가 생기고 가정이 파탄 나지요.

교회에서도 지켜야 할 선이 있습니다. 교회는 하나님 중심으로 모든 일을 결정해야 합니다.

교회의 주인은 예수님이십니다. 교회는 예수님의 명령에 따라 움직이는 거룩한 공동체입니다.

웃시야 왕은 죽은 뒤에도 조상의 묘에 들어가지 못했습니다.

교만은 너무나 무서운 범죄이며, 인생을 망가뜨립니다. 늘 자신을 돌아보며 교만의 늪에 빠지지 않도록 지혜로운 삶을 살아야 합니다.

예수님은 십자가를 지시기 전에 마지막 만찬을 마가의 다락방에서 여셨습니다. 만찬을 시작하기 전에 예수님은 대야에 물을 떠 와서 사랑하는 제자들의 발을 씻기기 시작하십니다. 제자들이 "어떻게 선생님이 이 일을 하십니까?"라며 만류했지만 예수님은 이렇게 말씀하십니다.

"스승인 내가 이 일을 했으니 너희도 서로 발을 씻기는 일이 마땅하니라."

그렇습니다. 발을 씻기는 삶이란, 궂은일을 먼저 하는 삶입니다. 힘 드는 일은 내가 먼저 하고, 나쁜 일은 모두 나에게 돌리고, 좋은 일은 남에게 양보하는 일이 발을 씻기는 삶입니다.

발을 씻기는 삶이야말로 겸손한 삶입니다. 하나님은 겸손한 자에게 은혜를 주시고 상상을 초월하는 복을 주십니다.

하나님은 겸손한 자를 높이십니다. 하나님이 높이시는 사람은 아무도 그를 낮출 수 없습니다. 그런 사람은 어디 가든지 인정받고 사랑받습니다.

[시 10:17] 여호와여 주는 겸손한 자의 소원을 들으셨사오니 그들의 마음
을 준비하시며 귀를 기울여 들으시고
[잠 15:33] 여호와를 경외하는 것은 지혜의 훈계라 겸손은 존귀의 길잡이
니라

사랑하는 성도 여러분!

여러분은 겸손한 삶을 살고 있습니까? 교만한 삶을 살고 있습니까?

웃시야는 교만하여 선을 넘는 행동을 하다가 나병으로 비참하게 일생을 마
치게 되었습니다.

오늘 본문 말씀은 교만하여 선을 넘는 행동을 하면 망한다는 것을 분명하
게 보여줍니다. 교만의 늪에서 벗어나 겸손한 삶을 시작해 보십시다. 겸손한
삶에 숨겨진 놀라운 축복을 내 것으로 만드는 것이 지혜로운 삶이요 믿음의
삶입니다.

우리 모두 겸손한 삶으로 사랑받고 인정받는 존귀한 자가 되시기를 주 예
수 이름으로 축원합니다.

41. 천국을 포기하고 사는 사람들

[민 21:4-9] 백성이 호르 산에서 출발하여 홍해 길을 따라 에돔 땅을 우회하려 하였다가 길로 말미암아 백성의 마음이 상하니라 백성이 하나님과 모세를 향하여 원망하되 어찌하여 우리를 애굽에서 인도해 내어 이 광야에서 죽게 하는가 이 곳에는 먹을 것도 없고 물도 없도다 우리 마음이 이 하찮은 음식을 싫어하노라 하매 여호와께서 불뱀들을 백성 중에 보내어 백성을 물게 하시므로 이스라엘 백성 중에 죽은 자가 많은지라 백성이 모세에게 이르러 말하되 우리가 여호와와 당신을 향하여 원망함으로 범죄하였사오니 여호와께 기도하여 이 뱀들을 우리에게서 떠나게 하소서 모세가 백성을 위하여 기도하매 여호와께서 모세에게 이르시되 불뱀을 만들어 장대 위에 매달아라 물린 자마다 그것을 보면 살리라 모세가 놋뱀을

만들어 장대 위에 다니 뱀에게 물린 자가 놋뱀을 쳐다본즉 모두 살더라

목자는 천향인과 소망을 다른 산기슭으로 데리고 갔습니다. 그곳에는 언덕 쪽으로 문이 나 있었는데 목자가 문을 열자 이상한 냄새가 났습니다.

"안으로 들어가 보세요." 두 사람은 목자들이 시키는 대로 안으로 들어갔습니다. 문 안은 칠흑같이 어두웠는데 연기가 가득 찼습니다. 그리고 불이 타는데 불 속에서 비명 소리가 들려왔습니다. 유황 냄새도 나는 것 같았습니다. "이곳은 어디입니까?" "지옥으로 가는 지름길입니다. 에서처럼 장자의 명분을 팔아넘기거나 스승을 판 유다가 가는 곳입니다. 그리고 아나니아와 삽비라처럼 하나님을 속이고 자신의 잘못을 감추려는, 위선의 사람들이 들어가는 통로입니다. 그들은 이 길로 지옥으로 갔습니다."

목자들의 말에 천향인과 소망은 다시 강하게 마음먹었습니다. "새 힘을 달라고 기도해야겠습니다."

"그렇지요. 하지만 힘을 갖는 것만으로는 부족합니다. 그 힘을 제대로 사용하는 믿음이 더 절실합니다."

"훌륭한 조언 감사합니다. 이제 저희는 다시 길을 떠나야 할 것 같군요."

목자들은 두 사람을 산이 끝나는 곳까지 배웅해 주었습니다. 산기슭에 이르자 목자 중 한 사람이 두 사람에게 말했습니다.

"가시기 전에 한 가지 더 보여 드릴 것이 있습니다."

그렇게 말하고는 두 사람을 청명이라는 언덕 꼭대기로 데리고 갔습니다. 그리고 그들에게 망원경을 건넸습니다.

"한번 보십시오. 천국 문이 보일 것입니다. 앞으로 여러분이 가실 곳이지요."

목자들이 시키는 대로 망원경을 들여다보니 천국 문이 보였습니다. 하지만 손이 떨려 제대로 볼 수 없었습니다. 그토록 바라던 천국 문을 본다는 데 너무나 설렜던 것입니다.

두 사람은 천국 문과 천국의 영광을 희미하게 볼 수 있어 가슴이 벅찼습니다. 앞으로 여행길에 큰 힘이 될 것 같습니다. 천향인과 소망은 목자들에게 감사를 표했습니다.

목자 한 명이 두 사람에게 길 안내도를 주었습니다. "길을 헤매거든 이 안내도를 꼭 보십시오. 여러분이 가야 할 길을 안내해 줄 것입니다."

또 다른 목자는 두 사람에게 조언해 주었습니다. "아첨꾼들을 조심하세요. 함부로 사람들을 믿어서는 안 됩니다."

세 번째 목자도 두 사람에게 충고했습니다. "마법의 땅을 지나게 될 것입니다. 그곳에서 잠들지 않도록 주의하시기 바랍니다. 하나님이 두 분을 꼭 지켜주시도록 기도하겠습니다."

천향인과 소망은 다시 길을 가기 시작했습니다.

여러분 중에 천국으로 가는 길을 포기하고 방황하는 분은 없습니까? 천국 가는 길을 포기하면 지옥으로 가는 문이 열립니다. 인생에서 가장 중요한 선택이 있다면 천국 가는 길을 선택하는 것입니다. 천국을 선택하는 자는 천국을 경험하며 살게 됩니다.

[마 6:33] 그런즉 너희는 먼저 그의 나라와 그의 의를 구하라 그리하면 이 모든 것을 너희에게 더하시리라

이 땅에 살면서 하나님 나라와 의를 구하면 하나님이 내 삶을 다스리고 주관하시는 놀라운 은혜의 삶을 살게 됩니다. 그러나 천국을 사모하는 믿음을 저버리면 하나님의 은혜가 떠나가고 불신앙의 삶을 살게 됩니다.

에서처럼 장자의 명분을 팥죽 한 그릇에 팔아넘기고 사는 사람은 없습니까? 천국 가는 진리의 길을 세상 것과 바꾸는 어리석은 삶을 사는 사람은 없습니까?

주일날 하나님께 드리는 예배의 소중함을 세상 것과 바꾸는 사람은 없습니까? 나의 구주이신 예수 그리스도를 은 30에 팔아넘긴 가룟 유다처럼 믿음을 배반한 적은 없습니까?

우리는 하나님이 공급하시는 새 힘으로 살아가야 믿음 안에서 승리하는 삶을 살 수 있습니다.

우리는 하나님이 주신 망원경으로 천국을 바라보며 살아가야 합니다. 하나님이 주신 천국의 망원경은 믿음이요 하나님의 말씀입니다. 우리는 주일마다 예배드리며 천국을 체험하면서 어떻게 살아야 복을 받으며 구원받아 천국에 들어가는지 말씀을 통해 깨달아야 합니다.

세상에는 잘못된 길로 미혹하는 세력이 얼마나 많은지 모릅니다. 이 마법의 땅에서 잠들면 안 됩니다. 깨어 있으며 바르게 신앙생활을 하는 믿음의 권속들이 되시기 바랍니다.

아론이 호르 산에서 하나님의 부르심을 받아 세상을 떠나고 그의 아들 엘르아살이 아론을 대신하여 제사장 임무를 수행하게 됩니다. 온 이스라엘 백성이 아론을 위해 3일 동안 애곡합니다. 이스라엘 백성은 호르 산에서 출발하여 홍해 길을 따라 에돔 땅을 우회하여 새 출발을 합니다.

천국을 포기한 사람들은 불평과 원망의 삶을 삽니다. 이스라엘 백성은 불평하고 원망하는 삶을 살다가 하나님의 약속의 땅 가나안에 들어가지 못하고 광야에서 생을 마쳤습니다.

> [민 21:5] 백성이 하나님과 모세를 향해 원망하되 어찌하여 우리를 애굽
> 에서 인도해 내어 이 광야에서 죽게 하는가? 이곳에는 먹을 것도 없고 물
> 도 없도다 우리 마음이 이 하찮은 음식을 싫어하노라 하매

애굽에서 종살이하는 백성을 해방시켜 약속의 땅 가나안으로 인도하는데, 조금 불편하다고 모세와 아론을 원망합니다. 먹을 것도 없고 마실 물도 없다는 것입니다.

하나님이 언제 이들을 굶기셨습니까? 하나님은 아침마다 만나를 내려 그들을 풍족하게 먹게 하셨습니다. 그들이 고기가 먹고 싶다며 또 원망하고 불평할 때 메추라기를 보내어 더 이상 먹기 싫도록 고기를 먹게 하셨습니다. 참으로 놀라운 것은, 40년 동안 입고 신어도 신과 옷이 해어지지 않았다는 것입니다. 그래도 이스라엘 백성은 하나님과 모세를 불평하고 원망했습니다.

여러분의 삶은 어떠합니까? 이스라엘 백성처럼 원망하고 불평하는 삶을 살고 있지는 않습니까? 양식이 없어 굶는 분이 계십니까? 입을 옷이 없어 고통당하는 분이 계십니까? 잠자리가 없어 노숙하는 분이 계십니까? 그렇지 않다면 우리는 감사하며 살아야 합니다. 불평하고 원망하는 삶은 천국과는 먼 삶입니다. 여러분은 감사하며 살아갑니까? 아니면 원망하거나 불평하며 살아갑니까? 불평하며, 원망하며 살면 행복하지 않습니다. 천국을 포기하는 삶에서 돌이켜 천국을 기다리는 믿음의 삶을 살기를 간곡히 부탁드립니다.

하나님을 원망하고 모세를 원망하는 이스라엘 백성에게 갑자기 불뱀이 나타나서 그들을 물기 시작합니다. 여러분은 뱀에게 물려본 적이 있습니까? 뱀

에게 물리고 속히 치료하지 못하면 독이 퍼져 죽습니다. 이스라엘 백성이 그 수많은 불뱀에게 물려 죽어갔습니다. 당시 뱀에게 물렸을 때 치료할 수 있는 약이 어디 있었겠습니까?

[민 21:6] 여호와께서 불뱀들을 백성 중에 보내어 백성을 물게 하시므로 이스라엘 백성 중에 죽은 자가 많은지라

여러분, 어떤 경우에도 하나님을 원망하지 마시고, 하나님의 사역을 감당하는 목사님들을 원망하지 마십시오. 하나님은 우리가 형통한 삶을 살기 원하십니다. 형통하리라는 말씀대로 살지 않으면서 형통한 삶을 바라는 것은 욕심이지, 어떻게 그 책임이 하나님께 있습니까?

원망하지 마십시오. 불뱀들이 몰려옵니다. 불뱀에게 물리면 고통 속에 살게 됩니다. 얼마나 많은 사람이 불뱀에게 물려 신음하며 사는지 모릅니다. 어떠한 경우에도 원망을 멀리하는 삶을 사시기를 간곡히 부탁드립니다.

불뱀이 백성을 물어 많은 사람이 죽어가자 그제야 그들이 하나님을 원망하고 모세를 원망한 것을 깨닫고 회개하고 돌아왔습니다.

[민 21:7] 백성이 모세에게 이르러 말하되 우리가 여호와와 당신을 향해 원망함으로 범죄했사오니 여호와께 기도하여 이 뱀들을 우리에게서 떠나게 하소서 모세가 백성을 위해 기도하매

모세는 백성을 위해 하나님께 기도했습니다. 백성이 회개하고 돌아오자 하나님은 모세의 기도로 이스라엘 백성을 살리기로 하십니다. 그래서 모세의 기도에 이렇게 응답하십니다.

[민 21:8] 여호와께서 모세에게 이르시되 불뱀을 만들어 장대 위에 매달
아라 물린 자마다 그것을 보면 살리라

성지 순례 때 모세가 만든 놋뱀을 만들어 놓은 것을 보았습니다. 모세는 백
성에게 외칩니다. "이 뱀을 쳐다보아라. 그리하면 살리라."

모세의 말을 듣고 놋뱀을 쳐다보는 자는 모두 살아났습니다. 그 뱀을 쳐다
보는 사람마다 뱀의 독이 퍼지지 않았습니다. 이 놋뱀은 예수님의 십자가를
상징합니다.

[요 3:14-16] 모세가 광야에서 뱀을 든 것 같이 인자도 들려야 하리니 이
는 그를 믿는 자마다 영생을 얻게 하려 하심이니라 하나님이 세상을 이처
럼 사랑하사 독생자를 주셨으니 이는 그를 믿는 자마다 멸망하지 않고 영
생을 얻게 하려 하심이라

이 놋뱀이 복음입니다. 놋뱀을 바라보는 자마다 다 살아난 것처럼 십자가
에 못 박히신 예수 그리스도를 바라보고 믿는 자마다 멸망하지 않고 영생을
얻는 놀라운 일이 일어납니다.

모세의 외침을 듣고도 '놋뱀을 쳐다본다고 달라질 것이 있나' 하며 그 뱀을
바라보지 않는 자들은 다 죽었습니다. 십자가를 바라보고 예수 믿는다 해서
구원받느냐며 믿지 않는 자들에게는 구원이 이루어지지 않습니다.

[요 3:18] 그를 믿는 자는 심판을 받지 아니하는 것이요 믿지 아니하는 자
는 하나님의 독생자의 이름을 믿지 아니하므로 벌써 심판을 받은 것이니
라

예수를 믿지 않는 자들은 천국을 포기하고 사는 사람들입니다. 예수 믿고 천국을 기다리는 사람들은 죽음이 두렵지 않습니다. 어떤 시련이 와도 믿음으로 넉넉하게 이겨 나갑니다. 이들은 소망 가운데 복된 삶을 살아가게 됩니다.

넷뱀을 만들어 바라보게 하여 불 뱀에 물린 사람들을 다 구원한 것처럼 십자가를 바라보고 예수를 믿는 사람들은 다 구원받아 천국에 들어가게 됩니다. 우리는 천국을 포기하는 삶에서 돌이켜 천국을 기다리며 믿음으로 살아가는 자들이 되어야 합니다.

사랑하는 성도 여러분!

여러분은 천국을 포기하고 살아가는 자입니까? 천국을 기다리며 사모하며 사는 자입니까? 천국을 사모하며 기다리면서 바른 믿음 생활을 해야 합니다. 이스라엘 백성은 광야에서 40년 동안 원망하고 불평하다 약속의 땅 가나안에 들어가지 못했습니다.

믿음으로 살아가는 자들은 어떤 경우에도 원망과 불평을 멀리해야 합니다. 원망의 말 대신 감사의 말을 하며 살아야 합니다. 감사하면 길이 열리고, 축복의 역사가 일어나는 것입니다.

불평하고 원망하는 이스라엘 백성에게 불뱀이 나타나 그들을 물어 죽였습니다. 불뱀의 재앙은 참으로 무서운 것입니다. 사업하다 실패하고, 질병으로, 각종 어려운 문제로 너무 힘들 때가 있습니다. 불뱀의 세력들이 우리를 물어 곤경에 처하게 할 때가 있습니다.

이스라엘 백성은 불뱀으로 죽어가면서 하나님과 주의 종을 원망하고 불평한 모든 죄를 회개했습니다.

오늘날에도 놋 뱀의 상징인 예수 그리스도의 보혈을 믿고 그를 바라보는 자는 모두 구원받는 놀라운 일이 일어나게 됩니다. 십자가의 보혈의 피는 모든 죄를 사함받게 합니다. 인생의 모든 문제의 답을 얻게 합니다. 모든 질병을 치유하고 건강한 삶을 살게 합니다.

원망하고 불평하는 삶에서 돌이켜 감사하는 삶을 사십시다. 보혈의 능력으로 질병이 치유되고 모든 문제의 답을 얻으며 천국을 사모하는 은혜가 넘치는 삶을 사시기를 주 예수 이름으로 축원합니다.

42. 지식이 없으면 망한다

[호 4:6-10] 내 백성이 지식이 없으므로 망하는도다 네가 지식을 버렸으니 나도 너를 버려 내 제사장이 되지 못하게 할 것이요 네가 네 하나님의 율법을 잊었으니 나도 네 자녀들을 잊어버리리라 그들은 번성할수록 내게 범죄하니 내가 그들의 영화를 변하여 욕이 되게 하리라 그들이 내 백성의 속죄제물을 먹고 그 마음을 그들의 죄악에 두는도다 장차는 백성이나 제사장이나 동일함이라 내가 그들의 행실대로 벌하며 그들의 행위대로 갚으리라 그들이 먹어도 배부르지 아니하며 음행하여도 수효가 늘지 못하니 이는 여호와를 버리고 따르지 아니하였음이니라

햇볕이 너무 좋아 맞은편에 있는 산을 바라볼 때마다 눈이 부셨습니다.

천국으로 가는 큰길을 따라 천향인과 소망은 산을 내려오고 있었습니다. 그런데 산 아래에 과대망상이라는 마을이 보였습니다. 마을에서 큰길로 가는 길은 굽어 있긴 했지만 푸른 풀로 덮여 쾌적해 보였습니다.

바로 그때 명랑하게 생긴 한 청년이 다가오고 있었습니다. 그 청년의 이름은 무지였습니다. 천향인은 청년에게 다가가 말을 걸었습니다.

"안녕하십니까? 어디서 온 누구시지요?"

"무지라고 합니다. 이 고장 출신이고요. 하나님의 나라로 가는 중입니다."

"마침 저희와 같은 곳으로 가시는군요. 정말 반갑습니다. 그곳에 가려면 많은 어려움을 겪어야 할 텐데, 무지 씨는 어떻게 천국에 가시렵니까?"

"천국 가는 데 어려운 거 있나요. 남들처럼 착하게 살면 되지요."

천향인은 갸우뚱하며 다시 말했습니다. "뭔가 모르시는 것 같군요. 하나님 나라에 들어가려면 하나님께 내보여야 하는 게 있는데, 당신은 무얼 내어 보일 건가요?"

천향인은 뭔가를 보여주며 무지에게 물었습니다. 무지는 아무런 문제가 없다는 표정이었습니다.

"저는 하나님 뜻대로 살았어요. 선하게 살면서 때로 금식기도도 했죠. 다른 사람을 돕기도 했고요. 저는 천국에 가려고 저희 마을을 과감하게 떠났어요. 그런데 저에게 무엇이 더 필요한 거죠?"

"당신은 좁은 길로 오지 않고 구불구불한 넓은 길로 왔잖아요. 이대로 가다가는 천국 문에서 문전 박대를 당할까 걱정됩니다."

"저는 믿음 생활을 계속해 왔어요. 사실 좁은 문이 어디 있는지 몰라요. 우리 마을 사람 대부분은 좁은 문을 알지 못할 거예요. 이렇게 지름길이 있는데 좁은 길로 가야 할 이유가 있나요?"

무지가 이렇게 말하자 천향인은 당황하는 표정을 지었습니다.

"당신 이름이 무지라고 했지요? 이름값 제대로 하는군요."

천향인은 무지가 안타까워 혀를 찼습니다. "신앙이라 해서 다 옳은 것이 아닙니다. 무엇이 인간을 의롭게 하는지, 어떻게 믿어야 구원받는지, 어떻게 신앙생활을 해야 하나님의 맹렬한 진노를 받지 않는지 바로 알아야 합니다."

그때 무지는 이렇게 말합니다. "제 생각은 달라요. 신앙생활은 개인 취향이라고 생각합니다."

그때 듣고만 있던 소망이 끼어들었습니다. "저 친구에게 하나님의 계시의 말씀을 믿는지 물어보세요."

무지가 말합니다. "그럼 선생님들은 계시 따위를 믿는다는 말인가요?"

천향인과 소망은 천국 문의 영광을 떠올리며 노래를 불렀습니다.

"♬ 다른 사람들에게 감추어져 있는 비밀을 목자들에게 보여주었네. 깊고 신비한 비밀을 보려 한다면 목자들에게 가 보시겠나?♬"

무지한 행동으로 인생을 망치는 경우가 너무 많습니다. 무지로 곤경에 처한 적은 없습니까? 저 길이 잘못된 길이라는 것을 알면서도 나도 모르게 그 길을 가는 경우가 종종 있습니다.

코인으로 돈을 벌었다는 소리를 들으면 자신을 어리석은 사람으로 여기게 되고, 전문적인 지식이 없음에도 코인에 투자하게 됩니다. 한동안 젊은이들 사이에 어떤 국회의원은 화제의 인물이면서 증오의 대상이었습니다. 많은 사람이 코인으로 돈을 잃었는데 그는 수십억을 벌었다고 하니, 코인에 투자하여 재산을 날린 젊은이들의 마음을 뒤집어 놓은 것입니다. 쉽게 돈 벌 수 있다는 말은 많은 사람의 마음을 사로잡습니다.

우리는 세상의 유혹과 쾌락에 마음이 빼앗길 때가 많습니다. 마음을 빼앗는 것은 정상적인 것보다 비정상적인 것이 더 많습니다.

신앙생활도 마찬가지입니다. 하나님은 당신의 존재를 나타내기를 원하십니다. 인간은 모든 피조물을 통해 하나님이 실재하는 현실을 분별할 능력을 부여받았습니다. 우리가 무지하게 되면 하나님의 살아 계심을 느끼지 못하고 살아갑니다. 그래서 영적 무지는 참으로 무서운 것입니다.

영적으로 무지하면 하나님이 가장 미워하는 죄를 지으면서도 선을 행하는 줄 착각합니다. 시험과 올무에 빠지고, 영육의 고통 속에 살게 됩니다. 대다수 사람은 어리석고 불합리한 생각에 사로잡혀 살다가 세상을 떠납니다. 주님은 이렇게 말씀하십니다.

[잠 3:5-6] 너는 마음을 다하여 여호와를 신뢰하고 네 명철을 의지하지 말라 너는 범사에 그를 인정하라 그리하면 네 길을 지도하시리라

무지의 삶에서 벗어나 지혜로운 삶을 살아가는 은혜와 축복이 임하기를 간곡히 부탁드립니다.

호세아는 북이스라엘 여로보암 2세 때, 안정되고 번영하는 시대에 활동한 선지자입니다.

편안하고 문제없는 삶 속에 백성은 영적으로 타락하기 시작합니다. 이들의 타락은 가정에서 시작되었습니다. 이들은 하나님을 버리고 우상인 바알을 섬김으로 영적으로 음란한 삶을 살았습니다. 또한 음란의 영이 들어와 가정이 파괴되고 망가지기 시작했습니다. 하나님은 호세아 선지자에게 이렇게 말씀하십니다.

[호 1:2] 여호와께서 처음 호세아에게 말씀하실 때 여호와께서 호세아에게 이르시되 너는 가서 음란한 여자를 맞이하여 음란한 자식들을 낳으라 이 나라가 여호와를 떠나 크게 음란함이니라 하시니

하나님은 호세아 선지자에게 음란한 고멜을 취하여 아들을 낳으라 하시고 그의 이름을 이스르엘이라 지으라 하셨습니다. 고멜이 또 바람을 피워 딸을 낳습니다. 여호와께서 그의 이름을 '로루하마'라고 지으라 하셨습니다. 로루하마는 '내가 다시는 이스라엘을 긍휼히 여기지 아니하리라'라는 뜻입니다.

고멜이 또 바람을 피워 아들을 낳습니다. 여호와께서 그의 이름을 '로암미'라고 지으라 하셨습니다. 로암미는 '너희는 내 백성이 아니요 나는 너희 하나님이 되지 아니할 것'이라는 뜻입니다.

우상을 섬기며 방탕한 삶을 살아가는 이스라엘 백성에게 하나님이 선지자를 통해 당신의 심정을 그대로 보여주신 것입니다. 이스라엘 백성이 왜 이렇게 방탕한 삶을 살았을까요? 하나님을 아는 지식이 부족해서입니다. 하나님이 가장 싫어하시는 것은 인간이 하나님 대신 우상을 섬기며 사는 것입니다. 어떤 이에게는 재물이, 어떤 이에게는 자식이 우상입니다. 자기 자신이 우상인 이들도 있습니다.

하나님이 싫어하시는 삶은 천국을 버리고 세상에 소망을 두고 살아가는 삶입니다. 무지한 자들은 하나님을 버리고 세상의 것을 믿고 삽니다.

[시 94:7-9] 말하기를 여호와가 보지 못하며 야곱의 하나님이 알아차리지 못하리라 하나이다 백성 중의 어리석은 자들아 너희는 생각하라 무지한 자들아 너희가 언제나 지혜로울까 귀를 지으신 이가 듣지 아니하시랴 눈을 만드신 이가 보지 아니하시랴

그러나 지혜로운 자가 되면 주님의 마음을 헤아리는 삶을 살게 되어, 모든 일을 예수님과 의논하며 결정합니다. 하나님을 아는 지식이 부족하면 부끄럽고 헛된 인생을 살아갈 수밖에 없습니다. 가인은 하나님을 아는 지식이 부족했습니다. 그는 하나님을 속일 수 있다고 생각했습니다. 동생을 돌로 쳐 죽이고 아무 일도 없는 척하고 있을 때 하나님이 그에게 찾아와서 이렇게 물으십니다.

[창 4:9] 여호와께서 가인에게 이르시되 네 아우 아벨이 어디 있느냐 그가 이르되 내가 알지 못하나이다 내가 내 아우를 지키는 자니이까

하나님이 가인의 행동을 다 지켜보고 계셨는데도 아우를 알지 못한다며 자신이 아우를 지키는 자냐고 묻습니다. 우리도 가인과 같은 삶을 살 때가 많습니다. 하나님을 속이려는 것이지요. 이런 신앙의 무지에서 벗어나야 합니다.

[호 4:6] 내 백성이 지식이 없으므로 망하는도다 네가 지식을 버렸으니 나도 너를 버려 내 제사장이 되지 못하게 할 것이요 네가 네 하나님의 율법을 잊었으니 나도 네 자녀들을 잊어버리리라

신앙에 무지하여 하나님을 바로 알지 못하면 하나님께 버림받고 저주의 삶을 살게 됩니다. 신앙의 무지에서 벗어나 하나님을 바로 알고 섬기는 복된 삶을 살아야 합니다. 삶이 형통할 때 하나님을 버리는 잘못을 범할 수 있다는 것을 잊어선 안 됩니다.

[호 4:7-8] 그들은 번성할수록 내게 범죄하니 내가 그들의 영화를 변하여

욕이 되게 하리라 그들이 내 백성의 속죄제물을 먹고 그 마음을 그들의
죄악에 두는도다

바로 이것이 우리 삶의 현주소입니다. 삶이 형통하면 하나님을 더 잘 섬겨
야 하는데도 오히려 하나님을 버리게 됩니다. 하는 일이 잘 되어 돈을 많이
벌면 돈을 의지하고 하나님을 믿지 않고 살게 되는 수가 있습니다. 하나님은
우리의 이 악한 본성을 아시기에 여러 가지 시련과 어려움을 겪게 하시는 것
입니다. 하나님이 우리 삶을 형통하게 하셔도 절대로 하나님을 버리지 않는
신앙이 참된 신앙입니다.

하나님을 떠난 자는 아무리 많은 것을 가져도 자족하지 못합니다. 아무리
부자가 되어도 가난하게 삽니다. 바라는 모든 것을 얻어도 결코 행복하지 않
습니다. 가지면 가질수록 더 부족하게 느끼며 불행한 삶을 살게 됩니다.

[호 4:10] 그들이 먹어도 배부르지 아니하며 음행하여도 수효가 늘지 못
하니 이는 여호와를 버리고 따르지 아니했음이니라.

하나님을 떠나는 삶 자체가 비극의 시작입니다. 인간으로 하여금 하나님을
거역하며 살다가 지옥에 들어가게 하는 것이 마귀의 임무입니다. 마귀에게
속지 말아야 합니다.

신앙의 무지에서 벗어나는 것은 인간의 힘으로는 불가능합니다. 성령의 역
사가 아니고는 신앙의 무지에서 벗어날 길이 없습니다. 신앙의 무지에서 벗
어나려면 주님 중심의 삶을 살아야 합니다. 주님 중심의 삶이란 주님이 기뻐
하시는 일을 최우선으로 하는 삶입니다.

주님이 가장 기뻐하는 일이 예배입니다. 예배가 삶의 중심이 되어야 합니

다. 예배를 통해 심령이 거듭나서 영이 새롭게 되는 놀라운 일들이 일어나야 합니다.

[시 51:17] 하나님께서 구하시는 제사는 상한 심령이라 하나님이여 상하고 통회하는 마음을 주께서 멸시하지 아니하시리이다

상한 심령으로, 통회하고 자복하는 마음으로 예배드릴 때 성령이 역사하여 심령이 새롭게 변화되는 놀라운 일들이 일어나는 것입니다.

하나님께 기쁨이 되는 삶은 형제를 사랑하는 삶입니다. 우리는 믿음 안에서 한 형제자매가 되었습니다. 그러므로 서로 사랑하고 도우며 살아가야 하는 관계입니다. 형제가 연합하여 살아가는 삶은 참으로 아름답습니다.

[시 133:1-3] 보라 형제가 연합하여 동거함이 어찌 그리 선하고 아름다운고 머리에 있는 보배로운 기름이 수염 곧 아론의 수염에 흘러서 그의 옷깃까지 내림 같고 헐몬의 이슬이 시온의 산들에 내림 같도다 거기서 여호와께서 복을 명령하셨나니 곧 영생이로다

하나님이 기뻐하시는 삶은 섬김의 삶입니다. 진정한 행복은 섬김의 삶에서 옵니다. 진정한 섬김의 현장에서 너도 나도 행복해지는 놀라운 일이 일어납니다. 예수님은 우리에게 섬김의 삶을 보여주셨습니다.

[마 20:28] 인자가 온 것은 섬김을 받으려 함이 아니라 도리어 섬기려 하고 자기 목숨을 많은 사람의 대속물로 주려 함이니라

섬기는 자에게 찾아오는 하나님의 선물이 바로 자유입니다. 진정한 섬김의 현장에서는 적이 사라지고 참 행복과 기쁨이 넘치는 삶을 살게 됩니다. 섬김은 아낌없이 주는 삶입니다.

사랑하는 성도 여러분!

하나님을 섬긴다면서 하나님을 얼마나 알고 있습니까? 하나님에 대해 깊이 알면 알수록 풍성한 은혜와 축복의 삶을 살 수 있습니다. 가장 지혜로운 자는 하나님의 눈치를 살피며 신앙생활을 하는 자입니다. '예수님은 내가 어떤 일을 하면 제일 좋아하실까?' 생각하며 사는 것입니다. 하나님에 대해 무지하면 하나님이 싫어하는 일만 하게 되고, 힘들고 고통스러운 삶을 살게 됩니다. 하나님은 우리가 그렇게 살기를 원치 않으십니다. 하나님은 우리에게 가장 좋은 복을 준비해 놓고 우리를 기다리고 계십니다. 여러분은 자식이 잘 되기를 바라지 않습니까? 하나님은 여러분이 자식에게 바라는 것보다 더 잘 되기를 바라십니다.

하나님은 우리가 잘 되기를 원하십니다. 무지에서 벗어나 하나님을 바로 알고 하나님이 원하시는 삶을 살 때 상상을 초월하는 놀라운 역사가 일어날 것입니다.

하나님을 바로 알고 믿어 하나님이 바라고 원하시는 축복의 삶을 사시기를 주 예수 이름으로 축원합니다.

43. 작은 믿음

[마 14:22-33] 예수께서 즉시 제자들을 재촉하사 자기가 무리를 보내는 동안에 배를 타고 앞서 건너편으로 가게 하시고 무리를 보내신 후에 기도하러 따로 산에 올라가시니라 저물매 거기 혼자 계시더니 배가 이미 육지에서 수 리나 떠나서 바람이 거스르므로 물결로 말미암아 고난을 당하더라

밤 사경에 예수께서 바다 위로 걸어서 제자들에게 오시니 제자들이 그가 바다 위로 걸어오심을 보고 놀라 유령이라 하며 무서워하여 소리 지르거늘 예수께서 즉시 이르시되 안심하라 나니 두려워하지 말라 베드로가 대답하여 이르되 주여 만일 주님이시거든 나를 명하사 물 위로 오라 하소서 하니 오라 하시니 베드로가 배에서 내려 물 위로 걸어서 예수께로 가되

바람을 보고 무서워 빠져 가는지라 소리 질러 이르되 주여 나를 구원하소서 하니 예수께서 즉시 손을 내밀어 그를 붙잡으시며 이르시되 믿음이 작은 자여 왜 의심하였느냐 하시고 배에 함께 오르매 바람이 그치는지라 배에 있는 사람들이 예수께 절하며 이르되 진실로 하나님의 아들이로소이다 하더라

천향인과 소망은 무지라는 사람을 뒤로하고 앞장서서 걸어갔습니다. 무지와 떨어져서 걷고 있는 천향인과 소망은 어두운 길로 걷고 있었습니다. 그런데 그곳에서 어떤 사람이 일곱 개의 동아줄에 묶여 일곱 마귀에게 끌려가는 것을 목격했습니다. "저 사람은 지옥으로 끌려가나 봐요."

천향인과 소망은 그들을 보자 벌벌 떨기 시작했습니다. 혹시 아는 사람이 아닌지 유심히 바라보았습니다. 하지만 그들이 고개를 숙이고 있어서 얼굴을 보지 못했습니다. 끌려가는 사람의 등 뒤에는 바람둥이 신앙고백자라고 적혀 있었습니다.

천향인은 뭔가 생각난 듯 소망에게 이야기하기 시작했습니다.

"성실이라는 마을에 살던 작은 믿음이라는 사람이 생각납니다. 그는 믿음이 작지만 참으로 착한 사람이었습니다. 그런데 어느 날이었어요. 이곳에 좁은 골목길이 있었는데, 작은 믿음은 순례의 길을 떠나다 그곳에서 잠이 들었습니다. 때마침 세 명의 강도를 만나게 되었지요. 강도는 심야, 불신, 유죄라는 자였습니다.

이들은 잠에서 깬 작은 믿음을 협박해서 돈을 내놓으라고 했어요. 하지만 작은 믿음은 돈을 내놓지 않았지요. 그러자 작은 믿음을 사정없이 때리고 그의 주머니에 있던 은화를 빼앗았습니다. 작은 믿음은 '도둑이야! 도둑이야!' 하고 소리쳤어요.

그때 마침 누군가 다가오는 소리가 났어요. 신임마을에 사는 큰 은혜가 오고 있었는데, 도둑들은 큰 은혜를 보자 겁에 질려 도망가버렸습니다. 큰 은혜는 하나님의 투사입니다. 그의 얼굴에는 흉터도 많고 베인 자국도 많았습니다. 하나님이 작은 믿음을 도와주셔서 천국으로 들어가는 증표는 빼앗기지 않았어요. 작은 믿음이 천국으로 가는 증표를 도둑들에게 빼앗기지 않은 것은 하나님의 은혜 덕분이었을 것입니다.

하지만 작은 믿음은 은화를 빼앗기고 길을 가면서 구걸해야 했습니다. 그래도 천국으로 들어가는 보석은 팔지 않았어요. 그가 왜 어려움을 당하면서도 자기 보석을 팔지 않았는지 아십니까? 예루살렘 정문에서 그 보석을 보여주지 않으면 문 안으로 들어갈 수 없기 때문입니다. 그래서 힘이 들어도 천국으로 들어가는 증표인 보석은 팔지 않았습니다.

비록 그의 믿음은 작았고 구걸은 했지만 구원받은 믿음은 갖고 있었지요. 그 보석은 구원받은 믿음을 의미했던 것입니다."

천향인의 말에 소망은 고개를 끄덕였습니다.

신앙생활 하면서 믿음에 대한 이야기를 많이 듣습니다. 믿음에 대한 설교도 참 많이 듣습니다. 그런데 놀랍게도 우리는 믿음의 삶을 살지 못합니다. 믿음이 아닌 것을 믿음이라고 착각하며 신앙생활을 하기 때문입니다.

여러분은 믿음을 어떻게 이해합니까? 어떤 믿음을 붙잡고 신앙생활을 하고 있습니까? 죽은 믿음을 붙잡고 신앙생활을 하지는 않습니까? 믿음을 하나의 구호로 생각하며 신앙생활을 하지는 않습니까? 죽은 믿음을 참믿음으로 착각하며 신앙생활을 하는 자는 참으로 어리석은 자입니다.

[약 2:14-18] 내 형제들아 만일 사람이 믿음이 있노라 하고 행함이 없으

면 무슨 유익이 있으리요 그 믿음이 능히 자기를 구원하겠느냐 만일 형제
나 자매가 헐벗고 일용할 양식이 없는데 너희 중에 누구든지 그에게 이르
되 평안히 가라, 덥게 하라, 배부르게 하라 하며 그 몸에 쓸 것을 주지 아
니하면 무슨 유익이 있으리요 이와 같이 행함이 없는 믿음은 그 자체가
죽은 것이라 어떤 사람은 말하기를 너는 믿음이 있고 나는 행함이 있으니
행함이 없는 네 믿음을 내게 보이라 나는 행함으로 내 믿음을 네게 보이
리라 하리라

말과 행동이 일치를 이루어야 참된 믿음입니다.

하나님은 우리 삶을 감찰하는 분이십니다. 감찰이란 형편과 사정을 살피는
것입니다. 하나님은 나의 잘못된 생각도 헤아리십니다. 하나님을 속이려 하
지 마십시오. 하나님은 절대로 여러분에게 속지 않으십니다.

입술로는 형제를 사랑한다 말하면서 일용할 양식이 없는 형제에게 평안하
게 가라, 덥게 하라, 배부르게 하라고 한다면 그것은 형제에게 더 큰 고통을
주는 것입니다.

주님은 이런 믿음을 죽은 믿음이라고 하십니다. 죽은 믿음으로는 아무 일
도 할 수 없습니다.

농부가 봄에 씨 뿌리지 않고 가을에 추수하려 한다면 그는 정신이 이상하
거나 어리석은 사람이 아닙니까? 봄에 밭 갈고, 씨 뿌리고, 싹이 나면 김매고
거름 주고, 필요할 때 물을 주어야 가을에 풍성한 열매를 거둡니다.

[신 28:1-2] 네가 네 하나님 여호와의 말씀을 삼가 듣고 내가 오늘 네게
명령하는 그의 모든 명령을 지켜 행하면 네 하나님 여호와께서 너를 세계
모든 민족 위에 뛰어나게 하실 것이라 네가 네 하나님 여호와의 말씀을

청종하면 이 모든 복이 네게 임하며 네게 이르리니

참믿음이란 하나님 말씀대로 행하는 것입니다. 그런 자가 축복의 주인공이 되는 것입니다. 하나님 말씀과 무관한 삶을 살면서 복을 바라며 믿는 것은 거짓 믿음입니다. 거짓 믿음으로는 자기 잘못을 알지 못합니다. 죽은 믿음으로는 아무 일도 할 수 없습니다.

믿음에 대해 잘못 이해하는 사람이 많습니다. 하나님이 선물로 주신 믿음을 욕망으로 재단할 때가 너무 많습니다. 예수님은 믿음이 작은 제자들에게 이런 충격적인 말씀을 하십니다.

[마 17:20] 이르시되 너희 믿음이 작은 까닭이니라 진실로 너희에게 이르노니 만일 너희에게 믿음이 겨자씨 한 알 만큼만 있어도 이 산을 명하여 여기서 저기로 옮겨지라 하면 옮겨질 것이요 또 너희가 못할 것이 없으리라

겨자씨 한 알 만큼의 작은 믿음이 있으면 산을 옮기는 놀라운 능력이 나타날 거라고 말씀하십니다. 겨자씨 한 알 속에 살아있는 생명이 산을 옮기는 위대한 믿음의 역사를 이루어 내는 능력이 있는 것입니다. 산을 옮기는 믿음은 태산 같은 문제를 해결합니다. 죽은 믿음이 아닌 살아있는 참믿음을 지니면 우리의 모든 소원이 이루어지는 놀라운 역사가 일어납니다.

오병이어의 기적을 일으킨 예수님은 제자들을 재촉하여 그곳을 떠나십니다. 이 놀라운 기적을 보고 군중이 예수님을 붙잡아 유대인의 왕으로 추대하려 했기 때문입니다. 제자들에게 배를 타고 갈릴리 바다를 건너가게 한 예수님은 기도하러 따로 산에 들어가십니다.

[마 14:22-23] 예수께서 즉시 제자들을 재촉하사 자기가 무리를 보내는 동안에 배를 타고 앞서 건너편으로 가게 하시고 무리를 보내신 후에 기도하러 따로 산에 올라가시니라 저물매 거기 혼자 계시더니

이적을 행하고 놀라운 사역을 이룰 때 우리는 인정받고 추앙받기를 좋아합니다. 자기 업적을 자랑하는 것은 당연합니다. 그러나 예수님은 사람들에게 인정받기 보다는 하나님께 기도하러 갔습니다.

예수님이 보여주신 이 놀라운 사실을 믿음으로 받아들이고 우리도 그렇게 살아야 합니다. 사람들로부터 인정받고 추앙받는 자리는 매우 위험한 자리입니다. 그런 자리를 과감하게 떠나 기도하러 산에 들어가신 예수님의 모습을 배워야 합니다.

제자들은 예수님의 말씀 따라 배 타고 갈릴리 호수를 건너다 큰 풍랑을 만납니다. 그날 밤, 바람이 불고 물결이 거세게 일더니 배가 흔들리기 시작합니다. 어떤 대책으로도 이 위기를 피할 길이 없었습니다. 갈릴리 호수는 바다 같습니다.

예수님 말씀에 순종한 제자들이 풍랑을 만났다는 것은 정말 충격적인 사건입니다. 왜 그들은 감당할 수 없는 풍랑을 만났을까요? 이는 예수님은 제자들에게 자신을 보여주기 위해 풍랑을 만나게 하신 것입니다. 그들은 이 풍랑 가운데서 예수님을 만나게 됩니다.

그날 밤 사경에 놀라운 일이 일어났습니다. 밤 사경은 새벽 3시부터 6시까지인데, 그 새벽에 큰 유령이 나타나서 바다 위로 걸어오고 있었습니다. 제자들이 얼마나 놀랐겠습니까? 예수님은 밤 사경에 제자들을 찾아오셨지만 제자들은 예수님을 알아보지 못하고 유령으로 생각했습니다. 바로 그때 귀에 익은 소리가 들립니다.

[마 14:27] 예수께서 즉시 이르시되 안심하라 나니 두려워하지 말라

제자들은 예수님의 음성을 듣고 얼마나 놀랐겠습니까? 예수님이 큰 배를 타고 제자들을 구원하러 오신 것이 아닙니다. 풍랑 치는 바다 위를 새벽 3시 경에 직접 걸어오고 계셨습니다.

주님은 여러분의 딱한 형편과 사정을 다 알고 계십니다. 여러분이 힘들어할 때, 어려움을 당할 때 주님은 멀리 계시지 않고 그 현장에 함께 계십니다. 풍랑 가운데 제자들은 예수님을 만났습니다.

저와 여러분도 풍랑 가운데서 예수님을 만나야 합니다. 풍랑을 만나도 나에게 작은 믿음만 있으면 인생의 모든 문제는 해결의 실마리를 찾을 수 있습니다. 나의 딱한 형편과 사정을 다 알고 계신 예수님은 우리의 모든 문제의 답을 갖고 우리를 찾아오십니다.

여러분은 작은 믿음과 큰 믿음을 어떻게 구분합니까? 믿음이 작은 자는 매사에 의심하면서 불안해하며 살아갑니다. 그리고 모든 일에 상처를 많이 받습니다. 큰 믿음의 소유자는 의심하지 않고 불안해하지 않습니다. 어떤 경우에도 상처받지 않습니다.

가나안에 한 여인이 있었습니다. 이 여인에게는 흉악한 귀신 들린 딸이 있었습니다. 여인은 예수님에게 나아와 딸을 고쳐 달라고 간구합니다. 그런데 예수님은 이 여인에게 너무나 충격적인 말을 하십니다.

[마 15:26] 대답하여 이르시되 자녀의 떡을 취하여 개들에게 던짐이 마땅하지 아니하니라

아니, 사랑이 많으신 예수님이 어떻게 이렇게 말씀하실 수 있습니까? 예수

님은 이 여인을 개에 빗대어 말씀하십니다. 이런 일은 있을 수 없는 일입니다. 그런데 가나안 여인의 믿음은 대단했습니다. 그녀는 예수님께 이렇게 답합니다.

[마 15:27] 여자가 이르되 주여 옳소이다마는 개들도 제 주인의 상에서 떨어지는 부스러기를 먹나이다 하니

가나안 여인은 엄청난 상처가 되는 예수님의 말씀을 믿음으로, 아멘으로 받아들였습니다. 예수님은 가나안 여인을 이렇게 칭찬하십니다.

[마 15:28] 이에 예수께서 대답하여 이르시되 여자여 네 믿음이 크도다 네 소원대로 되리라 하시니 그 때로부터 그의 딸이 나으니라

예수님은 이 여인을 큰 믿음의 소유자라고 칭찬하십니다. 이 여인을 하대해서가 아니라 믿음의 모델로 삼기 위해서입니다.

여러분은 하나님 말씀을 자기 생각대로 판단하고 불신하고 의심하지 않습니까? 하나님 말씀을 받고 행동에 옮기지 않는 사람은 그 말씀을 믿지 않는 사람입니다. 이런 사람은 죽은 믿음의 소유자입니다.

여러분은 상처받고 괴로워하며 살아가고 있지 않습니까? 신앙생활 하면서 상처받는 것은 여러분이 믿음이 작기 때문입니다. 작은 믿음에서 벗어나려면 하나님 말씀을 전적으로 믿고 따라야 합니다.

우리에게 찾아오는 모든 의심을 주 예수 이름으로 물리치시기 바랍니다.

하나님이 우리 믿음을 인정하시면 삶에 놀라운 일이 일어납니다. 아브라함이 독자 이삭을 하나님께 번제로 드리려고 칼을 들어 치려 할 때 하나님이 아

브라함에게 이렇게 말씀하십니다.

[창 22:12] 사자가 이르시되 그 아이에게 네 손을 대지 말라 그에게 아무
일도 하지 말라 네가 네 아들 네 독자까지도 내게 아끼지 아니했으니 내
가 이제야 네가 하나님을 경외하는 줄을 아노라

아브라함의 믿음은 하나님께 인정받았습니다. 하나님께 인정받은 아브라함의 삶은 상상을 초월하는 놀라운 복을 받게 됩니다. 이삭을 하나님께 드리려던 아브라함은 '여호와 이레'의 복을 누리게 되었고, 모든 시련이 사라지는 복을 받게 되었습니다.

하나님께 인정받은 아브라함은 여섯 명의 자녀를 더 얻고, 175세에 죽어 그의 열조에게 돌아가게 되었습니다. 아브라함에게 주어진 복은 이삭을 통해 그의 후손에게 전해졌고, 그들은 하나님의 언약의 복을 받아 누리는 삶을 살았습니다.

사랑하는 성도 여러분!

여러분은 죽은 믿음으로 신앙생활을 하고 있지는 않습니까? 작은 믿음으로 하나님 말씀을 의심하면서 순종하지 못하여 하나님의 복을 누리고 살지 못하지는 않습니까?

믿음이 작을지라도 참믿음을 지니면 산을 옮기는 놀라운 일들이 일어납니다. 태산 같은 문제가 앞길을 막아도 내 믿음이 살아있다면 태산이 무너지는 놀라운 기적이 일어납니다.

주님은 우리에게 말씀하십니다. "할 수 있거든이 무슨 말이냐 믿는 자에게는 능치 못함이 없느니라."

오늘 우리에게 참믿음이 역사하면 상상을 초월하는 놀라운 일들이 일어납니다. 작은 믿음이 생명력 있는 믿음으로 바뀌어 믿음의 큰 역사가 일어나기 바랍니다. 우리 믿음이 하나님이 인정하시는 참믿음이 되어 아브라함에게 언약하신 모든 복을 받아 누리는 삶을 사시기를 주 예수 이름으로 축원합니다.

44. 아첨꾼을 조심하라

[시 124:1-8] 이스라엘은 이제 말하기를 여호와께서 우리 편에 계시지 아니하셨더라면 우리가 어떻게 하였으랴 사람들이 우리를 치러 일어날 때에 여호와께서 우리 편에 계시지 아니하셨더라면 그 때에 그들의 노여움이 우리에게 맹렬하여 우리를 산채로 삼켰을 것이며 그 때에 물이 우리를 휩쓸며 시내가 우리 영혼을 삼켰을 것이며 그 때에 넘치는 물이 우리 영혼을 삼켰을 것이라 할 것이로다 우리를 내주어 그들의 이에 씹히지 아니하게 하신 여호와를 찬송할지로다 우리의 영혼이 사냥꾼의 올무에서 벗어난 새 같이 되었나니 올무가 끊어지므로 우리가 벗어났도다 우리의 도움은 천지를 지으신 여호와의 이름에 있도다

천향인과 소망은 가던 길을 계속 걸어가고 있었습니다. 한참을 가다 보니 갈라진 길이 나옵니다. 두 길이 곧게 뻗어 있어서 어디로 가야 할지 천향인과 소망은 선택하지 못했습니다.

두 사람이 망설이고 있자 하얀 망토를 걸친 남자가 다가와 말했습니다. "왜들 그렇게 서성이고 계시오?"

천향인이 말합니다. "천국 문으로 가는데 어디로 가야 할지 몰라 이러고 있습니다."

하얀 망토를 걸친 남자는 자기도 같은 길을 간다며 따라오라고 했습니다. 천향인과 소망은 나쁜 사람같이 보이지 않은 그를 따라갔습니다.

그런데 길을 가면 갈수록 힘해졌고, 그 길은 천국으로 가는 길이 아니었습니다. 아무것도 모르고 따라간 그들은 그물이 감추어져 있는 곳에 들어갔다가 그만 그물에 걸리고 말았습니다. 그물이 얼마나 단단한지 아무리 발버둥 쳐도 벗겨지지 않고 몸을 조여 왔습니다. 그제야 그들은 잘못된 길에 들어선 줄 알고 절망에 빠졌습니다.

"아차! 또 함정에 빠지고 말았구나. 저 사람은 아첨꾼이 틀림없어! 목자들이 아첨꾼을 조심하라 했건만 우리는 너무 조심하지 않았어!"

천향인은 한탄하며 말했습니다. 소망도 울먹이며 말했습니다. "목자들이 우리에게 안내도까지 챙겨주었는데 왜 그걸 볼 생각을 못 했을까요?"

결국 이들은 멸망시키는 자의 길로 들어서고 말았습니다. 그물에 걸린 두 사람은 어쩔 줄 모르고 한탄만 하고 있었습니다. 그런데 그 순간 몸에 빛이 나는 사람이 채찍을 들고 나타났습니다. 그는 천사였습니다. 천사는 말합니다. "어디로 가는 누구십니까? 그런데 왜 여기 있나요?"

천사의 물음에 두 사람은 자신들은 천국에 가는 순례자인데 갈림길에서 하얀 망토 입은 남자를 따라갔다가 그물에 걸리게 되었다고 했습니다.

그러자 천사는 두 사람을 그물에서 풀어주며 말했습니다. "그자는 아첨
꾼입니다. 빛의 천사로 가장한 거짓 사도지요. 저를 따라오세요. 바른 길
로 안내해 드리겠습니다."

천사는 천향인과 소망을 아첨꾼을 따라간 지점까지 데려다주고 물었
습니다. "간밤에 어디서 묵으셨나요?" "목자들의 집에서 묵었습니다."
"그들이 길 안내도를 주지 않던가요?" "주었습니다." "그런데 안내도 보
던 것을 깜박 잊고 말았습니다."

"그럼 목자들이 아첨꾼을 조심하라고 하지 않던가요?" "했지요. 그러
나 그 사람이 아첨꾼이라고는 전혀 생각지 못했습니다."

천사는 엄한 표정으로 천향인과 소망을 심하게 책망했습니다. 목자들
이 한 말을 잘 기억하며 챙기라고 했습니다.

"감사합니다. 앞으로는 절대 이런 일이 없도록 하겠습니다."

그들은 길을 걸으며 이런 노래를 불렀습니다.

"♬ 이리 오너라 길가는 이들이여 보라 순례자가 길을 가다가 어떤 꼴
을 당했는지 유익한 충고를 가벼이 여겼다가 그물에 갇혀 꼼짝달싹 못했
으니 비록 구출되었지만 책망받았네. 부디 우리를 거울삼아 그대들은 이
런 유혹에 빠지지 마시오. ♬"

누군가에게 잘 보이려고 아부하고 아첨하는 자들이 있습니다. 아부라는 말
은 아버지를 정답게 부르는 말이고, 아첨이란 말은 비위를 맞춘다는 뜻이기
도 합니다. 놀랍게도 아부와 아첨은 사건의 본질을 흐리게 하고 잘못된 판단
을 하게 만듭니다.

오늘날엔 권력에 기생하며 아첨하는 자들이 있습니다. 이들은 정치를 타락
하게 만들고 백성을 도탄에 빠지게 합니다. 아첨꾼들의 말은 너무나 그럴싸

하고 멋있어 보이지만 실상은 허구요 잘못된 주장이며, 거짓을 진리로 둔갑시킵니다.

예수님이 십자가에서 운명하셨을 때 아리마데 사람 요셉은 예수님을 새 무덤에 안장했습니다. 예수님이 운명하시고 삼 일째 되던 날 놀라운 일이 일어났습니다. 예수님이 부활하신 것입니다. 예수님의 부활을 목격한 군병들은 성에 들어가서 대제사장에게 지난밤에 일어났던 예수님의 부활을 그대로 알렸습니다. 그러자 이들은 큰 충격을 받고 군인들을 불러 이렇게 말합니다.

[마 28:13-15] 이르되 너희는 말하기를 그의 제자들이 밤에 와서 우리가 잘 때에 그를 도둑질하여 갔다 하라 만일 이 말이 총독에게 들리면 우리가 권하여 너희로 근심하지 않게 하리라 하니 군인들이 돈을 받고 가르친 대로 했으니 이 말이 오늘날까지 유대인 가운데 두루 퍼지니라

돈을 받은 군병들은 아첨꾼이 되어 제자들이 밤에 예수님의 시신을 훔쳐갔다고 소리치며 다녔습니다. 아첨꾼들이 전하는 잘못된 정보가 온 유다 땅에 퍼져갔습니다. 그러나 부활하신 주님은 열세 번이나 제자들에게 나타나시어 부활의 몸을 보이며 증언하셨습니다. 그리고 예수님의 부활을 절대로 믿지 않겠다는 도마에게도 나타나 이렇게 말씀하십니다.

[요 20:25-29] 다른 제자들이 그에게 이르되 우리가 주를 보았노라 하니 도마가 이르되 내가 그의 손의 못 자국을 보며 내 손가락을 그 못 자국에 넣으며 내 손을 그 옆구리에 넣어 보지 않고는 믿지 아니하겠노라 하니라 여드레를 지나서 제자들이 다시 집 안에 있을 때에 도마도 함께 있고 문들이 닫혔는데 예수께서 오사 가운데 서서 이르시되 너희에게 평강

이 있을지어다 하시고 도마에게 이르시되 네 손가락을 이리 내밀어 내 손을 보고 네 손을 내밀어 내 옆구리에 넣어 보라 그리하여 믿음 없는 자가 되지 말고 믿는 자가 되라 도마가 대답하여 이르되 나의 주님이시요 나의 하나님이시니이다 예수께서 이르시되 너는 나를 본 고로 믿느냐 보지 못하고 믿는 자들은 복되도다 하시니라

부활하신 예수님을 만난 제자들은 생명을 내놓고 예수님의 부활을 전했습니다. 그토록 의심이 많아 예수님의 부활을 절대로 믿지 않겠다던 도마는 AD 70년에 카라미나의 원주민에 의해 고문당한 후, 창에 찔려 순교했습니다.

오늘도 미혹의 영은 신앙의 아첨꾼들을 통해 우리의 참된 신앙을 흔들어 놓습니다. 이들은 예수님의 십자가와 부활을 부인하고 천국과 지옥을 부정합니다. 예수님의 재림도 부인합니다. 아첨꾼들을 경계하며 신앙생활을 해야 합니다.

[시 124:1] 이스라엘은 이제 말하기를 여호와께서 우리 편에 계시지 아니하셨더라면 우리가 어떻게 하였으랴

다윗은 양을 돌보는 목동이었습니다. 사자와 곰의 입에서 양의 새끼를 구하고 사자와 곰의 수염을 잡고 그것을 쳐 죽이는 용맹한 목동이기도 했습니다. 다윗의 아버지 이새는 막내 다윗에게 홀로 들판에서 양 떼를 지키게 하고, 다윗의 형들만 데리고 사무엘에게 나아갑니다.

사무엘 선지자는 이새와 그의 아들들을 성결하게 하고 제사에 청했습니다. 그들이 오자 엘리압을 보고 하나님이 기름 부으실 자라 생각했습니다. 하지만 하나님은 그의 용모와 키를 보지 말라 하셨습니다. 이새는 첫째로부터 일

곱째까지 다 지나가게 했지만 사무엘은 이새에게 하나님께서 이들을 택하지
아니하셨다고 했습니다.

"네 아들들이 다 여기 있느냐?"

"아직 막내가 남았는데 그는 양을 지키고 있습니다."

"사람을 보내어 그를 데려오라. 그가 여기 오기까지는 우리가 식사 자리에
앉지 아니할 것이다."

바로 사람을 보내 다윗을 데려왔는데, 사무엘이 다윗을 보니 혈색이 좋고
눈매가 빼어나며 멋진 용모였습니다. 하나님은 사무엘에게 일어나 다윗에게
기름을 부으라 하셨습니다. 사무엘이 기름 뿔병을 가져다가 그에게 부었더니
이날 이후 다윗이 하나님의 영에게 크게 감동되었습니다.

[시 23:1-5] 여호와는 나의 목자시니 내게 부족함이 없으리로다 그가 나
를 푸른 풀밭에 누이시며 쉴 만한 물 가로 인도하시는도다 내 영혼을 소
생시키시고 자기 이름을 위해 의의 길로 인도하시는도다 내가 사망의 음
침한 골짜기로 다닐지라도 해를 두려워하지 않을 것은 주께서 나와 함께
하심이라 주의 지팡이와 막대기가 나를 안위하시나이다 주께서 내 원수
의 목전에서 내게 상을 차려 주시고 기름을 내 머리에 부으셨으니 내 잔
이 넘치나이다

하나님께 기름부음 받은 다윗의 삶은 부족함이 없으며 평안하고 안정된 삶
이었습니다. 다윗은 모든 대적의 위기에서 보호받았으며, 하나님의 잔이 넘
치는 축복의 삶을 살았습니다.

하나님은 우리 각자에게도 함께하십니다. 우리 모두 하나님이 동행하는 삶
으로 풍성한 복을 누리십시다.

삶 가운데는 위험한 일이 너무 많이 일어납니다. 우리 주위에 얼마나 아첨 꾼이 많은지 모릅니다. 이들은 광명한 천사로 가장하기에 많은 사람이 속을 수밖에 없습니다. 이들이 쳐 놓은 그물에 걸리면 우리 힘으로는 헤어 나올 수 없습니다.

[시 124:7] 우리의 영혼이 사냥꾼의 올무에서 벗어난 새같이 되었나니 올 무가 끊어지므로 우리가 벗어났도다.

하나님은 사탄이 파 놓은 이런 올무에서 우리를 벗어나게 하십니다.

다윗은 억울한 누명을 덮어쓰고 쫓기는 신세가 되었습니다. 사울 왕이 다 윗을 잡아 오는 자에게 큰 포상을 내리겠다고 합니다. 사울 왕은 군대를 이끌 고 다윗을 잡으러 나섰습니다. 이스라엘에서 다윗이 피할 곳은 어디에도 없 었습니다. 이들은 사울 왕을 피하여 굴속에 숨어 있었습니다. 사울은 다윗을 추격하다가 용변을 보러 굴에 들어갔습니다. 굴 속에는 다윗과 그의 사람들 이 숨어 있었습니다. 다윗과 함께한 사람들이 말합니다. "사울 왕을 여기서 정리하십시다."

자기들이 가서 사울 왕의 목을 베겠다는 것입니다. 그때 다윗은 말합니다. "아니 된다. 하나님의 기름 부은 종을 내가 해칠 수 없다."

다윗은 용변을 보는 사울 왕에게 가까이 다가가 옷자락만 베어 옵니다. 사 울 왕이 전혀 모른 채 일어나서 굴에서 나가 자기 길을 갈 때 다윗도 일어나 굴에서 나가 사울 뒤에서 이렇게 외칩니다.

[삼상 24:11] 내 아버지여 보소서 내 손에 있는 왕의 옷자락을 보소서 내 가 왕을 죽이지 아니하고 겉옷 자락만 베었은즉 내 손에 악이나 죄과가

없는 줄을 오늘 아실지니이다 왕은 내 생명을 찾아 해하려 하시나 나는
왕에게 범죄한 일이 없나이다

사울이 보니 자기 옷자락이 베어져 있었습니다. 사울 왕은 말합니다. "나는
너를 학대하되 너는 나를 선대하니 너는 나보다 의롭도다. 여호와께서 나를
네 손에 넘겼으나 네가 나를 죽이지 아니했도다."

사울은 감동받아 돌아갔고, 다윗과 그의 일행도 그들의 요새로 돌아갔습니
다.

하나님이 함께하시면 모든 위기는 기회가 됩니다. 위기가 기회가 되는 이
놀라운 은혜와 복을 누리시기 바랍니다.

하나님은 늘 우리를 돕는 분이십니다. 하늘과 땅을 창조하신 전능하신 하
나님이 내 편이 되어 나를 도와주시는데 무서울 게 무엇이고 걱정할 일이 무
엇입니까? 우리는 아무런 염려와 걱정이 없습니다.

다윗은 하나님이 도와주신다는 놀라운 사실을 알고 있었고, 그 점을 체험
하며 살았습니다.

[시 124:8] 우리의 도움은 천지를 지으신 여호와의 이름에 있도다.

참으로 놀라운 신앙고백입니다. 곤경에 빠지고 위기와 어려움을 당할 때
이 말씀을 믿고 믿음으로 선언하면 놀라운 일이 일어납니다. 예수님은 성도
들이 능력 있는 증인의 삶을 살게 하십니다. 하나님과 사람 사이의 유일한 중
보자 예수 그리스도, 오직 그분의 이름으로만 기도해야 합니다. 예수님의 이
름을 통해서만 우리 삶에 놀라운 능력이 나타나고 기적의 역사가 일어납니

다.

  * 예수의 이름을 믿으면 영육이 구원받는 놀라운 역사가 일어납니다.

  * 예수 이름으로 귀신을 내어 쫓으면 귀신이 나갑니다.

  * 예수 이름으로 명하면 불행한 환경이 축복의 환경으로 바뀝니다.

  * 예수 이름으로 모든 질병을 고칩니다.

  * 예수 이름으로 기도하면 하나님의 뜻의 합당한 기도는 응답을 받습니다.

  믿음의 사람에게는 예수의 이름을 부를 특권을 주셨습니다. 초대교회 성도들도 예수의 이름의 능력을 힘입어 담대히 신앙생활을 했습니다. 그리했더니 세상이 벌벌 떨면서 어찌할 바를 몰랐습니다.

> [행 4:17-19] 이것이 민간에 더 퍼지지 못하게 그들을 위협하여 이후에는 이 이름으로 아무에게도 말하지 말게 하자 하고 그들을 불러 경고하여 도무지 예수의 이름으로 말하지도 말고 가르치지도 말라 하니 베드로와 요한이 대답하여 이르되 하나님 앞에서 너희의 말을 듣는 것이 하나님의 말씀을 듣는 것보다 옳은가 판단하라

  바로 이것이 믿음으로 살아가는 삶의 증표입니다. 하나님은 우리를 돕는 분입니다. 예수의 이름에는 놀라운 권세와 능력이 있고 우리의 상상을 초월하는 놀라운 기적이 있습니다.

  사랑하는 성도 여러분!

  여러분을 잘못된 길로 인도하는 아첨꾼은 없습니까? 이 아첨꾼이 목사일 수도 있고, 장로일 수도 있고, 내가 존경하는 사람일 수도 있습니다.

  분명히 알아야 할 것은, 이 아첨꾼이 나와 가장 가까운 사람일 수 있다는 것

입니다. 매사에 판단 기준이 말씀 중심, 교회 중심에서 벗어나면 아첨꾼에게 속을 수밖에 없습니다.

아첨꾼들이 하는 말은 매력이 있고 진리처럼 들립니다. 모든 문제가 순식간에 해결되고 모든 소원이 이루어질 것 같습니다. 그러나 아첨꾼을 따라가면 올무에 빠지고 그물에 걸리게 됩니다.

여러분, 걱정하지 마십시오. 하나님이 우리를 도와주시는데 누가 우리를 대적할 수 있겠습니까? 믿음으로 순종하면 모든 위기는 기회가 됩니다. 하나님은 우리에게 예수 이름을 사용할 특권을 주셨습니다. 이 특권을 믿음으로 바로 사용하면 놀라운 일들이 일어납니다.

누가 우리를 대적할 수 있겠습니까? 사탄의 앞잡이인 아첨꾼에게 속지 마십시다. 우리 모두 진리 안에서 믿음으로 굳게 서서 세상을 다스리며 지배하는 왕권의 축복을 받아 누리는 여러분이 되시기를 주 예수 이름으로 축원합니다.

"감사하는 삶을 살면

축복이 열린다."

제 4 부

천국을 준비하는 사람들

45. 믿는 자와 믿지 않는 자의 운명

[눅 16:19-31] 한 부자가 있어 자색 옷과 고운 베옷을 입고 날마다 호화롭게 즐기더라 그런데 나사로라 이름하는 한 거지가 헌데 투성이로 그의 대문 앞에 버려진 채 그 부자의 상에서 떨어지는 것으로 배불리려 하매 심지어 개들이 와서 그 헌데를 핥더라 이에 그 거지가 죽어 천사들에게 받들려 아브라함의 품에 들어가고 부자도 죽어 장사되매 그가 음부에서 고통중에 눈을 들어 멀리 아브라함과 그의 품에 있는 나사로를 보고 불러 이르되 아버지 아브라함이여 나를 긍휼히 여기사 나사로를 보내어 그 손가락 끝에 물을 찍어 내 혀를 서늘하게 하소서 내가 이 불꽃 가운데서 괴로워하나이다 아브라함이 이르되 얘 너는 살았을 때에 좋은 것을 받았고 나사로는 고난을 받았으니 이것을 기억하라 이제 그는 여기서 위로를 받

고 너는 괴로움을 받느니라 그뿐 아니라 너희와 우리 사이에 큰 구렁텅이
가 놓여 있어 여기서 너희에게 건너가고자 하되 갈 수 없고 거기서 우리
에게 건너올 수도 없게 하였느니라 이르되 그러면 아버지여 구하노니 나
사로를 내 아버지의 집에 보내소서 내 형제 다섯이 있으니 그들에게 증언
하게 하여 그들로 이 고통 받는 곳에 오지 않게 하소서 아브라함이 이르
되 그들에게 모세와 선지자들이 있으니 그들에게 들을지니라 이르되 그
렇지 아니하니이다 아버지 아브라함이여 만일 죽은 자에게서 그들에게
가는 자가 있으면 회개하리이다 이르되 모세와 선지자들에게 듣지 아니
하면 비록 죽은 자 가운데서 살아나는 자가 있을지라도 권함을 받지 아니
하리라 하였다 하시니라

길을 가던 천향인과 소망의 뒤로 한 사람이 따라오고 있었습니다. 그
사람은 무신론자였습니다. "소망 형제님, 저 사람도 무신론자나 아첨꾼
일지 모르니 정신 차립시다."

"예, 알겠습니다. 그런데 천향인 형제님, 인간이 왜 이렇게 나약할까
요? 의심과 믿음이 상황에 따라 시소 타듯 오르락내리락하니 저도 어리
석다는 생각이 듭니다."

"그렇지요. 저도 그런 생각을 많이 합니다. 우리 말고도 많은 그리스도
인이 그런 고민을 할 것입니다. 그러나 그런 과정을 통해 예수님의 겸손
과 순종과 사랑을 배우게 되겠지요."

천향인의 말이 끝나자 뒤따라오던 사람이 바짝 따라왔습니다.

"어디로 가는 분이세요?" 무신론자가 다정하게 물었습니다. "저희는
천국으로 가는 중입니다." 천향인의 대답에 무신론자는 크게 웃어댔습니
다. "뭐요, 지금 천국으로 간다고 했소?"

"그렇습니다."

"허, 허, 세상에. 그런 말도 안 되는 여행을 하다니. 세상에는 당신들이 꿈꾸는 그런 곳은 없소. 지금 헛수고하는 거요. 온갖 고생을 하며 여행해 봐야 돌아오는 건 고통뿐이라오." 무신론자는 당당하게 말했습니다.

천향인이 발끈했습니다. "우리가 천국에 들어가지 못할 거라고 했습니까?"

"당연하지요. 그런 천국은 애초에 없으니까요."

"아니오. 다가올 세상에 분명히 천국이 있습니다."

그러나 무신론자는 천향인을 무시했습니다. "어릴 때 당신들이 말하는 소리를 들은 적이 있소. 그래서 25년이나 그곳을 찾아 헤매었소. 하지만 어디서도 그곳을 찾을 수 없었소."

"그건 당신이 몰라서 하는 말입니다. 우리는 그곳에 대해 들었고 천국을 분명히 보았소. 우리는 천국이 분명히 존재한다고 확신합니다."

"아, 글쎄. 그런 곳은 없어요. 나도 그런 곳이 있다고 믿었기에 오랫동안 찾아다녔지만, 전에 누렸던 즐거움을 찾으려 고향으로 돌아갑니다."

무신론자의 말을 듣고 천향인은 소망을 향해 물었습니다.

"소망 형제님은 저 사람 말이 믿어지세요?"

"아닙니다. 저 사람도 아첨꾼의 한 사람일 겁니다. 우리는 기쁨의 산에서 천국 문을 보지 않았습니까? 설사 보지 못했어도 상관없습니다. 우리는 믿음으로 그곳에 가고 있으니까요. 저 사람과 상관하지 마십시다. 채찍을 든 천사가 오기 전에 가던 길을 서두르는 게 낫겠습니다."

그렇게 말하고 소망은 걸음을 재촉했습니다. 그러자 천향인은 미소 지으며 말했습니다. "내가 소망 형제님을 의심해서 그런 말을 한 게 아니오. 형제의 마음속에 있는 순수한 신앙을 입으로 고백하게 하려고 그런 질문을 한 것이오."

우리 둘 다 진리를 믿는 것을 확인했으니 서둘러 그곳으로 갑시다. 천향인과 소망은 더 이상 무신론자와 상대하지 않고 계속 걸어갔습니다.

여러분은 자신이 언젠가 죽는다는 사실을 인정합니까? 다른 사람은 죽어도 나는 절대 죽는 일이 없으리라고 생각합니까? 그런 분 계시면 손들어보십시오. 한 분도 없습니다. 그렇다면 여러분과 저는 언젠가는 죽는다는 것을 인정했습니다. 다시 묻습니다.

* 죽음 이후 천국과 지옥이 있음을 믿습니까?

* 천국과 지옥은 죽어봐야 알지 지금은 모르겠다고 생각하십니까?

* 죽음 이후 천국이 보장되어 있다고 생각하십니까?

어떤 분은, 천국과 지옥은 확실히 모르지만 천국과 지옥이 있으면 어떡하나 하면서 예수를 믿게 되었다고 합니다.

하나님은 공평하시고 참으로 사랑이 많은 분입니다. 하나님은 이 땅에 사는 모든 사람에게 천국과 지옥이 있다는 사실을 보여주고 계십니다.

한 부자가 있었습니다. 그는 날마다 자색 옷과 고운 베옷을 입고 손님들을 초청하여 잔치를 벌였습니다. 그 부자는 죽어서 지옥에 갔습니다. 지옥의 고통이 얼마나 심한지, 불 가운데서 물 한 모금을 애타게 구합니다.

여러분은 지옥으로 간 이 부자를 어떻게 생각하십니까? 나쁜 사람이라고 생각하지는 않습니까?

아닙니다. 참으로 착한 사람입니다. 남에게 사기 치지도 않았고, 정직하게 땀 흘려 노력해서 부자가 되었습니다. 우리도 이런 부자가 되기를 바라지 않습니까?

이 부자는 늘 베풀고 나누며 살았습니다. 날마다 친구를 초대하여 잔치를 베풀고 즐기면서 호화로운 삶을 살았습니다. 얼마나 멋있습니까? 이 부자는 그의 형제들을 생각하고 돌보는, 우애가 돈독한 부자였습니다. 지옥의 고통 속에서도 형제들을 생각했습니다.

그뿐만 아니라 이 부자는 자비를 베풀며 살았습니다. 거지 나사로는 매일 부자 집에 와서 먹다 남은 음식을 갖고 갑니다. 이 거지는 다른 거지들과는 달리 헌데에 고름이 나기까지 했습니다.

이런 거지가 여러분 집에 찾아오면 음식을 줄 수 있겠습니까? 한두 번은 모르지만 매일 음식을 나누기란 결코 쉽지 않을 것입니다. 이런 거지가 와서 구걸하면 문을 열어주지 않거나, 계속 구걸하면 경찰에 신고하지 않겠습니까? 그런데 이 부자는 매일 찾아오는 거지 나사로에게 먹다 남은 음식을 먹게 했습니다.

오늘날 이런 부자가 과연 몇이나 있겠습니까? 아니, 여러분 중에 이 부자처럼 사는 자가 과연 몇 명이나 있습니까? 저는 이 부자가 결코 나쁜 사람이 아니고 착한 사람이라고 생각합니다. 중요한 것은, 이 부자가 죽어서 너무나 고통스러운 지옥에 갔다는 것입니다. 왜일까요?

그는 하나님께 감사하지 않았고, 우리를 구속하기 위해 이 땅에 오셔서 우리의 죗값으로 십자가에 달려 돌아가신 예수님을 믿지 않았습니다.

[요 3:17-18] 하나님이 그 아들을 세상에 보내신 것은 세상을 심판하려 하심이 아니요 그로 말미암아 세상이 구원을 받게 하려 하심이라 그를 믿는 자는 심판을 받지 아니하는 것이요 믿지 아니하는 자는 하나님의 독생자의 이름을 믿지 아니하므로 벌써 심판을 받은 것이니라

부자는 우리를 구원하러 오신 예수 그리스도를 믿지 않아서 하나님의 심판으로 지옥에 간 것입니다. 예수를 믿지 않는 것은 심판을 자초하는 일입니다. 스스로 지옥을 향해 가는 것입니다.

우리가 예수를 믿게 된 것은 얼마나 큰 축복인지 모릅니다. 제발 이런 부자는 되지 맙시다. 이 부자는 축복이 아니라 저주받은 자의 대명사가 되었습니다. 우리 주위에 이런 어리석은 부자들이 얼마나 많은지 모릅니다.

거지 나사로는 너무나 힘들고 고통스러운 삶을 살았습니다. 의식주 문제가 해결되지 않아 부자의 집에서 나오는 음식 찌꺼기로 연명했습니다. 집도 없고, 가진 것은 병든 몸밖에 없었습니다. 그에게는 일용할 양식을 해결할 능력이 없습니다.

거지 나사로를 가장 힘들게 하는 것은 질병이었습니다. 그의 몸에는 헌데가 많았습니다. 헌데를 긁으면 고름이 터지고 피가 났습니다. 그러면 개들이 달려들어 그의 헌데를 핥습니다. 이런 사람을 누가 가까이하겠습니까? 그는 가족도 친척도 친구도 없었습니다.

그런데 이 가난한 거지 나사로는 예수 그리스도를 구주로 영접했습니다. 불행한 환경에서 가난하지만 믿음으로 살았습니다. 주님 말씀에 순종하며 주님과 동행하는 삶을 살았습니다.

거지 나사로도 수명이 다하여 죽었습니다. 그에게는 하늘나라의 문이 열렸습니다. 그는 천국에 있는 아브라함의 품에 안겼습니다.

[눅 16:22] 이에 그 거지가 죽어 천사들에게 받들려 아브라함의 품에 들어가고 부자도 죽어 장사되매

부자도 죽고 거지 나사로도 죽었습니다. 그런데 부자는 지옥에 들어가고

거지 나사로는 천국에 갔습니다. 나사로는 거지의 딱지와 질병의 딱지와 불행의 딱지를 떼고 천국에 들어간 것입니다. 부자와 나사로 중에서 누가 축복받고 누가 저주받았습니까? 누가 하나님의 은총을 입고 누가 하나님께 버림받았습니까?

거지 나사로는 복을, 부자는 저주를 받았습니다. 거지 나사로는 하나님의 은총을 입었고, 부자는 하나님으로부터 버림받았습니다.

두 사람의 삶이 이렇게 바뀐 까닭은, 거지 나사로는 힘들고 비참하지만 믿음으로 살았고, 부자는 호화롭게 살았지만 예수를 믿지 않고 자기 욕망 따라 살았기 때문입니다. 지옥의 저주는 일시적이 아니라 영원한 저주입니다. 천국의 축복도 일시적인 것이 아니라 영원한 축복입니다. 참믿음을 회복하여 영원한 복을 받아 누리는 은혜의 축복이 임하시기 바랍니다.

그토록 들어왔던 천국과 지옥을, 거지 나사로와 부자는 죽어서 대면했습니다. 천국에서는 더없이 행복한 삶, 평안한 삶이 주어지지만, 지옥의 삶은 상상을 초월하는 비극의 삶이었습니다.

[눅 16:24] 불러 이르되 아버지 아브라함이여 나를 긍휼히 여기사 나사로를 보내어 그 손가락 끝에 물을 찍어 내 혀를 서늘하게 하소서 내가 이 불꽃 가운데서 괴로워하나이다

불꽃 가운데 괴로워하는 부자는 거지 나사로에게 손끝에 물을 찍어 혀를 서늘하게 해 달라고 부르짖습니다. 더욱 놀라운 사실은, 지옥에 있는 사람이 천국에 간 사람을 목격하며 살고 있다는 것입니다.

그토록 괴로워하던 부자가 거지 나사로가 천국에서 평안을 누리는 모습을 바라볼 때 그 고통이 얼마나 심했겠습니까? 더더욱 고통스러운 것은, 천국에

간 나사로가 자기 집에서 나오는 음식 찌꺼기로 먹고산 자였다는 것입니다.

지상에 있을 때는 얼굴도 바로 쳐다볼 수 없던 그가 천국에 가 있고, 그토록 큰소리치고 영광을 누리던 자신은 지옥에서 나사로의 도움을 구하니, 얼마나 괴로워했을까요? 부자는 결코 악한 사람이 아니지만 복음을 받아들이지 않고 거절했기에 지옥에 갔습니다. 부자는 가족을 챙기고 돌보는 모범적인 가장이었습니다.

> [눅 16:27-28] 이르되 그러면 아버지여 구하노니 나사로를 내 아버지의 집에 보내소서 내 형제 다섯이 있으니 그들에게 증언하게 하여 그들로 이 고통 받는 곳에 오지 않게 하소서

그는 나사로를 자기 형제들에게 보내어 형제들이 예수 믿고 지옥에 오지 않게 해 달라고 부르짖습니다. 그러나 하나님의 대답은 단호합니다. "그곳에 주의 사자들이 있으니 그들에게 복음을 들을지어다. 그들에게 복음을 듣지 않으면 죽은 자가 살아나서 이 사실을 전해도 그들이 믿지 아니할 것이다."

하나님은 모든 것을 아시기에 우리 잔꾀에 절대로 넘어가지 아니하십니다. '주님, 이것 해결해 주십시오. 그리하면 이렇게 살겠습니다.' 우리는 하나님과 협상하려 합니다. 하나님은 절대로 여러분에게 속지 않으십니다. 하나님과 협상하려 하지 말고 삶을 있는 그대로 보여드리며 기도해야 합니다. 하나님이 우리 삶에 개입하시면 상상을 초월하는 놀라운 기적의 역사가 일어납니다.

사랑하는 성도 여러분!

여러분은 천국을 준비하면서 이 땅을 살아가고 있습니까? 천국 갈 준비를

하지 않고 이 땅을 살아가는 자는 참으로 불행한 자이며, 그의 삶은 저주의 삶입니다.

천국은 착한 행동을 해야 가는 곳이 아닙니다. 믿음으로 살아야 들어가는 곳입니다. 천국은 준비하는 자가 들어가는 곳입니다. 천국을 생각하지 않고 세상 부귀영화만 추구하며 살아가는 자는 불행한 자입니다.

그렇습니다. 우리는 하나님께 선택받은 주의 자녀입니다. 하나님의 자녀답게 살려면 매일의 삶이 나의 왕 되신 예수님을 만나야 합니다. 대제사장 되시는 예수님을 만나 모든 죄가 사함받는 체험을 하며 살아야 합니다. 참 선지자 되신 예수님의 말씀을 따라 살아야 합니다. 우리 모두 예수를 바로 믿어 구원받아 천국에 들어가기를 축원합니다.

46. 영적인 잠에서 깨어나라

[엡 5:8-14] 너희가 전에는 어둠이더니 이제는 주 안에서 빛이라 빛의 자녀들처럼 행하라 빛의 열매는 모든 착함과 의로움과 진실함에 있느니라 주를 기쁘시게 할 것이 무엇인가 시험하여 보라 너희는 열매 없는 어둠의 일에 참여하지 말고 도리어 책망하라 그들이 은밀히 행하는 것들은 말하기도 부끄러운 것들이라 그러나 책망을 받는 모든 것은 빛으로 말미암아 드러나나니 드러나는 것마다 빛이니라 그러므로 이르시기를 잠자는 자여 깨어서 죽은 자들 가운데서 일어나라 그리스도께서 너에게 비추이시리라 하셨느니라

천향인과 소망은 길을 가다 어떤 마을에 들어섰습니다. 그곳은 공기가

달렸습니다. 웬일인지 두 사람은 하품을 하기 시작했습니다. 그동안 피로 때문에 졸음이 온다고 생각했습니다. 그러나 마을 어귀에 들어서자마자 몸놀림이 느려지고 졸음이 몰려왔습니다.

사실 그곳은 낮은 사람(낮은 사람은 신앙적 경각심을 잃고, 영적으로 게으르며, 경계를 늦추는 사람을 상징합니다)이 들어오면 졸음이 오는 마법의 땅이었습니다. 마법의 힘은 천향인과 소망에게 강하게 나타났습니다.

"천향인 형제님, 너무 졸려요. 아무 데서나 눈 좀 붙이고 가면 안 될까요?"

"정말 너무 졸려요." 소망은 크게 하품하며 말했습니다.

하지만 천향인은 소망을 마구 흔들며 자는 것을 허락하지 않았습니다.

"그건 안 됩니다. 이런 곳에서 잘 수는 없어요." "그래도 조금 자고 가요, 자는 것이 죄는 아니지 않습니까?" 소망은 계속 하품을 하고 있었습니다. "소망 씨, 목자 중 한 명이 마법의 땅에서 잠을 자지 말라고 한 것 잊지 않았지요? 여기서 잠들면 깨어나지 못할 겁니다."

천향인의 말을 듣고 소망은 잠을 깨기 위해 고개를 흔들어 보기도 하고 뺨을 꼬집게도 했습니다. 소망은 천향인 같은 동행자가 있어 다행이라고 생각했습니다. 이제 잠이 달아나는 것 같습니다.

"하마터면 큰일 날 뻔했군요. 형제님 때문에 살았어요."

혼자보다는 둘이 낫다는 지혜자의 말이 옳았습니다. "유익한 이야기를 나누며 걸어갑시다."

천향인은 노래를 불렀습니다.

" ♫꾸벅꾸벅 조는 성도가 있으면 이리 오라 하시오. 여기서 두 순례자가 하는 말 좀 들어 보시오, 그들에게 무엇을 배워 졸리는 눈 감기는 눈

좀 뜨라 하시오.♬"

천향인은 소망에게 물었습니다. "소망 씨는 굳센 믿음 때문에 나와 동행한 것 알고 있습니다만, 그 결정적인 이유가 무엇인가요?"

"저는 오래전부터 성경책을 읽고 있었습니다. 그 말씀이 나를 흔들었지요. 허영의 시장에서 물건을 팔고 사고 즐기면서 계속 이렇게 살다가는 지옥의 형벌을 받게 되리라는 생각이 들었지요."

"허영의 시장에서 도대체 어떤 것을 팔았단 말인가요?"

"세상의 보배와 영화들이지요. 처음에는 이런 행동이 죄인지 몰랐습니다. 무엇보다 하나님이 제 삶에 역사하고 계시는 것조차 몰랐습니다. 마음이 흔들렸지만 육신의 쾌락에 사로잡혀 있었습니다. 친구들과 어울려 지내는 게 너무 좋았습니다. 죄를 깨닫게 되면 너무나 겁이 나서 아예 죄를 떠올리고 싶지도 않았어요. 심판이 코앞에 다가왔어도 마음에 자리 잡은 죄의식이 더 이상 나를 견딜 수 없게 만들었어요. 생활방식을 바꾸어야겠다고 생각했어요."

"어떻게 생활을 바꾸었나요?"

"친구들을 만나지 않고, 죄가 생각날 때 눈물로 기도했어요. 그러자 조금 편안해지더군요. 하지만 잠시뿐이었어요. 엄청난 빚을 진 사람이 계속 외상으로 물건을 사는 것 같았어요."

"왜 그렇게 생각해요?"

"생각해 보세요. 하나님의 장부에는 엄청난 죄의 빚이 있어요. 하지만 행실을 바르게 한다고 해서 그 빚을 갚을 수는 없잖아요. 해묵은 죄를 용서받더라도 다시 지은 죄만으로도 지옥에 갈 수밖에 없지 않겠어요?"

그래서 믿음이 강한 굳센 믿음에게 저의 고민을 털어놓았습니다.

그러자 굳센 믿음은 예수님의 의로움을 입지 않고서는 아무리 의로워도 구원받지 못한다고 하더군요. 굳센 믿음의 권면으로 천향인 형제님과 동행하게 되었습니다.

여러분은 잠이 계속 쏟아지는데 잘 수 없었던 적이 있습니까?

저는 이런 경험이 있습니다. 신학교 시절, 낮에는 직장에서 근무하고 저녁에는 학교에 가야 했습니다. 새벽기도 마치고 학원 새벽반에서 종합영어 강의를 듣는데 졸음을 견딜 수 없어 앞자리에서 졸고 있었습니다. 그때 강사가 저를 쳐다보며 "이 새벽에 이곳까지 나와서 졸면 어떻게 하느냐?"고 야단치던 모습이 생각납니다. 졸음을 이기지 못하고 안간힘을 쓰던 그때를 떠올려 보았습니다.

입시 준비하는 학생들, 취업을 준비하는 준비생들, 자고 싶은 잠 다 자지 못합니다. 성공한 사람의 대부분은 잠을 이겨내면서 피나는 노력의 결과로 오늘에 이르렀습니다. 단잠의 유혹을 떨치고 노력하는 사람이 삶의 목표를 이루며 살게 됩니다.

[잠 6:9-11] 게으른 자여 네가 어느 때까지 누워 있겠느냐 네가 어느 때에 잠이 깨어 일어나겠느냐 좀더 자자, 좀더 졸자, 손을 모으고 좀더 누워 있자 하면 네 빈궁이 강도 같이 오며 네 곤핍이 군사같이 이르리라

영적인 세계도 마찬가지입니다. 많은 그리스도인이 영적인 잠에서 깨어나지 못하고 있습니다. 놀랍게도 그런 사람은 한결같이 영적인 잠에서 깨어 있다고 생각하며 삽니다. 영적인 잠을 자는 자들은 사탄의 음성을 하나님의 음성으로 듣고 행동합니다. 육신의 일을 영적인 일로 착각하며 삽니다. 이들의 삶의 표준은 자기만족과 쾌락에 맞추어져 있습니다.

신앙인이 영적인 잠에서 깨어나지 못하면 하나님의 음성을 들을 수 없고 하나님의 뜻을 발견할 수 없습니다. 하나님과 소통 없이 어찌 하나님이 기뻐하시는 일을 할 수 있겠습니까? 영적인 잠에서 깨어나 하나님이 바라고 기뻐하시는 일이 무엇인지 분별하며 살아가야 합니다.

오늘 본문은 마지막 시대를 살아가는 우리에게 영적인 잠에서 깨어나 죽은 자들 가운데서 일어나라고 권면합니다. 영적으로 깨어 있는 자는 주 안에서 빛을 비추며 살아가는 자들입니다. 주 안에서 빛을 비추면 영혼의 생명이 살아나는 놀라운 역사가 일어납니다. 어떤 삶을 살아야 빛을 비추며 영혼의 생명을 살릴 수 있겠습니까?

깨어 있는 자는 진실한 삶을 살아가는 자입니다. 빛의 열매는 하나님의 자녀의 생활을 말합니다. 어둠의 자녀는 공중의 권세 잡은 자 마귀에게 조종받으며 자기 욕망 따라 죄 가운데 살아갑니다.

[엡 5:11-12] 너희는 열매 없는 어둠의 일에 참여하지 말고 도리어 책망하라 그들이 은밀히 행하는 것들은 말하기도 부끄러운 것들이라

또한 빛의 열매는 죄악 된 생활에서 돌이켜 복음의 진리 안에서 하나님께 영광을 돌리는 삶입니다. 빛의 열매는 착함과 의로움과 진실함에 있습니다.

착하다는 것은 관대함으로 도덕적인 삶을 사는 것을 말합니다. 과연 착한 삶을 살고 있는지 자신을 돌아보아야 합니다.

의로움이란 하나님의 의로 우리를 새롭게 창조하셨다는 것입니다. 우리는 예수 그리스도의 이름과 성령 안에서 의롭게 되었습니다. 그리스도의 보혈로 새로운 피조물이 되었습니다. 믿음의 사람은 새로운 피조물의 능력을 활용하

며 이 땅을 살아가는 자입니다.

진실함이란 말과 행위가 순수하고 정직함을 의미합니다. 진실한 사람은 어디 가든지 인정받고 사랑받게 되어 있습니다.

깨어 있는 자는 주님을 기쁘시게 하는 자입니다. 가장 가치 있는 삶은 주님을 기쁘시게 하는 삶입니다. 그런 삶 속에서 사랑의 증거가 나타나야 합니다. 허물을 용서하고 실수를 받아들이는 용서의 증거가 드러나야 합니다. 사랑과 용서는 사람을 감동시키는 놀라운 힘이 있습니다.

주님이 기뻐하시는 삶은 감사의 삶입니다. 감사하는 삶을 살면 환경과 운명이 바뀌는 놀라운 일이 일어납니다.

영적인 잠은 참으로 무서운 것입니다. 바울이 복음을 전하는데 유두고라는 청년이 창에 걸터앉아서 말씀을 듣다가 졸음을 이기지 못하고 3층에서 떨어집니다. 일으켜보니 죽었습니다.

집회 도중 이런 일을 당하니 참석한 자들이 얼마나 놀랐겠습니까? 바울이 내려가서 그 위에 엎드려보니 생명은 살아있었습니다. 바울이 말합니다. "떠들지 말라, 생명이 그에게 있다."

얼마 지나지 않아 유두고가 일어났습니다. 사람들은 유두고를 바라보며 큰 위로를 얻었습니다. 여러분은 영적으로 잠들어있지는 않습니까?

[엡 5:14] 그러므로 이르시기를 잠자는 자여 깨어서 죽은 자들 가운데서
일어나라 그리스도께서 너에게 비추이시리라 하셨느니라

영적인 잠에서 깨어나 예수 그리스도의 빛을 세상에 비추며 살아가야 합니다. 세상을 밝힐 수 있는 빛은 예수 그리스도의 빛밖에 없습니다.

[요 1:9-12] 참 빛 곧 세상에 와서 각 사람에게 비추는 빛이 있었나니 그
가 세상에 계셨으며 세상은 그로 말미암아 지은 바 되었으되 세상이 그를
알지 못했고 자기 땅에 오매 자기 백성이 영접하지 아니했으나 영접하는
자 곧 그 이름을 믿는 자들에게는 하나님의 자녀가 되는 권세를 주셨으니

예수 그리스도의 빛을 받아들이는 자는 참으로 복 받은 자들입니다. 하나
님의 자녀가 되었다는 것은 엄청난 권세를 부여받게 되었다는 것입니다. 하
나님의 자녀의 권세를 활용하면 왕의 권세를 갖고 이 땅을 살게 됩니다.

우리는 이 권세로 귀신을 몰아낼 수 있습니다. 기도 응답의 축복을 누릴 수
있습니다. 불행의 환경을 축복의 환경으로 바꿀 수 있습니다. 불치병도 몰아
낼 수 있습니다.

"잠자는 자여 죽은 자들 가운데서 일어서라 그리스도께서 너희에게 비추시
리라." 이 놀라운 언약의 축복이 여러분에게 임하시기를 간절히 바랍니다.

우리는 영적인 잠에서 깨어나야 합니다. 죽은 자들을 향해 빛을 비춰야 합
니다. 영적인 잠에서 깨어나려면 성령 충만을 받아야 합니다.

[행 1:8] 오직 성령이 너희에게 임하시면 너희가 권능을 받고 예루살렘과
온 유대와 사마리아와 땅끝까지 이르러 내 증인이 되리라 하시니라

그들은 마가의 다락방에서 합심하여 기도하기 시작합니다. 마음을 같이하
여 기도에 힘썼습니다. 오순절 날 놀라운 일이 일어났습니다. 마가의 다락방
에서 기도하던 모든 사람이 성령 충만을 받았습니다. 이들은 다 방언을 하면
서 하나님이 하시는 놀라운 일들을 전하기 시작했습니다.

그토록 겁이 많은 베드로도 성령 충만하여 유대인들과 예루살렘에 사는 모

든 사람에게 담대히 복음을 전했습니다. 그의 설교를 통해 유대 종교 지도자들과 이스라엘 백성들은 자신들이 예수 그리스도를 십자가에 못 박은 장본인임을 깨닫고 "우리가 어찌할꼬?" 하며 울부짖었습니다. 유대인들은 죄 없는 예수님을 법을 무시하는 자들의 손을 빌려 십자가에 못 박았지만 이것은 하나님이 계획이었으며, 하나님께서 예수를 사흘 만에 다시 살리셨습니다. 베드로는 이렇게 외쳤습니다. "너희가 회개하여 각각 예수 그리스도의 이름으로 세례를 받고 죄 사함을 받으라 그리하면 성령의 선물을 받으리니 이 약속은 너와 네 자녀와 모든 믿는 사람들에게 하신 것이라." 이날 베드로의 설교를 듣고 회개하고 세례받고 하나님께로 돌아온 사람은 삼천이나 되었습니다.

성령의 역사는 수많은 사람을 감동시켜 하나님 앞에 돌아오게 했습니다. 성령 충만한 그들은 자기 것을 나누기 시작했습니다. 함께 모여 재산을 공유하고 음식을 나누어 먹으며 서로 사랑하기 시작했습니다. 그래서 구원받은 사람들이 날마다 더해가는 놀라운 일들이 일어났습니다. 오늘날에도 이런 놀라운 은혜가 도처에서 불 일 듯 일어나기를 소망합니다.

사랑하는 성도 여러분!

잠에서 깨어날 때가 되었습니다. 밤이 깊고 낮이 가까이 왔으니 우리 모두 영적인 잠에서 깨어나 어두움의 일을 벗고 빛의 갑옷을 입읍시다. 싸우거나 다투지 말고 서로 사랑하며 살아갑시다. 육신의 일을 벗어 버리고 하나님이 기뻐하는 일에 최선을 다합시다.

영적인 잠에서 깨어나는 놀라운 은혜와 축복이 모든 분께 일어나기를 주 예수 이름으로 축원합니다.

47. 생명의 떡

[요 6:32-37] 예수께서 이르시되 내가 진실로 진실로 너희에게 이르노니 모세가 너희에게 하늘로부터 떡을 준 것이 아니라 내 아버지께서 너희에게 하늘로부터 참 떡을 주시나니 하나님의 떡은 하늘에서 내려 세상에 생명을 주는 것이니라 그들이 이르되 주여 이 떡을 항상 우리에게 주소서 예수께서 이르시되 나는 생명의 떡이니 내게 오는 자는 결코 주리지 아니할 터이요 나를 믿는 자는 영원히 목마르지 아니하리라 그러나 내가 너희에게 이르기를 너희는 나를 보고도 믿지 아니하는도다 하였느니라 아버지께서 내게 주시는 자는 다 내게로 올 것이요 내게 오는 자는 내가 결코 내쫓지 아니하리라

천향인과 소망은 길을 가면서 대화를 계속했습니다.

"소망 형제님은 언제 예수님의 임재를 체험하셨나요?"

소망은 굳센 믿음의 권면대로 예수 그리스도의 의를 믿음으로 받아들였습니다.

예수님을 구주로 영접한 이후 하나님의 아들을 보여 달라고 계속 기도했습니다. 기도 중에 하나님의 계시의 음성이 들려왔습니다. 비록 더딜지라도 기다리라는 하박국의 말씀이 떠올라 '아멘'으로 응답했습니다.

그래서 하나님이 아들을 계시해줄 때까지 기도를 계속했는데, 어느 날 하나님의 아들을 육의 눈이 아닌 마음의 눈으로 보았습니다.

당시 소망은 깊은 서글픔에 빠져 있었습니다. 그토록 서글픔을 느끼며 괴로워한 적은 없었습니다. 자신이 얼마나 추악한 죄인인지 깨달은 것입니다.

"그때 나는 지옥과 내 영혼의 저주만 생각하고 있었는데 갑자기 하늘로부터 주 예수님이 내려오시는 모습이 마음의 눈으로 보였습니다. 그분이 이렇게 말씀하셨습니다. '주 예수를 믿으라 그리하면 너와 네 집이 구원을 받으리라.' 그때 저는 주님께 이렇게 대답했습니다. '주님, 저는 추악한 죄인입니다.'

그러자 그분이 또 이렇게 말씀하시는 것입니다. '네 은혜가 네게 족하도다.'

놀라운 진리를 깨닫고 그 진리가 내게 임했다고 생각하니 가슴이 찡했습니다. 바로 그때 나도 모르게 눈물이 흘러내렸습니다. 이렇게 좋으신 예수님을 만나게 되었다는 게 믿기지 않았습니다. 내 가슴은 하나님 나라와 그의 백성에 대한 마음으로 가득 차 있었습니다. 그때의 환희와 기쁨은 영원히 잊을 수 없습니다."

소망이 여기까지 말하자 천향인은 매우 감격했습니다.

"마침내 예수님께서 형제의 영혼에 찾아오셨군요. 그 후 형제의 삶에 어떤 변화가 일어났는지요?"

"사람들이 아무리 자기 의를 주장해도 저는 저주받은 자가 하나님의 은혜로 구원받았다는 사실을 알게 되었습니다. 예수님의 보혈로만 구원받을 수 있다는 것도 깨달았습니다. 그것을 알고 나니 모든 것이 이전과 완전히 달라졌습니다. 눈에 보이는 모든 것이 뭔가 포근함으로 다가왔고, 날아갈 것만 같은 기쁨이 넘쳤습니다. 그래서 나는 주 예수의 영광을 위해 무엇인가 하고 싶었습니다. 구원의 확신은 나를 새로운 피조물로 거듭나게 하고, 내가 하나님 앞에서 얼마나 소중한 존재인지 알게 되었습니다. 그리고 굳센 믿음의 순교를 목격하면서 순례자의 길을 택하게 된 것입니다."

이야기하는 동안 천향인과 소망은 마법의 땅을 무사히 통과하게 되었습니다.

살아가면서 떡이란 매우 중요한 요소 중 하나입니다. 예수님도 공생애를 시작하시면서 성령에 이끌려 광야에서 사십 일 동안 금식기도를 하셨는데, 마귀는 이 틈을 이용하여 떡으로 예수님을 시험합니다. 시험하는 자가 예수님에게 나아와 이렇게 말합니다.

"네가 하나님의 아들이거든 이 돌을 명하여 떡 덩이가 되게 하라."

예수님은 마귀의 유혹을 이렇게 물리치십니다.

[마 4:4] 예수께서 대답하여 이르시되 기록되었으되 사람이 떡으로만 살 것이 아니요 하나님의 입으로부터 나오는 모든 말씀으로 살 것이라 했느

떡은 돌로 만드는 것이 아니라 농사지어 수확한 쌀로 만듭니다. 예수님은 우리에게 마귀의 유혹을 어떻게 물리치는지 공생애 사역에서 구체적으로 보여주셨습니다.

오늘날 돌로 떡을 만들어 먹으라는 유혹이 얼마나 많은지 모릅니다. 땀 흘리지 않고 일확천금으로 혹은 부당하고 부정한 방법으로 쉽게 돈 벌 수 있다는 것이 돌로 떡을 만들어 먹으라는 유혹입니다.

또 주님은 사람이 떡으로만 사는 게 아니라 하나님의 입에서 나오는 말씀으로 살 수 있다고 말씀하십니다. 영적으로 타락한 사람은 떡으로만 살 수 있다고 합니다. 그래서 성도들이 돈의 유혹에 빠지고 그 돈으로 인하여 믿음을 저버리게 되는 경우가 얼마나 많은지 모릅니다.

[딤전 6:9-10] 부하려 하는 자들은 시험과 올무와 여러 가지 어리석고 해로운 욕심에 떨어지나니 곧 사람으로 파멸과 멸망에 빠지게 하는 것이라 돈을 사랑함이 일만 악의 뿌리가 되나니 이것을 탐내는 자들은 미혹을 받아 믿음에서 떠나 많은 근심으로써 자기를 찔렀도다

돈의 유혹은 참으로 막강합니다. 돈은 사람들의 마음을 사로잡고, 믿음에서 떠나게 하며, 수많은 근심과 걱정을 불러옵니다. 천석꾼은 천 가지 걱정, 만석꾼은 만 가지 걱정을 하며 산다는 말이 참으로 맞는 말 같습니다. 그토록 갈망하는 돈만으로는 행복하게 살 수 없습니다.

그러나 하늘에서 내려온 떡은 주리지 않는 삶을 살면서 영원한 생명을 얻게 합니다. 이 생명의 떡을 먹으면 예수님과 함께 영원히 사는 놀라운 복을

받게 됩니다.

[요 6:35] 예수께서 이르시되 나는 생명의 떡이니 내게 오는 자는 결코 주
리지 아니할 터이요 나를 믿는 자는 영원히 목마르지 아니하리라

예수님이 생명의 떡이고 이 떡을 먹는 자는 주리지 아니한다고 하셨는데, 생명의 떡이신 예수님을 어떻게 먹을 수 있을까요? 그것은 예수님을 믿음으로 영접함으로써 가능합니다. 예수님을 믿으면 예수님이 우리 안에 들어와서 우리 삶을 다스리십니다. 말씀이 우리를 다스리면 말씀에서 언약한 모든 기적과 축복이 우리 것이 됩니다. 말씀이 실제가 되는 축복의 삶을 살아야 합니다.

[요 3:16] 하나님이 세상을 이처럼 사랑하사 독생자를 주셨으니 이는 그
를 믿는 자마다 멸망하지 않고 영생을 얻게 하려 하심이라

하나님이 여러분을 얼마나 사랑하시는지 아십니까? 당신의 독생자 예수 그리스도를 십자가에서 죽이고 저와 여러분을 살릴 만큼 우리를 사랑하십니다. 예수님은 십자가에서 모진 매를 맞고 죽으심으로 우리의 모든 죄를 속량하셨습니다. 그리고 예수님의 부활이 우리 모두의 부활이 되게 하셨습니다. 이것이 하나님의 사랑입니다.

하나님은 저와 여러분에게 아낌없이 모든 것을 주셨습니다. 우리가 필요한 모든 것을 가장 좋은 것으로 채워주겠다고 약속하셨습니다. 하나님 아버지는 우리가 자식에게 주는 것보다 더 좋은 것을 우리에게 주기 원하시는 분입니다. 이런 하나님이 저와 여러분의 아버지가 되었다는 것은 참으로 놀라운 일

아닙니까?

우리는 하나님의 자녀로서 긍지와 자부심을 가지고 당당하게 살아가야 합니다. 세상을 이기고 죄를 이기고 마귀를 이기는 삶을 살아야 합니다. 바로 이것이 하나님의 자녀의 본분입니다.

하나님은 우리에게 영생의 복을 주셨습니다. 하나님과 더불어 영원히 살 수 있는 이 놀라운 복을 하나님의 아들인 예수님을 통해서만 얻게 하셨습니다.

[요일 5:11] 또 증거는 이것이니 하나님이 우리에게 영생을 주신 것과 이 생명이 그의 아들 안에 있는 그것이니라.

그렇습니다. 하나님이 우리에게 영생을 주셨고 그 영원한 생명이 예수 안에 있습니다. 예수 안에 있는 우리는 자연스럽게 영원한 생명을 얻게 된 것입니다.

하늘에서 내려온 이 떡을 먹어야 합니다. 예수 그리스도를 영접하고 하나님 말씀을 믿음으로 받아들이는 것이 생명의 떡을 먹는 비결입니다. 생명의 떡을 취하는 여러분이 되시기 바랍니다.

삶은 목마름의 연속입니다. 돈의 목마름, 지식의 목마름, 미모의 목마름, 명예와 권력의 목마름… 이 모든 것이 우리 삶을 힘들게 합니다.

성경에 나오는 목마름의 대표적인 사람이 사마리아 여인이 아닐까 합니다. 예수님은 갈증으로 허덕이는 사마리아 여인을 우물가에서 기다리고 계십니다. 갈증의 주인공이 물을 길러 오자 물 좀 달라며 대화를 시작하십니다.

예수님은 사마리아 여인의 갈증을 보셨습니다. 사마리아인은 빼어난 미모와 학식과 언변을 지니고 살았어도 그의 목마름은 해소되지 않았습니다. 그의 미모가 얼마나 뛰어났으면 다섯 남편과 이혼하고 여섯 번째 남편과는 결혼식도 하지 않고 살고 있겠습니까?

학식이 얼마나 풍부한지 그는 예수님과의 대화에서도 막힘이 없습니다. 그런 그가 사람을 만나지 않으려고 정오에 물 길러 왔다가 예수님을 만나게 된 것입니다. 예수님은 이 여인에게 참으로 놀라운 말씀을 하십니다.

[요 4:13-14] 예수께서 대답하여 이르시되 이 물을 마시는 자마다 다시 목마르려니와 내가 주는 물을 마시는 자는 영원히 목마르지 아니하리니 내가 주는 물은 그 속에서 영생하도록 솟아나는 샘물이 되리라

세상에 이런 물이 어디 있습니까? 영원히 목마르지 않게 하는 생수가 어디 있습니까?

사마리아 여인은 이 생수를 구했고 예수님은 이 생수를 이 여인에게 주셨습니다. 예수님이 주시는 생수를 마신 이 여인에게 놀라운 변화가 일어났습니다. 갈증이 해소되자 물동이를 버려두고 마을로 달려가서 이 생수의 복음을 전한 것입니다. 사람 만나기를 두려워하고 피해 다니던 여인이 집집마다 돌아다니며 자기가 만난 예수님을 "와서 만나보라"며 "바로 이분이 그리스도가 아니냐"고 합니다.

사마리아 사람들은 이 여인의 변화를 보고 다 나와서 예수님이 주시는 복음을 받아들여 생수를 마시게 된 것입니다. 이 생수의 복음을 받아들이는 자는 영원히 목마르지 않는 삶을 살게 됩니다.

여러분, 인생의 갈증 없는 자가 누가 있겠습니까? 예수님이 주시는 생수를 마시면 그 목마름이 다 해소됩니다. 예수님이 주시는 생수를 마시려면 은혜

를 받으면 됩니다. 찬양할 때, 말씀을 들을 때 은혜를 받으면 생수가 공급됩니다.

하나님의 은혜를 체험하면 갈증 없는 복된 삶을 살게 됩니다. 주님이 주시는 생수를 공급받아 갈증에서 해방되고 기쁨이 넘치는 축제의 삶을 사시기 바랍니다.

하나님이 주시는 생명의 떡과 생수를 거절하면 버림받을 수밖에 없습니다. 세상에서 가장 무서운 죄악은 하나님의 사랑을 믿지 않고 거절하는 죄입니다. 하나님의 사랑을 거절하면 결국 망할 수밖에 없습니다. 믿음을 거절하는 자에게는 어떤 대안도 없습니다. 유대인들은 이 놀라운 예수님의 사역을 보고도 믿지 않았습니다.

[요 6:36] 그러나 내가 너희에게 이르기를 너희는 나를 보고도 믿지 아니하는도다 했느니라

보고도 믿지 않는 자는 하나님이 주시는 생명의 떡을 받을 수 없습니다. 그러나 예수님을 영접하고 믿음으로 하나님 말씀을 받아들이는 자는 하늘의 생명의 양식과 목마르지 않게 하는 생수를 마시며 축제의 삶을 살다가 영생을 얻어 천국에 들어가게 됩니다.

[요 6:37] 아버지께서 내게 주시는 자는 다 내게로 올 것이요 내게 오는 자는 내가 결코 내쫓지 아니하리라

아버지 하나님께 나아가면 우리를 내어 쫓지 않는 것이 하나님의 사랑입니다. 바로 이것이 생명의 떡을 취하는 자에게 주시는 하나님의 은혜입니다. 생

명의 떡과 목마르지 아니하는 생수를 취하여 행복한 삶 가운데 복을 누리시기 바랍니다.

사랑하는 성도 여러분!

여러분은 하나님의 임재를 체험했습니까? 하나님의 임재를 체험하면 놀라운 변화가 일어납니다. 예수님이 나의 구주이심을 확실하게 믿게 되고 예수님을 나의 주님으로 받아들이게 됩니다.

많은 그리스도인이 하나님의 임재를 체험하지 못하고 신앙생활을 합니다. 하나님의 임재를 체험하지 못하면 하나님의 능력이 나타나지 않습니다.

주님이 주시는 생명의 떡과 생수를 마셔야 합니다. 생명의 떡은 하나님 말씀인데, 이 하나님 말씀이 내 안에 들어와서 나를 지배하고 다스려야 말씀의 능력이 삶 속에서 증거로 나타나게 됩니다.

하나님 말씀이 내 삶 속에서 실제가 되어야 말씀 속에서 언약한 모든 축복이 믿음의 증거로 나타나게 됩니다. 생명의 말씀을 먹어야 영생의 복을 받습니다.

주님은 우리에게 생수를 주십니다. 그 생수는 인생의 모든 문제와 갈등을 완전하게 해결합니다. 그 생수를 마시는 자는 갈등의 삶에서 해방되어 자족하고 만족하며 베푸는 풍요로운 삶을 살게 됩니다.

바로 이것이 하나님이 주시는 축복의 삶입니다.

우리 모두 자족하는 삶을 사십시다. 감사하며 축복하는 삶을 사십시다. 하나님이 주시는 생명의 떡과 영원히 목마르지 않게 하는 생수를 마시며 행복하고 복된 삶을 사시기를 주 예수 이름으로 축원합니다.

48. 신앙의 무지

[시14:1-7] 어리석은 자는 그의 마음에 이르기를 하나님이 없다 하는도다
그들은 부패하고 그 행실이 가증하니 선을 행하는 자가 없도다 여호와께
서 하늘에서 인생을 굽어살피사 지각이 있어 하나님을 찾는 자가 있는가
보려 하신즉 다 치우쳐 함께 더러운 자가 되고 선을 행하는 자가 없으니
하나도 없도다 죄악을 행하는 자는 다 무지하냐 그들이 떡 먹듯이 내 백성
을 먹으면서 여호와를 부르지 아니하는도다 그러나 거기서 그들은 두려워
하고 두려워하였으니 하나님이 의인의 세대에 계심이로다 너희가 가난한
자의 계획을 부끄럽게 하나 오직 여호와는 그의 피난처가 되시도다 이스
라엘의 구원이 시온에서 나오기를 원하도다 여호와께서 그의 백성을 포로
된 곳에서 돌이키실 때에 야곱이 즐거워하고 이스라엘이 기뻐하리로다

구름 한 점 없는 하늘에서 내리쬐는 태양은 강렬했습니다. 천향인과 함께하는 소망이 뒤를 돌아보니 무지가 혼자 걷고 있었습니다.

"저기 보세요. 저 젊은 친구 무지가 아직도 우리를 따라오고 있네요."

천향인은 그의 생애에서 가장 중요한 것은 복음을 전하는 것임을 알고 있었기에 발걸음을 멈추었습니다.

"이봐요, 우리와 함께 걷지 않겠소?" 천향인이 큰 소리로 말했습니다. 그러자 무지가 말했습니다.

"저는 혼자 걷는 것을 늘 즐깁니다. 모르는 사람과 함께 걷는 건 내키지 않습니다. 먼저들 가세요."

그런데 이상하게 저 무지라는 청년이 마음에 걸립니다.

소망이 말합니다. "그럼 무지와 다시 이야기를 나누어보는 게 어떨까요?"

소망의 말에 용기가 생긴 천향인은 다시 무지에게 말을 걸었습니다.

"이봐요, 무지 청년. 이리 와서 함께 길을 갑시다. 외로울 때 이야기를 나누는 것, 나쁘지 않을 거요."

"정 그러면 함께하지요. 그러나 저는 걸으면서 선한 생각과 계획을 떠올리고 있습니다. 그래서 걷는 것이 하나도 힘들지 않습니다. 좋은 생각과 계획을 품고 있거든요."

천향인은 호기심에 묻습니다. "선한 생각과 계획이 무엇인지 구체적으로 말해줄 수 있겠소?"

"지금까지 살아온 것도 마찬가지입니다만, 천국에 가서도 하나님을 만나 뵈려 합니다."

"참으로 좋은 생각입니다. 그러나 그런 생각은 마귀들도 할 수 있습니다."

무지가 발끈하며 다시 이야기했습니다. "저는 생각만 하는 게 아니라 간절히 바라고 있어요. 그래서 저의 모든 것을 버리기까지 했습니다."

무지의 말을 듣고 천향인은 고개를 가로저었습니다. "가진 것을 버린 다는 것은 매우 어려운 일입니다. 하지만 그것만으로 천국에 갈 수 없습니다. 무지 씨는 자기 마음을 믿는다는 것이 얼마나 어리석은지 모르십니까?"

"그건 마음이 악한 자에게 해당하는 이야기 아닌가요? 제 마음은 선합니다. 천국에 가리라는 확신이 있다는 거죠."

천향인이 대답했습니다. "그건 자신을 속이는 것입니다. 희망이 위로를 주지만 아무 근거 없이 바라기만 하는 것은 아무 의미가 없지 않습니까?"

"날카로운 지적입니다. 하지만 제 마음은 늘 어긋남이 없었습니다. 그만하면 천국에 들어가는 것은 문제가 없지 않습니까?"

"당신의 삶과 마음이 일치한다고 누가 그러던가요?"

"역시 제 마음이 그렇게 말해주었어요. 선한 생각을 품는 것이 곧 선한 마음 아닐까요? 그리고 하나님의 계명을 따라 사는 것이 선한 삶이 아닐까요?"

"물론 그렇지요. 그러나 그렇게 사는 것과 그렇게 생각만 하는 것은 다른 이야기이지요."

우리는 신앙의 무지로 어려움을 겪을 때가 많습니다. 그리스도인들은 세상에 빛이 되는 삶, 소금이 되는 삶을 살아야 합니다. 빛의 밝기만큼 어둠은 물러가고, 소금이 들어가는 곳마다 부패가 사라집니다.

세상이 이처럼 부패한 것은 그리스도인들이 이 사회에 빛을 비추지 못하고 소금의 역할을 감당하지 못하기 때문입니다. 바로 이것이 신앙의 무지로 일어나는 현상인 것입니다.

먼저 예배의 무지입니다.

예배를 올바르게 이해하지 않고 주일마다 예배드리는 분들이 많습니다. 코로나19 때문에 2년 동안 교회에서 예배드리지 못함으로 한국 교회에 위기가 찾아왔습니다. 문 닫은 교회와 교회를 떠난 성도들이 얼마나 많은지 모릅니다.

"동영상으로 아무 데서나 드리면 되지, 꼭 교회 가서 예배드려야 하나?" 이런 말이 유행처럼 퍼져갔습니다. 그래서 어떻게 되었습니까? 많은 성도가 주님을 버리고 교회를 떠났습니다.

예배는 하나님의 초청을 받은 성도들이 살아계시는 하나님을 만나는 현장입니다. 그 현장에서 몸과 마음과 정성을 다하여 하나님을 경외하는 것입니다. 성도는 자기가 섬기는 교회에 정해진 시간에 나와서 예배드려야 합니다.

특히 예배 시간에 어린아이와 함께하는 부모는 정신 차려야 합니다. 예배에 집중하지 않고 아이에게 집중하는 부모들이 많습니다. 아이 엄마가 아이를 등에 업고 뒷좌석에서 예배드리다가 아이가 울면 밖으로 나오는 모습을 보았습니다.

부부가 함께 예배드릴 때 한 명은 유아실에서 아이를 보고 다른 한 명은 예배실에서 예배드려야 합니다. 아이를 보는 부모는 아이에게 예배드리는 모범을 보여야 합니다.

둘째로, 축복의 무지입니다. 많은 사람들이 하나님의 말씀을 자신의 방식으로 해석하고, 복 받는 비결을 모르고 신앙생활을 합니다. 축복받는 사람은 자신의 기쁨보다 타인의 기쁨을, 자신의 이익보다 남의 이익을 소중히 여기는 삶을 살아갑니다. 이렇게 타인을 배려하는 삶이 축복의 비밀입니다.

그리고 뿌린 대로 그 씨의 종류대로 열매를 거두듯이, 축복의 씨앗을 뿌리는 대로 그 종류의 축복의 열매를 거두게 됩니다.

주위에 여러분이 바라는 축복을 누리고 있는 사람이 있습니까? 그를 모델로 삼으면 그가 받는 축복을 여러분도 받을 수 있습니다. 아니면 성경에서 모델을 찾으십시오.

다음으로 신학의 무지입니다.

구원과 축복에 대한 잘못된 신학을 갖고 신앙생활하는 사람이 너무 많습니다. 사상을 바꾸기 힘들듯이 잘못된 신학을 바꾸는 것은 매우 어렵고 힘듭니다.

구원은 오직 믿음으로, 축복은 오직 행함으로 받게 됩니다. 착하고 바르게 산다고 구원받는 게 아니고, 예수 그리스도를 주님으로 영접하고 나의 죗값으로 흘리신 보혈의 피를 믿을 때 내 죄가 속량 받습니다.

그러나 축복은 믿음으로가 아니라 말씀대로 순종하는 삶을 통해 받게 되는 것입니다.

건전한 신학은 복잡하지 않고 단순합니다. '예수 중심, 말씀 중심, 교회 중심'의 신학이 건전한 신학입니다. 건전한 신학을 갖춘 목사님 곁에서 신앙생활을 해야 신앙이 바로 성장할 수 있습니다.

말씀을 통해 내 신앙의 무지가 어떤 것인지 발견하고 무지한 신앙을 돌이켜 은혜와 축복의 삶을 사시기 바랍니다.

신앙에 무지한 사람은 하나님을 신뢰하지 않습니다. 그들에게 "진짜 하나님을 믿습니까?" 하고 물어보면 다 하나님을 믿는다고 하지만, 실은 하나님을 믿지 않아요. 하나님을 믿는다는 것은 하나님의 모든 말씀을 믿는다는 것입니다. 진실로 하나님을 믿으면 삶에 놀라운 변화와 축복의 기적이 일어납니다.

세리장 삭개오는 예수님을 만난 뒤 삶이 완전히 바뀌었습니다. 그는 탐욕으로 부와 권력을 얻었는데 예수님을 만난 지 하루 만에 놀라운 믿음의 고백을 합니다.

[눅 19:8] 삭개오가 서서 주께 여짜오되 주여 보시옵소서 내 소유의 절반을 가난한 자들에게 주겠사오며 만일 누구의 것을 속여 빼앗은 일이 있으면 네 갑절이나 갚겠나이다

다른 사람의 재산을 빼앗는 착취의 삶에서 베푸는 자의 삶으로 바뀌었습니다. 부정한 삶에서 정직한 삶으로 바뀌었습니다.

세상에서 가장 어리석은 자는 인간을 창조하시고 우주 만물을 지으신 하나님을 부정하는 사람입니다. "하나님이 어디 있어! 하나님을 눈으로 봤어? 하나님 믿지 말고 내 주먹이나 믿어" 하는 자들을 종종 만납니다.

[시 14:1] 어리석은 자는 그의 마음에 이르기를 하나님이 없다 하는도다 그들은 부패하고 그 행실이 가증하니 선을 행하는 자가 없도다

신앙에 무지한 자들은 하나님 말씀을 듣지 않고 믿지 않습니다. 하나님의 약속도 심판도 믿지 않습니다. 그래서 행실이 가증스럽고, 어떤 선한 행동도 하지 않습니다. 선을 행하지 않는 자는 하나님을 믿지 않는 자입니다.

신앙의 무지에서 벗어나는 유일한 길은 날마다 하나님을 찾고 하나님을 만

나는 것입니다. 하나님을 찾고 만나면 새로운 삶을 살게 됩니다. 그런데 대부분의 사람은 하나님을 찾지 않습니다. 하나님 만나기를 매우 부담스러워합니다. 하나님을 만나면 죄에서 벗어나 의에 거하게 되는데, 죄인은 죄짓는 것을 매우 자연스럽게 생각하고 즐깁니다.

타락한 인간은 하나님을 찾지 않습니다. 지은 죄가 하나님을 만나지 못하게 만드는 것입니다.

[시 14:2-4] 여호와께서 하늘에서 인생을 굽어 살피사 지각이 있어 하나님을 찾는 자가 있는가 보려 하신즉 다 치우쳐 함께 더러운 자가 되고 선을 행하는 자가 없으니 하나도 없도다 죄악을 행하는 자는 다 무지하냐 그들이 떡 먹듯이 내 백성을 먹으면서 여호와를 부르지 아니하는도다

하나님은 인간을 바라보시며 얼마나 실망하고 통탄하시는지 모릅니다. 하나님은 인간에게 그토록 복을 주기 원하시는데 인간이 하나님을 찾지 않습니다.

우리가 하나님을 만나지 못하는 까닭을 아십니까? 하나님 만나기를 원치 않기 때문입니다. 많은 교회에서 전도를 계속하는데도 사람들이 하나님을 만나기 싫어하고 교회 오기 싫어합니다. 그래서 이들이 하나님을 만나게 하려고, 좋아하는 물건을 주거나 주일 오후 여러 가지 봉사 등으로 이들을 초대합니다.

왜 시간과 비용을 들여가며 이들을 초대합니까? 영원한 생명을 주시는 하나님을 통해 그들이 복을 받게 하기 위해서입니다. 그래도 사람들은 온갖 핑계를 대면서 교회에 오지 않으려고 합니다. 이 모습을 지켜보시는 하나님의 마음은 어떨까요? 하나님을 간절하게 찾으면 하나님은 꼭 우리를 만나주십

니다.

하나님은 그의 백성에게 시온에서 복을 주십니다. 시온은 오늘날 교회를 상징합니다. 저와 여러분이 바르게 믿음 생활하면서 교회에 충성하면 하나님은 여러분 가정에 복을 주십니다. 이 놀라운 복이 시온으로부터 나온다고 오늘 본문은 이렇게 말씀하십니다.

[시 14:7] 이스라엘의 구원이 시온에서 나오기를 원하도다 여호와께서 그의 백성을 포로된 곳에서 돌이키실 때에 야곱이 즐거워하고 이스라엘이 기뻐하리로다

이스라엘의 구원이 시온에서 나온다는 말은 모든 구원의 역사가 교회를 통해 일어난다는 말입니다. 그의 백성을 포로로 돌리실 때 야곱이 즐거워하고 이스라엘이 기뻐한다는 말은, 우리가 시온이 되는 교회에 충성하면 하나님이 우리가 잃어버린 모든 축복을 찾아주신다는 뜻입니다.

잃어버린 건강을 되찾아야 합니다. 잃어버린 기쁨과 행복을 되찾아야 합니다. 이 모든 축복을 회복하는 비결이 시온이 되는 교회에 있는 것입니다.

우리는 교회에 꼭 필요한 존재가 되고 사역자가 되어야 합니다. 교회에서 신앙생활 하면서 기쁨이 넘치고 축복이 넘치는 복된 삶을 살아야 합니다.

사랑하는 성도 여러분!

여러분은 무지한 신앙의 삶을 살지는 않습니까? 하나님을 바로 알지 못하고, 하나님을 만나지도 못하고, 내 생각과 방법대로 살아간다면 신앙의 무지의 삶을 살고 있다는 증거입니다. 착하고 바르게 살아야 천국 간다고 생각하는 자는 신앙의 무지의 삶을 사는 자입니다. 세상에 의인은 한 명도 없는데

내가 의인이라고 착각하는 것은 신앙의 무지 때문입니다.

우리는 오직 예수 그리스도를 믿음으로 구원받습니다. 예수 그리스도께서 흘리신 보혈을 믿음으로 받아들일 때 죄가 속량 받고 구원받아 천국에 들어가는 것입니다. 그러나 축복은 믿음으로가 아니라 하나님 말씀대로 사는 행위로 받는 것입니다.

우리는 얼마나 어리석은 삶을 사는지 모릅니다. 하나님의 실존을 믿지 않고 내 생각과 방법대로 살아갑니다. 하나님 말씀을 순종하지 않으면서 복 받기를 원합니다. 자만하고 교만하여 하나님을 찾지 않습니다. 그래도 하나님은 우리를 버리지 않으십니다. 교회는 축복의 통로요, 은혜의 통로요, 구원의 통로입니다. 교회를 통해 인생의 모든 문제를 해결할 수 있는 길을 열어놓으셨습니다.

잃어버린 모든 축복을 시온인 교회를 통해 회복합시다. 신앙의 무지에서 벗어나 바로 믿고 바로 신앙생활을 하여 축복의 주인공으로 사시기를 주 예수의 이름으로 축원합니다.

49. 믿음의 실제

[히11:6-10] 믿음이 없이는 하나님을 기쁘시게 하지 못하나니 하나님께 나아가는 자는 반드시 그가 계신 것과 또한 그가 자기를 찾는 자들에게 상 주시는 이심을 믿어야 할지니라 믿음으로 노아는 아직 보이지 않는 일에 경고하심을 받아 경외함으로 방주를 준비하여 그 집을 구원하였으니 이로 말미암아 세상을 정죄하고 믿음을 따르는 의의 상속자가 되었느니라 믿음으로 아브라함은 부르심을 받았을 때에 순종하여 장래의 유업으로 받을 땅에 나아갈새 갈 바를 알지 못하고 나아갔으며 믿음으로 그가 이방의 땅에 있는 것 같이 약속의 땅에 거류하여 동일한 약속을 유업으로 함께 받은 이삭 및 야곱과 더불어 장막에 거하였으니 이는 그가 하나님이 계획하시고 지으실 터가 있는 성을 바랐음이라

천향인과 무지는 대화를 계속하며 걸어갔습니다. 선한 생각과 선한 마음으로 살면 천국에 들어갈 수 있다는 무지의 말에 천향인은 이렇게 말합니다.

"선한 생각이란 하나님과 예수님 외에 다른 생각일 수도 있지요."

무지가 얼굴을 붉히며 말합니다. "그렇다면 제가 악하단 말인가요? 저는 선한 길을 가고 있다고 확신한다고요."

"무지 씨, 주님은 인간의 길은 구불구불하고 비뚤어져 있다고 말씀하셨습니다. 인간은 바른 길을 알지 못해요. 이런 사실을 깨달아 하나님 말씀을 받아들이고 겸손히 신앙생활 하면서 예수님을 믿어야만 선한 생각을 할 수 있는 것입니다.

하나님은 우리 행동을 빠짐없이 지켜보고 계십니다. 인간은 아무리 의로워도 죄를 지을 수밖에 없습니다. 인간이 죄를 용서받고 하나님 앞에 당당하게 서려면 주님께 인정받아야 하고 믿음으로 바로 살아야 합니다. 그냥 되는 게 결코 아니지요."

천향인은 진심 어린 마음으로 무지 씨에게 충고했습니다. 무지는 이해되지 않는다고 했습니다. "저는 누구보다 선하게 살아왔는데 하나님 앞에 당당히 설 수 없다고요? 그런 말도 되지 않는 소리가 어디 있습니까? 저는 그리스도를 믿지 않는 게 아닙니다."

천향인은 말합니다. "당신은 자기 마음만 믿고 살았지 주님을 믿는 믿음의 삶을 살지 않았어요. 내가 보기에 무지 씨는 믿음에 관해 정말 무지해 보입니다. 자신의 선한 마음만 믿고 산다는 것은 어불성설이지요."

무지는 말합니다. "당신이 아무리 그렇게 말해도 저는 주님을 분명히 믿고 있습니다. 그리고 주님의 법에 순종하며 살았기에 하나님께서 저를 선한 백성으로 인정해 주실 것을 믿습니다."

천향인은 마지막으로 무지에게 몇 마디 더 해주고 싶었습니다.

"젊은 당신을 보면서 너무 안타까워 몇 마디 충고합니다. 당신의 신앙은 실제가 없는 것입니다. 성경 어디에도 당신이 말한 게 없으니까요. 그래도 당신이 고집을 꺾지 않는다면 신의 노여움을 사고 말 겁니다. 무엇보다 인간이 의롭게 되는 길은 율법 아래에는 없다는 것을 깨달아야 합니다. 다시 말해 아무리 의롭다 해도 그리스도를 통하지 않고는 구원받을 수 없고 죄를 용서받을 길이 없습니다."

천향인은 무지에게 다시 묻습니다. "그리스도가 당신에게 임한 적이 있습니까? 당신은 그리스도를 체험하고 만나보셨습니까?"

그러자 무지는 어이없다는 표정으로 말했습니다. "어휴, 제발 그만 하세요. 누가 뭐래도 저는 제가 생각한 방법대로 살 겁니다. 저는 당신들과 갈 수 없습니다. 당신들이 가는 길이나 빨리 가세요."

"천향인 형제님, 우리 빨리 가십시다. 저 젊은이를 위해 더 시간을 낭비할 필요가 없는 것 같습니다."

믿음이 아닌 것을 믿음으로 착각하며 살아가는 사람이 많습니다. 무지가 그랬던 것처럼 이런 사람들은 어떤 말을 해도 들으려 하지 않습니다. 잘못된 신앙이 굳어진 사람들을 보면 얼마나 고집이 센지, 누가 무슨 말을 해도 들으려 하지 않습니다. 이런 사람들은 은혜와 사랑을 멀리하는 삶을 살아갑니다.

보이지 않는 것을 믿는 것이 참믿음입니다. 들리지 않아도 하나님이 하신 말씀이라면 그대로 믿고 순종하며 따라가는 것이 참믿음입니다. 느껴지지 않아도 감정을 뛰어넘는 것이 믿음입니다. 보고, 느끼고 체험해야 믿는 믿음은 참믿음이 아닙니다. 그래서 예수님께서 제자들에게 이렇게 말씀하십니다.

[요 20:29] 예수께서 이르시되 너는 나를 본 고로 믿느냐 보지 못하고 믿
는 자들은 복 되도다 하시니라

예수님은 부활하신 후 도마에게 나타나셔서 말씀하십니다. "네 손가락을
이리 내밀어 내 못 자국에 넣어 보고 너 손을 내밀어 내 창 자국에 넣어 보고
믿음 없는 자가 되지 말고 믿는 자가 되라."

부활하신 예수님을 목격한 도마는 위대하고 놀라운 신앙고백을 합니다.
"나의 주님이시요 나의 하나님이십니다."

그 후 도마는 인도에 가서 복음을 전하다 원주민들에게 고문 당한 후, 창에
찔려 순교합니다. 바로 이것이 믿음의 실제입니다.

예수님 육신의 어머니 마리아는 약혼자와 관계를 갖지 않았는데, 천사가
나타나서 이렇게 말씀하십니다. "네가 성령으로 잉태하여 아들을 낳을 것이
니 그 이름을 예수라 하라. 이는 자기 백성을 그들의 죄에서 구원할 자이심이
라."

마리아는 천사를 통해 들은 말씀을 믿음으로 받아들였습니다. 바로 이것이
믿음의 실제입니다.

믿음의 실제가 드러나지 않는 자들은 죽은 믿음의 소유자입니다. 신앙에
무지한 자들에게는 믿음의 실제가 드러나지 않습니다.

마귀는 성도들에게 잘못된 사상과 생각을 심어 무지한 신앙의 삶을 살게
합니다. 무지한 신앙으로는 성령의 음성을 들을 수 없고, 하나님의 뜻을 이룰
수 없습니다.

내가 옳다고 생각하는 대부분의 것은 마귀로부터 온 거라고 봐야 합니다.
어리석은 자들은 자기 마음만 믿고 살아갑니다. 그렇게 신앙생활을 하면 믿
음의 실제가 드러나지 않습니다. 우리는 깨어서 정신 차리고 바른 신앙생활

을 해야 합니다.

히브리서 11장은 '믿음장'입니다. 믿음이 어떤 것이며 믿음의 실제가 어떻게 나타나는지 구체적으로 정리한 장입니다. 믿음은 바라는 모든 것이 실상이 되게 합니다. 믿음의 실상은 믿음의 증거를 통해 나타나는데, 우리는 믿음의 실상을 드러내며 살아야 합니다.

[히 11:1-2] 믿음은 바라는 것들의 실상이요 보이지 않는 것들의 증거니 선진들이 이로써 증거를 얻었느니라

믿음은 참으로 놀라운 기적의 역사를 이룹니다. 불가능한 것이 가능해지고 증명되지 못한 모든 세계가 증명됩니다.

믿음의 실상은 살아계신 하나님이 우리에게 구체적으로 나타나셔서 믿음을 증명하게 합니다. 하나님은 믿음으로 살아가는 자에게 자신을 드러내시며 풍성한 축복의 삶을 살게 하십니다. 믿음 없이는 하나님을 기쁘게 하는 삶을 살 수 없습니다. 믿음의 증거가 실제가 되게 하는 삶이 믿음의 삶입니다.

노아는 너무나 타락한 시대에 하나님 보시기에 의롭게 살았습니다. 하나님은 인간을 지은 것을 한탄하시며 이 땅의 모든 피조물을 물로 흔적도 없이 쓸어 버리려고 하셨습니다. 바로 그때 타락한 세상에서 믿음으로 의롭게 사는 노아를 보셨습니다.

[창 6:9] 이것이 노아의 족보니라 노아는 의인이요 당대에 완전한 자라 그는 하나님과 동행했으며

노아는 믿음으로 순종하는 삶을 살았습니다. 믿음의 실제는 노아를 통해 나타났습니다. 노아의 믿음으로 그의 식구들이 구원받아 인류의 역사는 새롭게 시작되었습니다. 노아의 믿음이 인류의 운명을 바꾸어 놓았습니다.

아브라함을 믿음의 조상이라고 부릅니다. 갈대아 우르에서 평범하게 살아가던 아브라함에게 하나님이 찾아오셔서 놀라운 말씀을 하십니다.

[창 12:1-3] 여호와께서 아브람에게 이르시되 너는 너의 고향과 친척과 아버지의 집을 떠나 내가 네게 보여 줄 땅으로 가라 내가 너로 큰 민족을 이루고 네게 복을 주어 네 이름을 창대하게 하리니 너는 복이 될지라 너를 축복하는 자에게는 내가 복을 내리고 너를 저주하는 자에게는 내가 저주하리니 땅의 모든 족속이 너로 말미암아 복을 얻을 것이라 하신지라

아브라함은 하나님 말씀을 믿음으로 받아들입니다. 그는 하나님 말씀대로 하나님이 지시하는 약속의 땅으로 담대하게 나아갔습니다.

하나님이 그의 삶을 책임지고 복을 주셔서 아브라함은 큰 부자가 되었지만, 하나님이 약속하신 자녀의 복은 주지 않으셨습니다. 1년을 기다리고 10년, 20년을 기다려도 자식이 생기지 않습니다.

그래도 아브라함은 하나님께 따지거나 하나님을 불신하지 않았습니다. 하나님께 자녀를 약속받은 지 25년째 되던 해, 아브라함의 나이 100세에 아들을 얻게 되는데, 바로 그 아들이 이삭입니다.

믿음이란 무엇입니까? 인내하고 참고 기다리는 것입니다. 하나님이 주시는 약속을 믿고 참고 기다리십시오. 때가 되면 하나님은 당신이 한 약속을 반드시 이루십니다.

아브라함은 이삭 때문에 얼마나 기뻐했는지 모릅니다. 하나님이 선물로 주

신 이삭을 믿음으로 반듯하게 잘 길렀습니다. 이삭이 18세쯤 되었을 때 하나님이 또 아브라함에게 나타나시어 말씀하십니다.

[창 22:2] 여호와께서 이르시되 네 아들 네 사랑하는 독자 이삭을 데리고 모리아땅으로 가서 내가 네게 일러 준 한 산 거기서 그를 번제로 드리라

여러분, 어떻게 하나님이 이렇게 하실 수 있습니까? 25년이나 기다렸다가 얻은 자식을 장성하게 잘 길렀더니 그 아들을 번제로 드리라고요. 번제는 가죽을 벗기고 불에 태워 가루가 되게 하는 것인데, 사랑하는 아들을 그렇게 하라고요?

아브라함이 하나님 말씀이 이해되겠습니까? 어떻게 그 말씀대로 순종할 수 있겠습니까?

아브라함에게는 남다른 믿음이 있었습니다. '아들을 번제로 드리면 하나님이 그를 재 가운데서라도 살려주실 것'이라는 부활 신앙이 있었습니다. 그래서 과감하게 아들을 데리고 모리아 산으로 향해 사흘 길을 가게 됩니다.

모리아 산에 올라간 아브라함은 하나님 말씀을 아들에게 전하고, 그의 동의를 얻어 제단을 만들었습니다. 그 위에 이삭을 올려놓고 묶어 번제를 드리려고 칼을 들어 내리치려는데 하늘에서 음성이 들립니다.

[창 22:12] 사자가 이르시되 그 아이에게 네 손을 대지 말라 그에게 아무 일도 하지 말라 네가 네 아들 네 독자까지도 내게 아끼지 아니했으니 내가 이제야 네가 하나님을 경외하는 줄을 아노라

"이제야 네가 하나님을 경외하는 줄로 아노라." 아브라함의 믿음이 하나님

께 인정받았다는 말입니다. 하나님께 인정받는 믿음을 지니면 믿음의 실제가 나타납니다.

아브라함이 눈을 들어보니 숫양 한 마리가 수풀에 걸려있었습니다. 아브라함은 그 숫양을 잡아 이삭 대신 번제물로 드렸습니다. 그리고 '여호와 이레'의 축복을 받아 내려옵니다. '여호와 이레'는 '하나님이 준비하신다'는 말입니다.

그 후 아브라함은 하나님이 모든 것을 준비하시는 놀라운 축복을 받아 편안한 여생을 살다 천국으로 갔습니다. 바로 이것이 아브라함의 믿음의 실제입니다.

사랑하는 성도 여러분!

여러분은 무지처럼 믿음의 실제가 없는 삶을 살지 않습니까? 믿음으로 산다면서 내 생각과 방법대로 살면 신앙에 무지한 삶을 사는 것이고, 믿음의 증거가 나타나지 않습니다.

여러분은 하나님을 불신하며 살고 있지는 않습니까? 하나님을 불신하는 것은 하나님 말씀대로 살지 않고 내 생각대로 내 고집대로 살아가는 삶을 말합니다.

여러분의 생각이 얼마나 잘못되어 있는지 아십니까? 인간의 생각은 바르지 못하고 구불구불하고 삐뚤어져 있습니다. 그러나 삶을 돌이켜 믿음으로 살아가면 믿음의 실제가 삶 속에서 나타납니다. 노아 시대에 모든 사람이 하나님의 심판으로 수장되었지만 믿음으로 살아가던 노아의 여덟 식구만 구원받았습니다. 이들이 하나님의 새로운 역사를 창조하여 오늘 저와 여러분을 있게 한 것입니다. 바로 이것이 믿음의 실제입니다.

믿음의 실제는 축복의 증거로 나타납니다. 평범하게 살아가는 아브라함이 믿음의 길로 들어설 때 그는 믿음의 조상, 축복의 조상이 되었습니다. 믿음으로 살아가는 자들에게 주님은 말씀하십니다.

"너를 축복하는 자에게 내가 복을 내리고 너를 저주하는 자를 내가 저주하리니 땅의 모든 족속이 너로 말미암아 복을 받으리라."

"너는 복이다"라고 말씀하십니다. 우리는 복이 되는 삶을 살아야 합니다. 우리 모두 믿음의 실제를 드러내는 축복의 주인공이 되기를 주 예수 이름으로 축원합니다.

50. 신앙이 퇴보한 자의 삶

[갈 6:1-6] 형제들아 사람이 만일 무슨 범죄한 일이 드러나거든 신령한 너희는 온유한 심령으로 그러한 자를 바로잡고 너 자신을 살펴보아 너도 시험을 받을까 두려워하라 너희가 짐을 서로 지라 그리하여 그리스도의 법을 성취하라 만일 누가 아무 것도 되지 못하고 된 줄로 생각하면 스스로 속임이라 각각 자기의 일을 살피라 그리하면 자랑할 것이 자기에게는 있어도 남에게는 있지 아니하리니 각각 자기의 짐을 질 것이라 가르침을 받는 자는 말씀을 가르치는 자와 모든 좋은 것을 함께 하라

천향인과 소망은 무지를 뒤로하고 길을 걸어갔습니다. 무지에 대해 걱정하면서 대화를 나누며 길을 떠났습니다.

"참으로 딱한 친구입니다. 저런 친구가 이 시대에 너무나 많습니다. 순례자들 가운데도 저런 사람이 있습니다. 저런 사람이 죄를 짓고도 깨닫는 경우가 있을까요?"

"가끔 있지요. 그러나 깨달음이 옳다는 것을 알지 못하기에 자신이 행한 모든 일이 옳다고 생각하며 합리화합니다."

"맞아요. 저런 사람에게는 두려움이 유익할 것 같습니다. 하지만 그 두려움도 바른 두려움이어야 합니다. 천향인 형제님, 바른 두려움을 어떻게 설명할 수 있습니까?"

"바른 두려움이란 죄를 자각하게 하고 영혼을 가난하게 하여 예수님의 구원을 갈구하게 만들겠지요. 이 두려움은 하나님과 예수님께 죄짓는 것을 혐오하게 할 것입니다. 그러나 올바르지 못한 두려움은 스스로 지은 죄를 깨닫는 것을 두렵게 만듭니다. 그리고 두려움에 몸부림치며 발버둥 치게 됩니다. 두려워하지 말아야 한다는 강박관념으로 믿음을 거부하는 자들도 많습니다."

천향인은 이야기의 주제를 바꾸어 말했습니다.

"형제님, 잠시라는 사람을 아십니까?"

"알다마다요. 타락의 마을에 사는 사람 아닙니까? 그 옆집에 사는 퇴보라는 사람도 잘 압니다."

"바로 그 사람 말이오. 그들은 한 지붕 아래 살았죠. 그 사람도 자기 죄를 깨달은 적이 있습니다."

"기억납니다. 그 사람이 제게 찾아와서 자기 죄가 기억난다며 눈물을 흘리곤 했습니다. 어느 날 그가 순례 여행을 가겠다더군요. 그런데 '스스로 구원'이라는 사람과 사귀고 나서는 생각을 바꾼 겁니다. 스스로 자기 죄를 다스려 죄 사함받을 수 있다고 생각하더군요."

소망이 고개를 끄덕이더니 말을 이었습니다. "참으로 어리석은 생각이지요. 사람들은 왜 신앙을 가졌다가 퇴보하는 걸까요? 신앙생활을 시작하고 세월이 많이 흐를수록 믿음이 성장하지 못하고 신앙이 퇴보하는 자들을 많이 만나게 됩니다."

"이들과 이야기를 나누다 보면, 전에는 참으로 대단한 믿음의 사람이었어요. 그리고 하나님을 위해 헌신하는 일꾼들이었습니다. 그런데 자만하고 교만해지면서 하나님과 교제가 끊어지고 신앙이 퇴보하여 불신자처럼 살아가는 자들이 너무나 많습니다."

천향인과 소망은 '잠시'와 '퇴보', '스스로 구원'이라는 사람의 이야기를 나누면서 예수님의 능력과 사랑에 대해 깊이 배우는 것이 매우 즐거웠습니다.

구름이 날리고 가는 곳마다 꽃이 피어 있었습니다. 천향인과 소망의 발걸음은 더욱 가벼웠습니다.

신앙이 퇴보한 사람들을 살펴보면 참으로 놀라운 사실을 발견하게 됩니다. 불신자처럼 행동하며 살면서도 어떤 삶을 사는지 알지 못할 뿐 아니라 늘 불안하고 초조합니다. 그들에게서는 다음과 같은 점이 눈에 띕니다.

* 하나님과 죽음을 두려워하면서 장차 만날 심판을 생각하지 않고 자기 생각과 감정에 붙잡혀 있습니다.

* 기도하며 죄를 뉘우치는 의무를 소홀히 합니다.

* 신앙심이 투철한 크리스천과 관계를 끊고 불신앙의 사람과 어울립니다.

* 예배를 소홀히 하고 말씀을 읽지 않습니다.

* 경건한 사람들에 대한 험담을 늘어놓고 그들을 욕하며 신앙을 버립니다.

* 세속적이고 탐욕적이며 음란한 사람들과 어울립니다.

* 작은 죄는 아무것도 아닌 것처럼 여기고 마지막은 비참한 죄에 빠져 멸망합니다.

신앙이 퇴보한 사람들과 이야기를 나누다 보면 그들은 신자가 아닌 교인일 뿐임을 느끼게 됩니다. 이들은 예수를 믿는 게 아니라 종교 생활을 즐기는 것에 불과합니다. 신앙의 퇴보에서 벗어나 주님을 만나고 주님이 주시는 능력으로 승리하는 삶을 살아야 합니다.

오늘 본문은 바울이 갈라디아 교인을 향해 신앙의 퇴보에서 벗어날 것을 강력하게 말씀하고 있습니다. 갈라디아 교인들은 바울이 전한 복음을 저버리고 율법주의자들이 전하는 잘못된 복음을 받아들여 복음의 본질을 잃어버렸습니다.

사람은 율법의 행위로써가 아니라 예수 그리스도를 믿음으로 의롭게 됩니다. 다른 복음은 없습니다.

> [갈 1:7-8] 다른 복음은 없나니 다만 어떤 사람들이 너희를 교란하여 그리스도의 복음을 변하게 하려 함이라 그러나 우리나 혹은 하늘로부터 온 천사라도 우리가 너희에게 전한 복음 외에 다른 복음을 전하면 저주를 받을지어다

신앙이 퇴보한 사람들은 다른 복음을 찾게 되고, 그리스도가 아닌 다른 곳에서 욕구를 채우려 합니다. 오늘날 이런 사람이 얼마나 많습니까? 다른 복음을 추구하는 자는 모두 저주받습니다.

소크라테스는 너 자신을 알라고 했습니다만, 과연 우리가 우리 자신을 바로 알 수 있을까요? 자신을 바로 아는 자는 참으로 훌륭한 사람입니다.

물속 깊이는 알아도 사람 마음속은 알 수 없다는 말이 있습니다. 다른 사람의 마음도, 나 자신도 알지 못합니다. 조석으로 바뀌는 내 마음을 어떻게 알겠습니까?

오늘 본문은 형제 중에 범죄한 일이 드러나거든 자신을 돌아보아 시험에 빠질까 두려워하라고 하십니다.

[갈 6:1] 형제들아 사람이 만일 무슨 범죄한 일이 드러나거든 신령한 너희는 온유한 심령으로 그런 자를 바로잡고 너 자신을 살펴보아 너도 시험을 받을까 두려워하라

신앙이 퇴보한 사람들은 형제의 허물을 살피고, 신앙이 성숙한 사람들은 자기 허물을 살핍니다. 형제가 잘못한 일이 드러나면 형제의 잘못을 흉보는 것이 아니라 내 허물을 살피면서 자기 허물을 고쳐갑니다.

사랑이란 남의 허물을 덮어주는 것입니다. 옛말에 자식 키우는 사람 남의 자식 흉보면 안 된다고 했습니다. 내 자식이 어떻게 될지 우리는 알 수 없습니다.

자신을 돌아보며 남의 허물을 용서하고 덮어주는 삶을 삽시다. 남의 허물은 말하지 말고 남을 칭찬하는 삶, 바로 이것이 성숙한 신앙의 삶입니다.

신앙이 성숙한 사람은 자기에게 맡겨진 모든 일을 성실하게 수행합니다. 남에게 책임을 떠넘기지 않습니다. 자신을 살피면서 자기 짐을 집니다. 그러나 신앙이 퇴보하면 모든 책임을 남에게 전가하고 자기는 어떤 책임도 지지 않습니다. 이들은 '누구 때문이다', '나는 누구 때문에 망했다'는 말을 자주 합니다.

이스라엘 백성이 광야에서 훈련받는 동안 그들은 어려움을 당할 때마다 모

세에게 책임을 돌립니다.

[민 14:2-4] 이스라엘 자손이 다 모세와 아론을 원망하며 온 회중이 그들에게 이르되 우리가 애굽 땅에서 죽었거나 이 광야에서 죽었으면 좋았을 것을 어찌하여 여호와가 우리를 그 땅으로 인도하여 칼에 쓰러지게 하려 하는가 우리 처자가 사로잡히리니 애굽으로 돌아가는 것이 낫지 아니하랴 이에 서로 말하되 우리가 한 지휘관을 세우고 애굽으로 돌아가자 하매

그들은 모세와 아론을 원망하고 불평하며 믿음이 퇴보하는 길을 걸어갔습니다. 그들은 하나님의 약속의 말씀을 믿지 않았습니다.

하나님 말씀보다 자기 생각에 사로잡힌 이스라엘 백성은 절대로 여리고 성을 넘을 수 없고 완전무장한 여리고 군사를 이길 수 없다고 했습니다. 그들의 주장이 틀린 것이 아니지만, 그들은 하나님 말씀보다 자기 경험과 판단을 더 중요하게 생각했기에 그렇게 말한 것입니다.

그러나 여호수아와 갈렙은 달랐습니다. 그들의 믿음은 성숙했습니다. 자기들의 옷을 찢으면서 "하나님이 함께하시기에 우리는 이길 수 있다"고 주장했습니다.

[민 14:7-9] 이스라엘 자손의 온 회중에게 말하여 이르되 우리가 두루 다니며 정탐한 땅은 심히 아름다운 땅이라 여호와께서 우리를 기뻐하시면 우리를 그 땅으로 인도하여 들이시고 그 땅을 우리에게 주시리라 이는 과연 젖과 꿀이 흐르는 땅이니라 다만 여호와를 거역하지는 말라 또 그 땅 백성을 두려워하지 말라 그들은 우리의 먹이라 그들의 보호자는 그들에게서 떠났고 여호와는 우리와 함께 하시느니라 그들을 두려워하지 말라 하나

믿음이 성숙한 사람들은 믿음의 말을 하게 됩니다. 믿음의 말을 하는 자가 그리스도의 법을 성취할 수 있습니다. 그리스도의 법을 성취하는 것은 하나님의 뜻을 이루어 가는 것입니다.

이스라엘 백성이 여호수아와 갈렙의 말을 들었다면 40년 광야 생활을 하지 않고 약속의 땅 가나안에 들어갈 수 있었을 것입니다. 그러나 이스라엘 백성은 애굽으로 돌아가자고 외칩니다. 그들은 하나님을 버리고, 약속의 땅 축복의 땅을 버리고 하나님을 거역하는 타락의 길로 갔습니다.

그들은 성숙한 믿음으로 그리스도의 법을 성취하는 자가 아니었습니다. 그러나 여호수아와 갈렙은 믿음의 말을 하면서 그리스도의 법을 성취했습니다. 여호수아와 갈렙만 약속의 땅 가나안에 들어갔습니다.

여호수아는 모세의 뒤를 이어 광야에서 태어난 이스라엘 백성의 수장이 되어 약속의 땅 가나안에 들어갔습니다. 갈렙은 나이 80이 넘었음에도 이렇게 믿음의 말을 합니다.

[수 14:10-11] 이제 보소서 여호와께서 이 말씀을 모세에게 이르신 때로부터 이스라엘이 광야에서 방황한 이 사십오 년 동안을 여호와께서 말씀하신 대로 나를 생존하게 하셨나이다 오늘 내가 팔십오 세로되 모세가 나를 보내던 날과 같이 오늘도 내가 여전히 강건하니 내 힘이 그 때나 지금이나 같아서 싸움에나 출입에 감당할 수 있으니

갈렙은 믿음의 사람으로 85세에 전쟁에 나가 가장 강력한 성 헤브론을 점령하였습니다.

믿음이 퇴보한 사람들은 사역자들의 말을 듣지 않습니다. 이들은 까닭 없이 사역자들에게 걸림돌이 됩니다. 주의 종을 향해 불평하고 원망합니다. 그

러나 믿음이 성숙한 사람들은 사역자들을 깍듯이 예우하며 좋은 것을 함께 나누는 삶을 삽니다.

사랑하는 성도 여러분!

신앙이 퇴보하는 삶을 살고 있지는 않습니까? 불평하고 원망하며 살아가는 삶은 신앙이 퇴보한 삶입니다. 가진 것이 많으면서도 감사하지 않고 나누지 않는 삶은 퇴보의 삶입니다.

세상의 향락과 물질에 빠져 돈, 돈, 돈 하며 살아가는 것, 천국의 소망을 버리고 세상 유혹에 빠져 살아가는 것 모두 신앙이 퇴보한 삶입니다.

구원의 진리에 대해 잘못 알고 따라가는 자는 신앙이 퇴보한 자입니다.

신앙이 퇴보한 삶에서 돌이켜 신앙이 성숙해져야 합니다. 여호수아와 갈렙처럼 믿음의 말을 하는 자가 신앙이 성숙한 자입니다.

가진 것 없어도 늘 감사하며 살아가는 자, 베풀며 꾸어주고 나누어주며 살아가는 자, 그리스도의 법을 성취하며 화평을 이루며 살아가는 자가 신앙이 성숙한 자입니다.

신앙의 퇴보에서 벗어나 신앙이 성숙하여, 그리스도의 법을 성취하는 믿음의 삶을 사기기를 축원합니다.

제 5 부

주 예수여 어서 오시옵소서

51. 천국 문에 들어서다

[계 21:1-7] 또 내가 새 하늘과 새 땅을 보니 처음 하늘과 처음 땅이 없어
졌고 바다도 다시 있지 않더라 또 내가 보매 거룩한 성 새 예루살렘이 하
나님께로부터 하늘에서 내려오니 그 준비한 것이 신부가 남편을 위하여
단장한 것 같더라 내가 들으니 보좌에서 큰 음성이 나서 이르되 보라 하
나님의 장막이 사람들과 함께 있으매 하나님이 그들과 함께 계시리니 그
들은 하나님의 백성이 되고 하나님은 친히 그들과 함께 계셔서 모든 눈물
을 그 눈에서 닦아 주시니 다시는 사망이 없고 애통하는 것이나 곡하는
것이나 아픈 것이 다시 있지 아니하리니 처음 것들이 다 지나갔음이러라
보좌에 앉으신 이가 이르시되 보라 내가 만물을 새롭게 하노라 하시고 또
이르시되 이 말은 신실하고 참되니 기록하라 하시고 또 내게 말씀하시되

이루었도다 나는 알파와 오메가요 처음과 마지막이라 내가 생명수 샘물을 목마른 자에게 값없이 주리니 이기는 자는 이것들을 상속으로 받으리라 나는 그의 하나님이 되고 그는 내 아들이 되리라

공기는 맑고 기분이 상쾌했습니다. 우거진 숲 사이로 흐르는 물은 찰랑거리며 흘러내리고 있었습니다. 새들이 사방에서 지저귀고 비둘기 울음소리도 들려왔습니다. 거리로 눈길을 돌리자 꽃들이 환하게 웃고 있었습니다. 천향인과 소망은 꽃처럼 마음이 환하고 밝아졌습니다.

드디어 천향인과 소망은 뿔라 땅에 도착한 것입니다. 그들은 자리에 앉아서 피로를 풀었습니다. 그곳은 해가 밤낮으로 비추어 어둠이 찾아오지 못했습니다. 사망의 음침한 골짜기가 없고 절망거인이 절대로 쫓아올 수 없는 곳이었습니다. 의심의 성에서 본 것들은 어디서도 찾아볼 수 없었습니다.

샘물은 맑고 투명했으며 거리에는 온갖 진귀한 보물들이 넘쳐났습니다. 천향인이 말합니다. "마치 천국에 온 것 같아요. 저기 보세요. 천사들이에요. 여기가 이 정도인데 천국은 어떤 곳일까요? 상상만 해도 가슴이 벅차오르네요."

이곳은 천국이 맞닿아 있기에 빛나는 옷을 입은 천사를 자주 볼 수 있는 곳이었습니다.

신랑과 신부의 혼인이 새롭게 맺어지는 곳이기도 했습니다. 빵과 포도주가 떨어지는 일이 없었습니다. 순례자의 길에서 아쉬워하던 모든 것이 여기서는 차고 넘쳤습니다.

천향인과 소망은 새 예루살렘에서 들려오는 소리를 들었습니다.

"너희는 딸 시온에게 이르라 보라 네 구원이 이르렀느니라. 보라 상급

이 그에게 있고 봉이 그 앞에 있느니라 하셨느니라. 사람들이 너를 일컬어 거룩한 백성이라. 여호와께서 구속한 자라 하겠고 너를 일컬어 버림받지 않는 성읍이라 하리라."

천향인과 소망은 이곳에 사는 사람들을 살펴보았습니다. 모두 행복하고 밝은 표정이었습니다. 먹을 것이 풍부해 다투거나 큰소리 내는 일이 없고, 모든 물건을 사이좋게 양보하고 나누어 사용했습니다. 사람들은 스스로를 거룩한 백성, 주께서 찾으시는 자라고 불렀습니다.

천향인과 소망은 천국에 거의 다다랐다는 생각에 설레고 가슴이 두근거렸습니다.

"천향인 형제님, 어서 가요. 천국에 들어가고 싶습니다."

"그럽시다. 나도 어서 가고 싶어요."

두 사람은 발걸음을 재촉했습니다. 그런데 천국에 빨리 가고 싶은 마음이 너무 커 마음의 병이 들고 말았습니다.

"너희가 내 사랑하는 자를 만나거든 내 사랑하는 자로 인하여 병이 나려 하는구나?"

아가서 5장 8절 말씀을 충분히 공감할 수 있었습니다. 할 수 없이 두 사람은 뿔라에 잠시 머물게 되었습니다.

건강을 회복한 뒤 다시 길을 나서게 되었습니다. 길을 걸으며 천향인은 맑고 깨끗한 물에 손을 담가 보았습니다. 기분이 상쾌해지고 정신이 또렷해졌습니다. 샘물의 달콤함이 소망의 온몸에 퍼졌습니다. 예쁘고 잘 익은 열매를 따서 천향인에게도 주었습니다.

정말 행복이 샘솟는 곳이었습니다.

여러분은 하나님의 자녀로 거듭나서 살다가 천국으로 가는 순례자들입니

다. 하지만 주위에는 천국을 믿지 않는 자들이 지옥으로 가고 있는데도 이 놀라운 사실을 모르는 사람이 너무 많습니다. 천국은 죄를 용서받아 죄 없는 이들이 가는 낙원이요, 지옥은 죄를 용서받지 못하는 이들이 그 죗값을 치르기 위해 가는 곳입니다. 천국이 있다고 믿는 사람들은 죄를 멀리하는 삶을 삽니다. 그러나 천국이 없다고 생각하는 사람들은 하나님을 믿지 않으며, 자기 욕망에 따라 살면서 죄를 짓습니다.

휴가 때 삼악산 호수 케이블카로 삼악산 정상에 오른 적이 있습니다. 내려오는 길에, 울산에서 왔다는 사람에게 집사람이 복음을 전했습니다.

"아저씨, 천국이 있는 것 아십니까?" "천국이 어디 있어요? 이 땅에서 웃고 즐기다가 죽으면 그만이지. 우리는 종교가 없어요."

얼마나 당당하게 말하는지, 옆에서 듣고 있던 저도 아무 말도 못 하게 했습니다. 사실 무슨 말을 해도 듣지 않을 것 같아서 조용히 내려온 것입니다.

그 부부는 23개국이나 여행을 했고 우리나라 모든 관광지를 돌아다닌다고 했습니다. 어찌 보면 행복해 보이지만 천국의 소망 없이 살아가는 그들이 참으로 불쌍하기 짝이 없었습니다.

천국의 소망 없이 살아가는 사람들은 아무리 능력 있고 돈이 많아도 소용이 없습니다. 그들은 나이가 들수록 더 외롭고 고독합니다.

평범하게 살아가는 사람보다 성공해서 뭔가 돋보이는 사람들이 나이 들고 병들면 더 불쌍해 보입니다. 그러나 천국의 소망이 있는 사람은 나이가 들어도, 병들어도, 가진 게 없어도 편안하며 행복한 삶을 살아갑니다. 천국은 어떤 부귀영화도, 즐거움도 비교의 대상이 되지 않습니다. 세상의 즐거움은 일시적인 것입니다. 그러나 천국의 즐거움은 영원합니다.

예수님은 세례 요한을 이렇게 칭찬하시면서 천국이 어떤 곳인지 말씀하십니다.

[마 11:11] 내가 진실로 너희에게 말하노니 여자가 낳은 자 중에 세례 요
한보다 큰 이가 일어남이 없도다 그러나 천국에서는 극히 작은 자라도 그
보다 크니라

세상에서 가장 좋은 것이 천국에서는 가장 나쁜 것보다 못합니다. 그러니
천국이 얼마나 좋고 행복한 곳입니까? 천국은 세상에서 누리지 못한 모든 행
복과 축복을 누리며 사는 곳입니다.

빈손으로 왔다가 빈손으로 가는 게 인간의 운명입니다. 인간은 한 줌 흙으
로 돌아갈 수밖에 없는 존재입니다. 잘나면 얼마나 잘났고 못나면 얼마나 못
났겠습니까? 우리 삶 속에서 가장 중요한 것이 있다면 내 마음에 천국을 이
루고 살다가 세상 떠날 때 영원한 천국에 들어가는 것입니다.

천국과 지옥은 분명히 있습니다. 그렇지 않으면 하나님은 공평하지 못한
것 아닙니까? 흉악하고 악한 자가 잘 되는 경우도 너무 많기 때문입니다.

[시 73:12-13] 볼지어다 이들은 악인들이라도 항상 평안하고 재물은 더욱
불어나도다 내가 내 마음을 깨끗하게 하며 내 손을 씻어 무죄하다 한 것
이 실로 헛되도다

흉악한 이들을 심판하지 않는 하나님을 어찌 공평하다 할 수 있겠습니까?

이 땅에는 천국을 체험하고 온 사람들이 많습니다. 이들의 간증을 들어보
면 이들은 하나같이 이 땅에 돌아오기 싫어합니다. 천국의 감격을 말로 설명
할 수 없어 이들이 감탄만 계속하는 것을 저는 들었습니다.

천국과 지옥이 있다는 확실한 증거는 성경입니다. 누가복음 16장에서 천국
과 지옥을 분명하게 설명합니다. 천국은 말할 수 없이 행복한 곳으로, 거지 나

사로가 아브라함의 품에서 평안을 누리고 부자가 지옥의 고통 속에서 이렇게 요구했습니다.

"나를 긍휼히 여기사 나사로를 보내어 그 손가락 끝에 물을 찍어 내 혀를 서늘하게 하소서. 이 불꽃 가운데서 괴로워하나이다."

그때 아브라함이 말합니다. "너희와 우리 사이에 큰 구덩이가 있어 여기서 거기로 갈 수 없고 거기서 여기로 올 수 없다." 그러자 부자가 말합니다. "그러면 나사로를 내 아버지 집에 보내어 내 형제 다섯은 이곳에 오지 않게 하소서,"

그러자 아브라함이 말합니다. "거기는 모세와 선지자들이 있으니 그들의 말을 듣지 않으면 죽은 자가 다시 살아나서 하는 말도 듣지 아니하리라."

우리는 천국을 향해 가는 순례자입니다. 예수 믿고 거듭난 우리는 천국을 보장받고 살아가는 큰 복을 받은 자들입니다. 천국이 어떤 곳인지 함께 생각하며 은혜를 나누고자 합니다.

천국은 하나님과 믿음의 선배들과 함께 사는 곳입니다.

여러분, 가장 보고 싶은 분이 누구입니까? 예수님 아닙니까? 나를 위해 십자가에서 고통당하시고 운명하시고 사흘 만에 부활하신 예수님을 만나는 것이야말로 가장 큰 기쁨이요 소망이 아닙니까?

성경에서 믿음으로 살아간 믿음의 선배들을 만나 보고 싶지 않습니까? 아브라함, 이삭, 야곱, 요셉, 다윗 왕, 엘리야, 눈물의 선지자 예레미야 같은 믿음의 사람들을 보고 싶지 않습니까?

믿음으로 살아오며 존경하는 믿음의 선배들을 보고 싶지 않습니까? 부모 형제를 천국에서 만나 보고 싶지 않습니까? 이들을 모두 천국에서 만나게 될 것입니다. 하나님이 다스리시는 세상에서는 모두 함께 행복한 삶을 살게 됩니다.

[계 21:3] 내가 들으니 보좌에서 큰 음성이 나서 이르되 보라 하나님의 장
막이 사람들과 함께 있으매 하나님이 그들과 함께 계시리니 그들은 하나
님의 백성이 되고 하나님은 친히 그들과 함께 계셔서

하나님의 통치 아래 살아가는 것은 참으로 놀라운 축복입니다. 하나님이 통치하는 세상에는 악이 존재하지 않습니다. 그런 세상에서는 모든 사람이 행복한 삶을 살 수 있습니다. 천국에는 우리를 유혹하는 마귀가 없습니다.

천국에서의 삶은 모든 일이 하나님의 은혜로 이루어지는 축제의 삶입니다. 그곳에서는 세상에서 느껴보지 못하고 체험하지 못한, 상상을 초월하는 행복한 삶이 펼쳐집니다.

하나님의 장막에서 하나님의 백성이 되고, 하나님이 함께 계셔서 하나님과 더불어 살아가는 곳이 천국입니다.

우리가 들어갈 천국에는 천사들이 있습니다. 천사는 하나님의 심부름꾼으로 하나님을 섬기며, 우리 성도들, 곧 구원받은 하나님의 자녀들을 섬기기 위해 존재합니다. 하나님은 천국에서뿐만 아니라 지금 이 땅에서도 하나님을 경외하는 충실한 주의 자녀들에게 천사를 내려보내 그들을 위험에서 건진다고 약속하셨습니다. 사랑의 하나님은 우리를 보호하기 위해 사람마다 각각의 천사들을 허락하셨습니다. 천사의 보호를 받는 우리를 감히 누가 어떻게 할 수 있겠습니까?

[시 34:7] 여호와의 천사가 주를 경외하는 자를 둘러 진 치고 그들을 건지
시는도다

하나님의 자녀로 천국 시민권자로 당당하게 이 세상을 다스리며 살아가야

합니다. 하나님이 통치하는 세상은 참으로 복된 세상입니다.

천국은 어떤 곳입니까? 천국은 어떤 시련이나 고통도 없는 곳입니다.
천국에는
* 눈물이 없습니다.
* 이별이나 사망이 없습니다.
* 애통함이나 곡(哭)이 없습니다.
* 질병이나 아픈 곳이 없습니다.
* 외로움이나 고독이 없습니다.
* 저주가 없습니다.
* 밤이 없습니다.
* 부족한 것이나 모자라는 것이 없습니다.
하나님은 이런 나라를 믿는 자들에게 주셨습니다.

[계 21:7] 이기는 자는 이것들을 상속으로 받으리라 나는 그의 하나님이
되고 그는 내 아들이 되리라

우리는 대한민국 국민인 동시에 하나님 나라를 상속받은 천국의 시민권자
입니다. 긍지와 자부심을 갖고 살아가야 합니다. 천국에는 무엇이 있고 천국
백성은 어떻게 살아갑니까?

[계 22:1-5] 또 그가 수정같이 맑은 생명수의 강을 내게 보이니 하나님과
및 어린 양의 보좌로부터 나와서 길 가운데로 흐르더라 강 좌우에 생명나
무가 있어 열두 가지 열매를 맺되 달마다 그 열매를 맺고 그 나무 잎사귀

들은 만국을 치료하기 위해 있더라 다시 저주가 없으며 하나님과 그 어린
양의 보좌가 그 가운데에 있으리니 그의 종들이 그를 섬기며 그의 얼굴을
볼 터이요 그의 이름도 그들의 이마에 있으리라 다시 밤이 없겠고 등불과
햇빛이 쓸데없으니 이는 주 하나님이 그들에게 비치심이라 그들이 세세
토록 왕 노릇 하리로다

천국에는 수정 같은 생명수의 강이 흐르는데, 이 물을 마시는 모든 이가 영
원히 소생하는 놀라운 복을 누리게 됩니다. 이 물가에 심겨진 나무마다 사시
사철 과일을 맺으며, 그 나무의 잎들은 모든 상처를 치료하는 양약이 됩니다.
모든 백성이 하나님을 섬기고 하나님이 주시는 축복을 누리며 왕처럼 살게
됩니다.

이런 세상에서 살고 싶지 않습니까? 우리는 천국에서 왕 노릇 하며 영원히
살게 될 것입니다.

천국을 이루며 천국을 바라보며 살아갑시다.

예수 믿고 거듭나면 마음속에 하나님 나라가 이루어집니다. 하나님 나라는
믿음으로 승리한 자가 누리는 축복입니다. 그래서 복음서에서 주님은 이렇게
말씀하셨습니다.

[마 11:12] 세례 요한의 때부터 지금까지 천국은 침노를 당하나니 침노하
는 자는 빼앗느니라

여러분은 천국을 침노하셨습니까? 천국을 침노한다는 것은 마음속에 천국
이 들어와 있다는 것입니다. 예수를 구주로 영접하고 하나님의 자녀가 되면

하나님 나라가 우리 속에 들어옵니다. 그래서 예수를 바로 믿으면 하나님 나라가 마음속에서 이루어집니다. 하나님 나라가 마음속에 자리 잡으면 기쁨이 충만하고 행복한 삶을 살게 됩니다. 가난해도, 어려움을 당해도, 질병에 걸려도 행복한 것은 마음속에 하나님 나라가 이루어졌기 때문입니다.

[눅 17:20-21] 바리새인들이 하나님의 나라가 어느 때에 임하나이까 묻거늘 예수께서 대답하여 이르시되 하나님의 나라는 볼 수 있게 임하는 것이 아니요 또 여기 있다 저기 있다고도 못하리니 하나님의 나라는 너희 안에 있느니라

이 세상에서도 천국의 삶을 살면서 천국의 주인공으로서 천국의 실제를 사람들에게 보여주어야 합니다. 바로 이것이 참된 그리스도인의 삶이요 믿음의 삶입니다.

사랑하는 성도 여러분!

여러분은 마음속에 천국을 간직하며 천국의 삶을 살고 있습니까? 천국에 대한 확실한 믿음을 갖고 천국을 준비하는 삶을 살고 있습니까? 천국에서 부끄럽지 않고 당당하게 예수님을 만날 준비가 되어 있습니까?

그리스도인이면서 천국에 대한 확신도 없이 천국을 잊고 살아가는 사람들이 너무 많습니다. 천국이 있는지 없는지 반신반의하며 살아가는 사람들이 있습니다. 천국을 부정하면서 종교인으로 신앙생활을 하는 사람들이 있습니다. 천국을 믿으면서도 천국 갈 준비하지 않고 신앙생활을 하는 사람들이 있습니다.

천국은 분명히 있습니다. 이 세상을 떠나는 순간 죽음의 문을 열고 들어가

면 천국 아니면 지옥입니다. 천국에 대한 확실한 믿음으로 천국에 들어갈 준비를 하면서 신앙생활을 해야 합니다.

이 세상이 아무리 좋아도 천국과는 비교가 되지 않습니다. 가진 것이 아무리 많아도 숨이 넘어가는 순간 나와는 아무 상관 없는 무용지물입니다.

천국은 예수님과 함께 예수님이 통치하는 세계에서 하나님이 준비한 모든 축복을 누리며 복된 삶을 살아가는 곳입니다. 천국에 대한 소망이 없는 자는 불행한 자입니다. 천국에 대한 소망이 있는 사람은 행복한 자요, 존귀한 자요, 축복의 주인공입니다.

천국은 침노하는 자가 빼앗습니다. 우리는 예수 그리스도를 믿는 믿음으로 천국을 침노했습니다. 천국은 마음속에서 먼저 이루어지고, 다가올 세상에서 완성됩니다.

천국을 소유하고 천국을 누리며 살다가 영원한 천국에 들어가는 복의 복이 임하시기를 주 예수 이름으로 축원합니다.

52. 내가 너와 함께하리라

[사 43:1-7] 야곱아 너를 창조하신 여호와께서 지금 말씀하시느니라 이스라엘아 너를 지으신 이가 말씀하시느니라 너는 두려워하지 말라 내가 너를 구속하였고 내가 너를 지명하여 불렀나니 너는 내 것이라 네가 물 가운데로 지날 때에 내가 너와 함께 할 것이라 강을 건널 때에 물이 너를 침몰하지 못할 것이며 네가 불 가운데로 지날 때에 타지도 아니할 것이요 불꽃이 너를 사르지도 못하리니 대저 나는 여호와 네 하나님이요 이스라엘의 거룩한 이요 네 구원자임이라 내가 애굽을 너의 속량물로, 구스와 스바를 너를 대신하여 주었노라 네가 내 눈에 보배롭고 존귀하며 내가 너를 사랑하였은즉 내가 네 대신 사람들을 내어 주며 백성들이 네 생명을 대신하리니 두려워하지 말라 내가 너와 함께 하여 네 자손을 동쪽에서부

터 오게 하며 서쪽에서부터 너를 모을 것이며 내가 북쪽에게 이르기를 내
놓으라 남쪽에게 이르기를 가두어 두지 말라 내 아들들을 먼 곳에서 이끌
며 내 딸들을 땅 끝에서 오게 하며 내 이름으로 불려지는 모든 자 곧 내가
내 영광을 위하여 창조한 자를 오게 하라 그를 내가 지었고 그를 내가 만
들었느니라

천향인과 소망이 가는 길에 저 멀리 과수원이 보였습니다. 과수원에 가
까이 가니 너무나 아름다운 정원이 있었습니다. 천향인은 길가에 서 있는
정원사에게 물었습니다. "이 과수원 주인은 누구입니까?"

"당연히 주님이지요. 주님은 당신 같은 순례자들을 위해 이 정원을 만
드셨습니다."

정원사는 그렇게 말하고는 천향인과 소망을 집안으로 안내하여 맛있
는 음식을 대접하고 휴식을 취하게 했습니다.

잠시 후 이들이 다시 천국을 향해 길을 가는데, 눈부시게 빛나는 옷을
입은 두 사람이 다가오더니 어디서 온 누구인지 묻습니다. 천향인과 소망
이 자신들은 천국을 향해 가는 순례자라고 소개하자 그들은 이곳까지의
여정을 듣고 싶다고 했습니다. 천향인과 소망은 그들의 여정을 그대로 전
해 주었습니다.

"이제 두 가지 어려움만 이겨내면 천국에 들어갈 수 있습니다."

"그게 정말입니까? 저희와 함께 갈 수 있는지요?"

"그곳은 각자의 믿음으로만 들어갈 수 있습니다." "물론 저도 잘 알고
있습니다."

천향인의 간곡한 부탁으로 네 사람은 천국 문이 보이는 곳까지 왔습니
다. 그 앞으로 한 줄기 큰 강이 흐르는데, 그 강을 건너는 다리는 어디서

도 찾아볼 수 없었습니다.

"다른 길은 없는지요?"

"있긴 하지만 그 길을 갈 수 있는 사람은 오직 두 사람, 에녹과 엘리야 뿐입니다. 두 사람 외에는 마지막 나팔 소리가 날 때까지 누구도 그 길을 갈 수 없습니다."

두 사람은 낙담한 천향인과 소망에게 위안이 되는 말을 해주었습니다. "강의 깊이는 당신의 믿음만큼"이라고요. 그러나 천향인과 소망은 그 말이 위로가 되지 못했습니다. 자신들의 믿음을 확신할 수 없었기 때문입니다.

천향인이 말합니다. "이제 와서 길을 되돌아갈 수는 없잖아요. 하나님을 의지하고 강을 건너봐요. 물속으로 뛰어들어가십시다."

천향인과 소망은 단단히 각오하고 강물로 뛰어들었습니다. 그런데 강물은 땅 위를 걷는 것처럼 안전했습니다. 소망은 하나님 은혜에 감사하며 한발 한발 내디뎠습니다. 천향인의 머릿속에 아내와 아이들이 떠올랐습니다. 절망 거인에게 붙잡힌 것도 생각났습니다. 천향인은 불안하고 두려웠습니다. 그 순간 천향인은 그만 물에 빠지고 말았습니다.

"깊은 물 속에 빠지고 말았어!" 천향인은 제정신이 아니었습니다.

소망이 말합니다. "저기 보세요. 천국 문에서 우리를 맞이하려고 사람들이 기다리고 있어요. 형제님이 물속에서 허덕이는 것은 하나님이 형제님을 버리신 게 아닙니다. 이런 고난 속에서도 주님을 믿고 따르는지 주님이 시험하시는 겁니다. 힘내세요."

소망은 포기하지 않고 천향인을 설득했습니다. 천향인은 정신을 차리고 지금의 상황을 생각해보았습니다. '내가 왜 절망하지? 하나님이 나와 함께 하시는데!'

순간 천향인의 머릿속에 떠오르는 성경 구절이 있었습니다.

"네가 물 가운데 지날 때 내가 너와 함께하리라. 강을 건널 때 물이 너를 침몰하지 못할 것이다."

천향인은 마음을 고쳐먹고 예수님께 도움을 구했습니다. 그러자 발이 땅에 닿았고, 물이 깊지 않았습니다. 그래서 쉽게 강을 건널 수 있었습니다.

천향인과 소망이 물 밖으로 나오자 두 사람이 반갑게 맞이했습니다. "우리는 구원의 상속자들을 섬기라고 보낸 천사들입니다. 저희가 두 분을 천국까지 안내해 드리겠습니다."

시험에 빠져 허덕일 때가 있습니다. 놀라운 것은, 정신 차리고 보면 아무 일도 아닌데 자신이 시험에 빠져 허덕이고 있었다는 것입니다. 해결할 수 없는 문제를 하나님께 맡기고 믿음으로 나아가면 되는데 그 문제를 내가 해결하려고 덤벼드는 순간 우리는 시험에 빠집니다.

염려와 걱정으로는 문제를 해결할 수 없습니다. 쓸데없는 염려와 걱정 때문에 물에 빠져 허덕이게 됩니다. 하나님이 나와 함께하시면 물이 나를 침범할 수 없고 불이 나를 해할 수 없습니다. 나를 지으시고 하나님의 백성이 되게 하신 하나님이 나를 책임지지 않으시겠습니까?

우리에게 가장 필요한 것이 있다면 하나님이 함께하신다는 믿음의 확신입니다. 이 확신은 운명을 바꾸어 놓습니다.

천국으로 가는 순례자인 우리에게는 성령님이 늘 동행하십니다. 성령님은 우리 삶의 모든 영역에서 모든 일을 돕는 보혜사이십니다. 보혜사란 '보살피며 은혜를 베푸시는 분'으로, 신자들을 강하게 하고 진리 가운데로 인도하는 삼위일체 하나님이십니다.

보혜사는 우리에게 위로자와 중보자가 되십니다. 하나님은 어떤 경우에도 우리를 버려두지 않으십니다.

[요 14:16-18] 내가 아버지께 구하겠으니 그가 또 다른 보혜사를 너희에게 주사 영원토록 너희와 함께 있게 하리니 그는 진리의 영이라 세상은 능히 그를 받지 못하나니 이는 그를 보지도 못하고 알지도 못함이라 그러나 너희는 그를 아나니 그는 너희와 함께 거하심이요 또 너희 속에 계시겠음이라 내가 너희를 고아와 같이 버려두지 아니하고 너희에게로 오리라

우리는 하나님으로부터 특별한 은총을 입어 보혜사 성령님의 도우심으로 늘 승리하는 삶을 살 수 있습니다.

하나님은 저와 여러분을 보배롭고 존귀하게 창조하셨습니다. 인간을 창조하는 과정은 참으로 놀랍습니다. 당신의 형상을 따라 창조하셨고, 당신의 영을 불어 넣었습니다. 인간과 동물의 차이점은 고등동물과 하등동물이라는 것이 아닙니다. 하나님은 인간과 동물을 근본이 다르게 창조하셨습니다.

[창 1:24] 하나님이 이르시되 땅은 생물을 그 종류대로 내되 가축과 기는 것과 땅의 짐승을 종류대로 내라 하시니 그대로 되니라

하나님이 땅의 모든 짐승을 그 종류대로 나오라 하시니 그대로 되었습니다. 그러나 인간은 하나님이 친히 흙으로 빚으시고 그 코에 하나님의 영인 생기를 불어넣어 인간이 되게 하셨습니다.

인간은 하나님의 영이 들어와서 하나님과 소통하며 하나님과 교제하는 특

별한 존재입니다. 존귀하고 고귀하며 보배로운 존재입니다.

[창 1:27-28] 하나님이 자기 형상 곧 하나님의 형상대로 사람을 창조하시되 남자와 여자를 창조하시고 하나님이 그들에게 복을 주시며 하나님이 그들에게 이르시되 생육하고 번성하여 땅에 충만하라, 땅을 정복하라, 바다의 물고기와 하늘의 새와 땅에 움직이는 모든 생물을 다스리라 하시니라

우리는 하나님의 창조의 왕관입니다. 각자 재능도 능력도 다릅니다. 그래서 하나님이 창조하신 세상에서 우리가 해야 할 일이 있고 내가 해야 할 일이 있는 것입니다.

하나님은 저와 여러분을 지명하여 부르셔서 놀라운 일을 이루어 가십니다.

하나님의 일을 하는 우리의 역할은 각기 다르지만 목적은 하나님입니다. 하나님의 기쁨이 되는 일을 하라고, 예수님이 교회공동체로 이곳에 교회를 세우신 것입니다.

하나님의 일에는 크고 작은 일이 없습니다. 다 소중하고 귀합니다. 우리 몸에서 눈이 해야 할 일이 다르고, 손이 해야 할 일이 다르고, 입이 해야 할 일이 다르고, 귀가 해야 할 일이 다르지만 그중 하나가 문제가 생기면 온 몸이 고통당하지 않습니까?

[고전 12:14-20] 몸은 한 지체뿐만 아니요 여럿이니 만일 발이 이르되 나는 손이 아니니 몸에 붙지 아니했다 할지라도 이로써 몸에 붙지 아니한 것이 아니요 또 귀가 이르되 나는 눈이 아니니 몸에 붙지 아니했다 할지라도 이로써 몸에 붙지 아니한 것이 아니니 만일 온 몸이 눈이면 듣는 곳

은 어디며 온 몸이 듣는 곳이면 냄새 맡는 곳은 어디냐 그러나 이제 하나
님이 그 원하시는 대로 지체를 각각 몸에 두셨으니 만일 다 한 지체뿐이
면 몸은 어디냐 이제 지체는 많으나 몸은 하나라

하나님은 우리를 창조하여 참으로 놀라운 하나님의 역사를 이루어 가십니
다. 우리 모두 하나님으로부터 귀하게 쓰임 받는 인재가 되어야겠습니다.

불안과 두려움은 우리 삶을 너무나 힘들게 합니다.
경기가 침체되고 저성장 시기가 장기화하면서 미래에 대한 불안으로 사람
들은 두려워합니다. 여러분, 불안해하고 두려워하지 마십시오. 내일 일은 주
님께 맡기고 오늘 나에게 주어진 일에 최선을 다하면 주님은 내 앞길을 책임
지고 인도하십니다.
질병에 대한 불안과 두려움으로 하루하루를 살아갑니다. 의학이 발전하는
만큼 불치병도 더 많아집니다. 예수님의 공생애 사역 가운데 중요한 일 중 하
나가 질병을 고치는 일이었습니다. 질병은 죄로 말미암아 인간에게 찾아온
저주의 산물인데, 예수님은 인간의 죄를 해결하시며 질병을 거두어 가셨습니
다.

[마 8:17] 이는 선지자 이사야를 통해 하신 말씀에 우리의 연약한 것을 친
히 담당하시고 병을 짊어지셨도다 함을 이루려 하심이더라

예수님은 채찍을 맞으심으로 우리 질병의 고통을 다 짊어지고 가셨습니다.
예수님이 내 병을 지고 가셨다는 믿음으로 여러분의 모든 질병이 고침받는
믿음의 역사가 일어나기 바랍니다.

우리에게 죽음은 공포와 두려움의 대상입니다. 죽음은 영과 육이 분리되는 것인데, 믿음으로 살아가는 자의 영은 하나님께 돌아가고 육은 흙으로 돌아갑니다.

예수님은 죽음의 권세를 이기고 부활하셨습니다. 부활의 확신과 믿음이 우리 안에 들어오면 죽음을 두려워하지 않게 됩니다. 오늘 우리에게 꼭 필요한 신앙이 있다면 부활 신앙입니다.

두려움은 마귀가 사용하는 무기요, 믿음은 두려움을 물리치는 하나님이 주신 무기입니다. 두려움을 물리치려면 하나님의 사랑이 내 마음을 다스리고 지배해야 합니다. 하나님의 사랑은 두려움을 물리칩니다.

[요일 4:18] 사랑 안에 두려움이 없고 온전한 사랑이 두려움을 내쫓나니 두려움에는 형벌이 있음이라 두려워하는 자는 사랑 안에서 온전히 이루지 못하였느니라

두려움을 믿음으로 몰아내지 않으면 형벌이 따라옵니다. 주님은 말씀하십니다. "두려워하지 말라 내가 너와 함께하리라." 참으로 놀라운 은혜의 말씀입니다.

하나님은 나의 삶을 책임지십니다.

능력 있는 부모는 자녀의 삶을 책임지고 돌보아 줍니다. 부모는 할 수만 있다면 자식에게 좋은 것은 다 주고 싶어 합니다.

저와 여러분에게는 능력이 한없으신 아버지가 계십니다. 이분이 내 삶을 책임지겠다고 하시니 걱정할 것도, 두려워할 것도 없습니다. 우리의 모든 필요를 전능하신 하나님께 구하면 다 해결해 주십니다.

[마 7:11-12] 너희가 악한 자라도 좋은 것으로 자식에게 줄 줄 알거든 하물며 하늘에 계신 너희 아버지께서 구하는 자에게 좋은 것으로 주시지 않겠느냐 그러므로 무엇이든지 남에게 대접을 받고자 하는 대로 너희도 남을 대접하라 이것이 율법이요 선지자니라

너희가 악한 자라도 자식에게 좋은 것을 주려고 하지 않느냐? 그런데 하늘에 계신 전능하신 아버지께서 하나님 뜻을 따라 구하는 너희에게 좋은 것을 주시지 않겠느냐? 참으로 놀라운 말씀입니다. 하나님 뜻을 따라 믿음으로 구하면 하나님은 우리에게 가장 좋은 것으로 풍성하게 채워주십니다. 주님은 우리 삶을 책임지겠다며 놀라운 말씀을 하십니다.

[사 43:7] 내 이름으로 불려지는 모든 자 곧 내가 내 영광을 위해 창조한 자를 오게 하라 그를 내가 지었고 그를 내가 만들었느니라.

하나님은 당신의 영광을 위해 저와 여러분을 지으셨고, 저와 여러분을 하나님의 자녀로 택하셨습니다. 우리는 특별한 존재요 존귀한 자입니다. 인류 역사에 저와 여러분과 똑같은 사람이 한 사람도 없습니다. 우리는 하나님의 사랑받는 존재요 하나님이 책임지시는 자들입니다.

그러니 두려움을 물리치십시오. 불안해하거나 염려나 걱정하지 마십시오. 하나님은 우리에게 복 주시고 우리를 통해 영광 받기를 원하십니다.

[사 41:10] 두려워하지 말라 내가 너와 함께 함이라 놀라지 말라 나는 네 하나님이 됨이라 내가 너를 굳세게 하리라 참으로 너를 도와 주리라 참으로 나의 의로운 오른손으로 너를 붙들리라

하나님이 도와주시고 함께하시는데 무슨 걱정이 있습니까? 하나님께 모든 것을 맡기고 걱정을 붙잡아 매시고 자유하십시오. 여러분은 반드시 형통하고 잘 되게 되어 있습니다.

사랑하는 성도 여러분!

우리는 천국을 향해 하루하루를 살아가는 순례자입니다. 하나님이 도우심으로 순례자는 모든 고통을 이기고 승리하게 되어 있습니다. 물에 빠진 천향인이 하나님이 함께하신다는 놀라운 사실을 깨달을 때, 그의 발이 땅에 닿았고 마지막 통과지점인 강을 무사히 건너게 되었습니다.

지금 강물에서 허덕이고 있습니까? 내일에 대한 불안과 공포로 좌절하며 살아갑니까? 질병과의 싸움으로 불안해하며 두려워합니까? 삶에 한계를 느끼고 절망하고 있습니까? 풀리지 않는 문제로 고통당하고 있습니까?

불안해하지 마시고 두려워하지 마십시오. 불안과 두려움은 마귀의 유혹의 선물입니다. 이 유혹을 믿음으로 물리쳐야 합니다. 그 믿음이 어떤 믿음입니까?

하나님이 나와 함께 계신다는 믿음입니다. 하나님이 나를 도와주신다는 믿음입니다. 이 믿음은 모든 위기를 극복하게 하는 부활의 능력입니다. 부활의 능력은 죽은 자를 살리는 위대한 능력입니다.

믿음의 눈을 들고 앞을 바라봅시다. 저 앞에 우리를 응원하기 위해 나와 있는 천사들을 바라봅시다. 하나님의 천사들은 하늘나라의 상속자들을 도와주기 위해 기다리고 계십니다. 천사들은 우리가 위기를 당할 때 찾아와서 우리를 도와줍니다.

하나님이 내 편이고 나를 도와주신다는 사실을 믿음으로 받아들이면 절망이 희망으로, 실패가 성공으로, 사망이 생명으로 바뀌는 놀라운 일들이 일어납니다.

주님은 우리에게 약속하십니다. "내가 너와 함께하리라." 이 말씀을 믿음으로 받아들여 승리하는 복된 삶을 사시기를 주 예수 이름으로 축원합니다.

53. 천국의 혼인 잔치

[마 25:1-13] 그 때에 천국은 마치 등을 들고 신랑을 맞으러 나간 열 처녀와 같다 하리니 그 중의 다섯은 미련하고 다섯은 슬기 있는 자라 미련한 자들은 등을 가지되 기름을 가지지 아니하고 슬기 있는 자들은 그릇에 기름을 담아 등과 함께 가져갔더니 신랑이 더디 오므로 다 졸며 잘새 밤중에 소리가 나되 보라 신랑이로다 맞으러 나오라 하매 이에 그 처녀들이 다 일어나 등을 준비할새 미련한 자들이 슬기 있는 자들에게 이르되 우리 등불이 꺼져가니 너희 기름을 좀 나눠 달라 하거늘 슬기 있는 자들이 대답하여 이르되 우리와 너희가 쓰기에 다 부족할까 하노니 차라리 파는 자들에게 가서 너희 쓸 것을 사라 하니 그들이 사러 간 사이에 신랑이 오므로 준비하였던 자들은 함께 혼인 잔치에 들어가고 문은 닫힌지라 그 후에

남은 처녀들이 와서 이르되 주여 주여 우리에게 열어 주소서 대답하여 이르되 진실로 너희에게 이르노니 내가 너희를 알지 못하노라 하였느니라 그런즉 깨어 있으라 너희는 그 날과 그 때를 알지 못하느니라

두 천사는 천향인과 소망에게 말합니다. "저희가 천국에 가는 길을 가르쳐드리겠습니다." 천사들이 가르쳐준 천국은 높은 언덕 위에 있었습니다. 아무래도 이는 빛나는 천사가 말한 두 번째 난관인 것 같았습니다. "여보시오! 저 높은 곳에 어떻게 오르지요?"

언덕을 올려다보며 천향인이 물었습니다. 그러자 천사 중 한 명이 밝게 웃으며 대답했습니다.

"이제 여러분에게는 언덕의 높고 낮음이 아무런 문제가 되지 않습니다. 이미 강물에 육신을 놓고 왔기 때문입니다." "네!"

천사의 말에 천향인과 소망은 자기를 훑어보았습니다. 그리고 뛰어보니 육신의 무게가 전혀 느껴지지 않았습니다. "자, 그럼 가시지요."

두 천사의 도움으로 천향인과 소망은 언덕을 올라갔습니다. 천사들은 두 사람에게 천국에 대해 이야기해 주었습니다.

"천국에는 시온산이 있고, 셀 수 없는 천사들과 어린양의 피에 그 옷을 씻어 희게 한 사람들이 있습니다. 천국에서는 영원히 시들지 않는 생명나무의 실과를 먹게 될 것입니다. 슬픔, 질병, 고통, 따위는 잊게 될 것입니다. 처음 것들은 다 지나갔기 때문입니다."

천향인이 천사들에게 묻습니다. "천국에 가면 무엇을 하게 되나요?"

"그동안 받은 수고에 대해 위로받게 될 것입니다. 하나님께 드린 기도와 그분을 위해 흘린 눈물 그리고 고통의 열매를 거두게 될 것입니다. 또한 하나님을 만나 그분의 목소리를 듣게 될 것입니다.

이뿐 아닙니다! 여러분보다 먼저 온 친구들을 만나게 될 것입니다. 하나님이 악한 자를 심판하실 때 여러분도 함께 심판을 내리게 될 것입니다. 하나님의 원수는 당신들의 원수이기도 하니까요."

바로 그때 한 무리의 천사들이 천향인과 소망을 맞이하러 나왔습니다. 그동안 천향인과 소망을 안내했던 두 천사는 마중 나온 천사들에게 천향인과 소망을 소개하며 말했습니다. "이분들은 세상에서 주님을 사랑했고 주님의 거룩한 일을 위해 모든 것을 버린 분들입니다. 주님이 이분들을 모셔오라고 하셨습니다."

그러자 천군 천사들이 큰소리로 외쳤습니다. "어린양의 혼인 잔치에 초대받은 자들은 복이 있도다."

천사들이 외치자 나팔수들이 일제히 나팔을 불었습니다. 아름다운 곡조로 연주하는 모습을 지켜보던 두 사람을 천사들은 점점 더 높은 곳으로 안내했습니다.

"저기 봐요. 천국 문이 보여요! 드디어 천국 문에 도착했군요!"

천국 문에 이르자 두 사람은 문을 두드리기 시작했습니다. 문이 열리면서 에녹, 모세, 엘리야가 등장했습니다. 천사들이 천향인과 소망을 이렇게 소개합니다. "이 두 사람은 구원을 얻기 위해 멸망의 도시에서 떠나온 분들입니다."

천향인과 소망은 자기들이 갖고 있던 증명서를 그들에게 내어주었습니다. 그들은 건네받은 증명서를 왕께 전달했습니다.

친구 이경희 목사님이 인천에 있는 교회를 개척하면서 일어났던 놀라운 간증을 듣게 되었습니다. 연로하신 어느 집사님이 매일 새벽기도회에 나와서 기도했는데, 그분이 "남편이 자꾸 이제 오라더라"는 것입니다. 혼자 사는 집사님에게 남편이 오라 한다니, 너무 궁금해서 물었습니다. "남편이 오라는 말이 무슨 말이에요?"

"예수님이 저에게 이제 오라고 하십니다."

그래서 목사님이 말했습니다. "집사님, 지금 가시면 안 됩니다. 저희 교회를 위해 기도하는 집사님이 떠나시면 안 됩니다." 그랬더니 알았다고 하고는 돌아갔습니다.

이튿날 목사님에게 그 집사님이 와서 이렇게 말합니다. "목사님, 저희 남편이 안 된대요. 지금 와야 한대요." 그러고서 집사님은 그다음 주에 세상을 떠났다고 합니다.

여러분은 가장 기쁘고 행복한 날이 언제였습니까? 가장 멋있고 아름다운 때가 있다면 결혼식 아닙니까? 결혼식을 준비하는 신부들은 음식을 조절하고 평소 하지 않던 운동을 하면서 몸매를 가꿉니다. 결혼식에 등장하는 주인공들을 보면 얼마나 아름다운지요! 썩 내세울 만한 외모가 아니라도 결혼식 당일만큼은 모인 무리 중에서 가장 예쁘고 잘생긴 처녀 총각으로 바뀝니다.

또 놀랍게도 결혼식을 통해 그들의 삶이 달라집니다. 정신 차리지 못하고 방황하던 처녀 총각도 결혼식을 통해 새 사람으로 바뀌는 경우가 얼마나 많은지 모릅니다.

결혼하면 바뀝니다. 결혼 후 달라진 모습들을 보면서 결혼은 인생사에서 너무나 소중한 것임을 깨닫습니다.

천국에서 혼인 잔치가 베풀어지는데 여러분은 이 잔치를 어떻게 준비하고 있습니까? 우리의 신랑 되시는 예수님을 만날 준비가 되어 있습니까? 신랑을 맞이하기 위해 등과 기름을 준비해야 합니다.

오늘 본문에는 신랑을 기다리는 신부 열 처녀를 소개하면서 이 땅에 신랑으로 오실 예수님을 맞이할 준비를 어떻게 해야 하는지 비유로 설명합니다.

슬기로운 다섯 처녀는 등과 기름을 준비하여 천국 혼인 잔치에 들어갔습니다. 그러나 미련한 다섯 처녀는 혼인 잔치를 기다리면서도 기름을 준비하지 못해 등불이 꺼져 신랑을 영접하지 못합니다. 참으로 놀랍게도, 신랑이 올 때 지혜로운 처녀도 미련한 처녀도 잠을 잤다고 합니다.

[마 25:5] 신랑이 더디 오므로 다 졸며 잘새

미련한 다섯 처녀도 등을 준비하고 있었습니다. 미련한 다섯 처녀와 슬기로운 다섯 처녀는 겉모습은 거의 같은 여건을 갖추고 있었습니다.

신앙생활 하면서, 같은 교회를 섬기면서, 같은 말씀을 듣고 예배를 드렸는데도 은혜받고 변화되는 축복의 사람이 있는가 하면, 믿음이 성장하지 못하여 변화의 역사가 일어나지 않는 사람도 있습니다. 도대체 그 원인이 어디 있을까요? 은혜받고 변화를 받아들인 사람은 지혜로운 사람이요, 그렇지 못한 사람은 미련한 사람입니다.

예수님의 열두 제자를 보십시오. 이들은 같은 장소에서 같은 제자 양육을 받았지만 그중 한 명인 가룟 유다는 예수님을 팔아넘기는 주범이 되었습니다. 오늘도 성도의 10분의 1가량은 가룟 유다 같은 사람이 될 수 있습니다. 예수님도 제자들에게 전적인 지지를 받지 못했는데, 예수님을 따르는 우리야 오죽하겠습니까?

미련한 다섯 처녀는 예수님의 말씀을 진심으로 받아들이지 않았습니다. 그들은 지혜로운 다섯 처녀 흉내를 내면서 따라 한 것밖에 없습니다. 그래서 기름을 준비하지 못했습니다.

내 삶을 누구도 대신할 수 없다는 것을 알아야 합니다. 미련한 다섯 처녀의 등불이 꺼져 갑니다. 기름을 부어야 하는데 준비되지 못했습니다. 지혜로운 다섯 처녀에게 기름을 빌려 달라 하니 단호하게 거절합니다.

또한, 내 문제를 누군가가 해결해 주리라 생각하는 것은 엄청난 착각입니다. 내 문제를 해결해 줄 사람은 아무도 없습니다. 특히 신앙의 문제는 더욱 그러합니다. 아내가 아무리 열심히 예수를 믿어도 그 믿음으로 남편이 구원받을 수 없습니다. 기름을 준비하지 못한 어리석은 다섯 처녀는 혼인 잔치에 들어가지 못했습니다.

지혜로운 다섯 처녀는 등과 기름을 준비했습니다. 등을 준비한다는 것은 믿음 생활을 했다는 말이고, 기름을 준비한다는 것은 하나님 말씀을 삶에 적용하며 살았다는 것입니다. 이들의 삶은 어리석은 다섯 처녀와는 달랐습니다. 이들은 예수님이 무슨 말씀을 하시든지 그 말씀대로 순종하는 삶을 살았습니다. 이들은 생명력 있는 믿음을 간직하고 살았는데, 그런 믿음은 말씀이 실제화되어 살아가는 삶입니다.

예수님은 혼인 잔치에서 예복 입지 않은 사람을 찾아내시고 복장을 제대로 갖추지 못한 책임을 물어 바깥 어두운 곳에 던져버리십니다.

여러분, 천국 혼인 잔치에 입을 세마포 옷은 준비되어 있습니까? 세마포 예복은 무엇을 상징합니까?

[계 19:8] 그에게 빛나고 깨끗한 세마포 옷을 입도록 허락하셨으니 이 세마포 옷은 성도들의 옳은 행실이로다 하더라

성도는 신앙생활을 하면서 세마포 예복을 입어야 하는데, 이 예복은 성도의 옳은 행실을 말합니다. 예수님을 맞이하려면 세마포 옷을 준비해야 합니다. 혼인 잔치에 세마포 옷을 입지 않은 자는 쫓겨납니다. 우리 모두 등과 기름을 준비하는 지혜로운 성도가 되어야 합니다.

신앙생활 하면서 "예수 그리스도는 나의 주요 나의 하나님"으로 고백하는 자만이 천국의 혼인 잔치에 참여할 수 있습니다.

기름을 준비한다는 것은 성령 충만한 삶을 사는 것입니다.

신앙생활은 내 의지대로 하면 실패합니다. 신앙생활에 승리하는 삶을 살려면 성령의 인도함을 따라 살아가야 하는데, 그런 삶을 살아가는 자는 내 생각과 다른 삶을 살아갑니다.

성령님은 우리에게 늘 희생하는 삶을 살라고 하십니다. 양보하는 삶, 손해 보는 삶을 살라고 하십니다. 십자가의 고난의 삶을 원하십니다. 내일을 준비하는 삶, 천국을 준비하는 삶을 원하십니다. 성령님은 우리에게 보물을 하늘에 쌓아두라고 말씀하십니다.

지혜로운 다섯 처녀는 천국 혼인 잔치에 들어가게 됩니다. 예수님과 함께 베풀어지는 혼인 잔치는 세상에서 흘린 눈물과 한숨과 고통이 은혜와 축복으로 바뀌는 놀라운 잔치입니다. 우리의 신랑 되신 예수님이 우리를 기다리며 준비한 잔치입니다. 천사들은 우리를 맞이하면서 이렇게 말할 것입니다. "환영합니다. 사랑합니다. 우리 주님이 여러분을 이 자리에 초청하셨습니다."

우리가 천국에 들어가는 순간 천군천사들은 큰 소리로 이렇게 외칠 것입니다. "어린양의 혼인 잔치에 초대함을 받은 자들은 복이 있도다."

우리를 영접하던 천사들이 일제히 나팔을 불면서 아름다운 곡조로 연주하는 오케스트라는 참여한 모든 자를 감동시킬 것입니다. 천국 혼인 잔치에서는 기쁨이 넘치는 축제가 펼쳐질 것입니다.

[계 22:16-17] 나 예수는 교회들을 위해 내 사자를 보내어 이것들을 너희에게 증언하게 했노라 나는 다윗의 뿌리요 자손이니 곧 광명한 새벽 별이

라 하시더라 성령과 신부가 말씀하시기를 오라 하시는도다 듣는 자도 오라 할 것이요 목마른 자도 올 것이요 또 원하는 자는 값없이 생명수를 받으라 하시더라

그렇습니다. 주님의 몸 된 교회를 위해 헌신하는 삶을 살면 천국 혼인 잔치에 참여하게 되고, 값없이 생명수를 마시게 됩니다. 이 생명수를 마실 때 세상에서 겪은 모든 시련과 고난의 흔적이 사라질 것입니다. 영원한 행복의 삶, 축제의 삶을 살게 될 것입니다.

사랑하는 성도 여러분!

여러분은 천국 혼인 잔치에 들어갈 준비가 되어 있습니까? 무엇보다 등불과 기름을 준비해야 합니다. 등은 신앙생활을 하는 성도를, 기름은 말씀을 삶에 적용하면서 사는 성도를 상징합니다.

[마 5:14-16] 너희는 세상의 빛이라 산 위에 있는 동네가 숨겨지지 못할 것이요 사람이 등불을 켜서 말 아래에 두지 아니하고 등경 위에 두나니 이러므로 집 안 모든 사람에게 비치느니라 이같이 너희 빛이 사람 앞에 비치게 하여 그들로 너희 착한 행실을 보고 하늘에 계신 너희 아버지께 영광을 돌리게 하라

여러분은 세상을 밝히는 빛의 삶을 살고 있습니까? 우리는 하나님 말씀을 믿음으로 받아들여 그 말씀을 실제화해야 합니다. 말씀이 실제화되는 삶이 기름을 준비하는 삶입니다.

신앙생활 하면서 말씀이 실제화되면 생활 속에서 믿음의 증거가 나타납니

다. 말씀이 실제화되지 못하면 미련한 자가 됩니다. 꺼진 등불을 들고 천국 혼인 잔치에 들어가지 못한 자는 실패한 인생이요, 비극의 주인공입니다.

우리 모두 등과 기름을 준비하여 슬기로운 다섯 처녀처럼 신랑 되시는 예수님을 맞이합시다. 이 땅에 재림하실 예수님을 맞이하여 천국 혼인 잔치에 참여하는 놀라운 은혜와 축복이 임하기를 주 예수 이름으로 축원합니다.

54. 주 예수여 오시옵소서

[계 22:8-21] 이것들을 보고 들은 자는 나 요한이니 내가 듣고 볼 때에 이 일을 내게 보이던 천사의 발 앞에 경배하려고 엎드렸더니 그가 내게 말하기를 나는 너와 네 형제 선지자들과 또 이 두루마리의 말을 지키는 자들과 함께 된 종이니 그리하지 말고 하나님께 경배하라 하더라 또 내게 말하되 이 두루마리의 예언의 말씀을 인봉하지 말라 때가 가까우니라 불의를 행하는 자는 그대로 불의를 행하고 더러운 자는 그대로 더럽고 의로운 자는 그대로 의를 행하고 거룩한 자는 그대로 거룩하게 하라 보라 내가 속히 오리니 내가 줄 상이 내게 있어 각 사람에게 그가 행한 대로 갚아 주리라 나는 알파와 오메가요 처음과 마지막이요 시작과 마침이라 자기 두루마기를 빠는 자들은 복이 있으니 이는 그들이 생명나무에 나아가며 문

들을 통하여 성에 들어갈 권세를 받으려 함이로다 개들과 점술가들과 음행하는 자들과 살인자들과 우상 숭배자들과 및 거짓말을 좋아하며 지어내는 자는 다 성 밖에 있으리라 나 예수는 교회들을 위하여 내 사자를 보내어 이것들을 너희에게 증언하게 하였노라 나는 다윗의 뿌리요 자손이니 곧 광명한 새벽 별이라 하시더라 성령과 신부가 말씀하시기를 오라 하시는도다 듣는 자도 오라 할 것이요 목마른 자도 올 것이요 또 원하는 자는 값없이 생명수를 받으라 하시더라 내가 이 두루마리의 예언의 말씀을 듣는 모든 사람에게 증언하노니 만일 누구든지 이것들 외에 더하면 하나님이 이 두루마리에 기록된 재앙들을 그에게 더하실 것이요 만일 누구든지 이 두루마리의 예언의 말씀에서 제하여 버리면 하나님이 이 두루마리에 기록된 생명나무와 및 거룩한 성에 참여함을 제하여 버리시리라 이것들을 증언하신 이가 이르시되 내가 진실로 속히 오리라 하시거늘 아멘 주 예수여 오시옵소서 주 예수의 은혜가 모든 자들에게 있을지어다 아멘

천국 문에 도착한 천향인과 소망은 증명서를 왕께 전달했습니다. 증명서를 전달받은 왕은 천향인과 소망에게 말합니다.

"세상에서 겪은 모든 수고와 눈물과 한숨을 씻어줄, 천국으로 들어가는 것을 허락하노라."

천사들에게 이들을 천국으로 인도하라고 합니다.

마침내 천국에 들어온 천향인과 소망은 황금빛 옷을 갈아입고 존귀함을 상징하는 생명의 면류관도 받았습니다.

거리의 모든 길은 황금으로 만들어져 있었습니다. 여기저기서 주님을 찬양하는 아름다운 노래가 들려왔습니다. 천향인과 소망은 천사들과 그곳에서 찬양을 불렀습니다.

천향인과 소망이 천국에 들어간 지 얼마 안 되어 뒤따라오던 무지가 강물에 다다랐습니다. 그런데 무지는 손쉽게 강을 건넜습니다. 헛된 소망이라는 뱃사공의 배를 빌려 그 강물을 건너게 된 것입니다.

무지가 강을 건넜을 때 그를 맞으러 나온 천사들은 아무도 없었습니다. 그래서 무지는 천국으로 향하는 표지판을 보고 높은 언덕을 홀로 올라갔습니다.

겨우 천국 문 앞에 온 무지는 천국 문을 두드렸습니다. 이번에도 에녹, 모세, 엘리야가 문을 열고 무지를 맞이합니다.

"어떻게 여기까지 오게 되었소?"

"나는 주 앞에서 먹고 마셨으며, 주님께서는 저희를 길거리에서 가르치셨습니다."

무지가 이렇게 대답하자 에녹과 모세와 엘리야는 증명서를 보여달라고 했습니다. 하지만 무지에게는 내보일 증명서가 없었습니다.

이 사실이 천국의 왕에게 알려졌습니다. 왕은 천향인과 소망을 천국으로 안내했던 두 천사에게 명령하기를, 나가서 무지의 손과 발을 묶어서 공중으로 데리고 가 언덕 비탈에 있던 지옥의 문으로 던져 넣으라고 했습니다. 그때 천국 문에서 지옥으로 가는 길이 보였습니다. 멸망의 도시에서뿐만 아니라 하나님 나라 천국 문 앞에서도 지옥으로 가는 길이 있다는 사실을 알고 깜짝 놀라 깨어 보니 꿈이었습니다.

여러분은 천국을 향해 가는 순례자입니다. 여러분은 믿음 생활을 하면서 천국에 대한 확신이 있습니까? 천국 시민이요 하나님의 자녀로서 긍지와 자부심이 있습니까? 최종 삶의 목적지는 세상 그 어떤 것이 아닌 천국에 대한 확고한 믿음과 소망입니까? 죽음이 눈앞에 다가와도 조금도 두려워하지 않고, 그 죽음을 향해 당당하게 나아갈 수 있습니까? 바로 이런 신앙이 우리를 살리는 참 믿음의 삶입니다. 그리스도인은 이 땅에 소망을 두고 살아서는 안 됩니다. 그래서 베드로는 인생을 이렇게 묘사합니다.

[벧전 2:11] 사랑하는 자들아 거류민과 나그네 같은 너희를 권하노니 영혼을 거슬러 싸우는 육체의 정욕을 제어하라

우리는 이 땅을 살아가는 나그네입니다. 나그네는 잠시 있다가 떠나가는 사람인데, 그리스도인이 머물 곳은 이 땅이 아니라 저 하늘나라에 있습니다. 삶의 목적이 이 땅인 사람은 참으로 불쌍한 자입니다.

여러분! 이 땅에 소망을 두고 살 곳이 어디 있습니까?

우리는 자신이 쌓아온 것들이 영원하지 않음을 깨달아야 합니다. 우리가 사랑하는 재물도 결국은 남기지 못하고 사라지게 됩니다. 결국, 이 땅에서의 삶은 허무와 공허함을 남길 뿐입니다.

그러나 믿음으로 살아가는 사람은 어떤 경우에도 좌절하거나 낙심하지 않습니다. 죽음 앞에서도 산 소망을 갖고 즐거워합니다. 하늘에 소망이 있기 때문입니다. 우리는 대한민국 국민인 동시에 천국 시민권을 갖고 살아갑니다.

[빌 3:20] 그러나 우리의 시민권은 하늘에 있는지라 거기로부터 구원하는 자 곧 주 예수 그리스도를 기다리노니

만왕의 왕 되신 주님은 천국에서 우리를 기다리고 계십니다. 우리는 예수님을 만날 소망을 갖고 이 땅을 살아가는 하늘나라 백성입니다. 어깨를 펴고 자신감을 가지고 하늘나라 백성답게 당당하게 살아가시기 바랍니다.

우리는 주의 재림이 임박한 시대에 살고 있습니다. 언제 이 땅에 예수님이 재림하실지 아무도 모릅니다.

재림을 기다리는 자는 믿음으로 살아가는 자들입니다. 이 시대에 믿음으로 살아가는 사람들을 만나기가 참으로 어렵습니다. 믿음이 아닌 것을 믿음으로 착각하고 사는 사람이 얼마나 많은지 모릅니다.

[눅 18:8] 내가 너희에게 이르노니 속히 그 원한을 풀어 주시리라 그러나 인자가 올 때에 세상에서 믿음을 보겠느냐 하시니라

주님이 오실 때 수많은 적그리스도가 일어나 표적과 기사를 행하면서 성도를 유혹하여 믿음을 빼앗아 갑니다. 요한이 천사의 발 앞에 경배하려 했더니 천사는 이렇게 말합니다.

[계 22:9] 그가 내게 말하기를 나는 너와 네 형제 선지자들과 또 이 두루마리의 말을 지키는 자들과 함께 된 종이니 그리하지 말고 하나님께 경배하라 하더라

오늘날, 유명인사가 되고 기적과 능력이 나타나면 자기 말을 들으라고 하는 사람들이 있습니다. 그들은 자기 말이 진리라고 합니다. 바로 이것이 사이비 이단들의 공통점입니다.

천사는 단호하게 요한에게 말합니다. "나는 너희와 같은 종이니 나에게 경배하지 말고 하나님께 경배하라."

재림을 기다리는 믿음의 사람은 하나님을 경외하는 자입니다.

하나님을 경배한다는 것이 어떤 것인지 바르게 이해해야 합니다. '경배하

다'라는 말은 '공손히 절하다', '왕에게 경배하다'라는 뜻으로, 몸과 마음과 정성을 다하여 하나님께 예배하는 것을 말합니다. 하나님을 경배하면 놀라운 믿음의 기적이 일어납니다.

우리 믿음이 하나님으로부터 인정받으면 모든 문제가 해결되고 편안한 여생을 보내게 될 것입니다.

재림을 기다리는 자는 회개를 생활화하는 자입니다. 죄를 회개하고 돌이키는 자에게 하나님은 큰 은혜와 복을 더해 주십니다.

[계 22:14] 자기 두루마기를 빠는 자들은 복이 있으니 이는 그들이 생명나무에 나아가며 문들을 통해 성에 들어갈 권세를 받으려 함이로다

성경은 자기 죄를 뉘우치는 자들을 두루마기를 빠는 자라고 했습니다. 더러운 옷은 빨면 깨끗해지듯이 죄를 회개하면 죄에서 해방됩니다.

깨끗한 세마포 옷을 입어야 천국 혼인 잔치에 들어갈 수 있습니다. 세마포 옷 입은 자는 천국에서 생명나무의 실과를 먹으며 값없이 주시는 생수를 마시게 됩니다. 생명나무의 실과를 먹으면 영원히 복락을 누리고, 생수를 마시면 영원히 목마르지 않는 희락의 삶을 살게 됩니다.

믿음으로 사는 자는 참으로 복된 자들이며 축복받은 하나님의 자녀입니다. 생명과일을 먹고 생수를 마시며 영원히 사는 복을 누릴 것입니다.

하나님을 떠나고 믿음을 저버리는 자는 참으로 불행한 자입니다. 이런 사람들은 하늘이 아닌 땅에 소망을 두고 삽니다. 하나님 나라를 위해 헌신하지 않고 땅에 보물을 쌓고 삽니다. 삶의 지렛대가 점점 약해져 하나님이 싫어하

는 일만 즐기며 살아갑니다.

[계 22:11] 불의를 행하는 자는 그대로 불의를 행하고 더러운 자는 그대로 더럽고 의로운 자는 그대로 의를 행하고 거룩한 자는 그대로 거룩하게 하라

오늘 이 시대를 보십시오. 불의를 행하는 자는 더 불의를 행하고 더러운 자는 더 더러운 일을 행합니다. 이들은 양심이 화인(火印)을 맞아 아무리 못된 일을 하고 죄를 지어도 알지 못합니다. 알더라도 애써 외면하거나 부인합니다. 하나님이 싫어하시는 일을 하면서도 하나님이 기뻐하는 일을 한다고 생각합니다.

그러나 의를 행하는 자는 더 큰 의를 행하고 거룩한 자는 더 거룩한 삶을 삽니다. 이들은 의를 행하고 거룩한 삶을 살면서도 겸손하여 죄인처럼 행동하며 살아갑니다. 하나님은 이들에게 엄청난 상급을 준비하고 기다리시는데, 각 사람에게 그 행한 대로 갚아주겠다고 약속하십니다.

[계 22:12] 보라 내가 속히 오리니 내가 줄 상이 내게 있어 각 사람에게 그가 행한 대로 갚아 주리라

믿음에서 벗어나는 저주의 삶에서 돌이켜 참믿음을 회복하여 하나님이 예비하신 풍성한 축복의 주인공이 되기를 간곡히 부탁드립니다.

여러분의 간절한 소망은 무엇입니까? 예수님을 만나는 일 아닙니까? 예수님은 우리 인생의 길이요, 진리요 생명입니다. 예수님을 만나면 인생의 모든 문제가 해결되고 은혜와 축복의 삶을 살게 됩니다. 주님은 상상을 초월하는

축복의 선물을 준비하고 우리를 기다리고 계십니다.

> [계 22:17] 성령과 신부가 말씀하시기를 오라 하시는도다 듣는 자도 오라
> 할 것이요 목마른 자도 올 것이요 또 원하는 자는 값없이 생명수를 받으
> 라 하시더라

주님 앞에 가서 주님이 주시는 생수를 마실 때 어떤 일이 일어날까요? 인생의 억눌림과 갈등이 해방되며, 사람들이 한 번도 경험해보지 못한 기쁨과 희락을 누리며 행복한 삶을 살게 될 것입니다. 사도 요한은 믿음으로 살아가는 모든 자에게 이렇게 선포합니다.

> [계 22:20-21] 이것들을 증언하신 이가 이르시되 내가 진실로 속히 오리
> 라 하시거늘 아멘 주 예수여 오시옵소서 주 예수의 은혜가 모든 자들에게
> 있을지어다 아멘

사랑하는 성도 여러분!

예수님 만날 때가 가까이 옵니다. 우리는 예수님의 재림을 통해 예수님을 만날 수도 있고, 세상 떠나는 날 예수님을 만날 수도 있습니다. 만왕의 왕 되신 예수님을 만날 때 천향인과 소망처럼 천국에 들어갈 수도 있고, 무지처럼 지옥에 들어갈 수도 있습니다.

여러분, 언제까지 하나님의 뜻을 저버리는 무지한 삶을 살고자 합니까? 무지한 자는 하나님을 바로 경외하지 않습니다. 자기 옷을 빠는, 회개하는 삶을 살지 않습니다. 세마포 옷을 준비하지 않습니다.

그러나 믿음으로 살아온 천향인과 소망은 환란이 일어나고 아볼론의 공격

으로 위험한 일을 당하고 허영의 도시에서 온갖 유혹을 받아도 끝까지 승리하는 삶을 살아왔습니다. 그래서 그들은 천국 문을 열고 천국에 들어가게 되었습니다.

천향인과 소망처럼 우리도 믿음 생활에 승리하여 천국에 입성하는 놀라운 축복을 누리시기를 주 예수 이름으로 축원합니다.

에필로그

『천국을 향해가는 순례자』 2권을 완성하며 모든 영광을 하나님께 돌려드립니다.

『천로역정』은 성경 다음으로 가장 많이 번역된 책으로, 많은 사람에게 읽히는 역대의 명작입니다. 이 유명한 영성의 책을 인용하여 설교집을 낼 수 있었던 것은 전적으로 하나님의 은혜였음을 고백합니다.

『천국을 향해가는 순례자』는 1·2권 각각 27편, 총 54편의 설교로 엮어져 있습니다. 이 책의 집필은 성령님의 도우심으로 완성되었습니다.

이 책을 마무리하면서 존 번연이 얼마나 깊은 영성의 인물인지 다시금 생각하며 저도 번연을 따라 영적으로 성숙한 신앙인이 되기를 다짐합니다.

『천로역정』은 예수 그리스도를 구주로 영접한 하나님의 자녀들이 어떻게 믿음으로 살아가야 할지를 삶의 여정을 통해 구체적으로 보여줍니다.

저는 신앙생활에서 찾아오는 모든 문제를 삶에 어떻게 적용시킬지 고민하면서 2권을 마무리하였습니다.

그 과정에서 저에게도 엄청난 시련과 역경이 찾아왔습니다. 뉴타운 재개발 조합과 교회의 협상에서 체결된 계약서에 교회 지분의 땅 106평을 지급하기로 되어 있었습니다. 현장에 가보니 그 땅은 암반으로 되어 있었습니다. 이 암반 제거에 5억 6천만 원이 드는데 이 비용은 교회에서 부담해야 한다는 것입니다.

그리고 돌발 난청이 심하게 찾아와서 한쪽 귀가 전혀 들리지 않게 되었습니다. 불편한 것은 말할 것도 없고, 평생 처음 겪는 일이라 어찌할 바를 몰랐습니다.

그래서 회개하며 기도하기 시작했습니다. 환우들을 위해 기도할 때 간절하게 기도하지 않은 것을 깊이 회개했습니다. 그러면서 '주님, 한쪽 귀가 막혔으니 남은 한쪽 귀로는 하나님 말씀만 듣게 하옵소서' 하고 간절하게 기도했습니다.

운동을 하려고 잔디밭을 돌면서 기도하던 어느 날, 하나님의 세미한 음성이 들려왔습니다. "자칭 스승이 되지 말라!" 목사인 저에게 스승이 되지 말라는 것은 큰 충격이었습니다.

그런데 기도하면서 깨달은 놀라운 사실은, 교회 안에서의 모든 문제는 스스로 스승이 되고자 하는 데서 비롯된다는 것이었습니다.

교회의 문제도 은혜로 해결되었습니다. 조합에서 4억 8천만 원, 교회에서 8천만 원을 부담하는 것으로 대의원 회의에서 통과되어, 암반은 다 제거되었고 교회 건축은 허가 중입니다. 저의 돌발 난청도 80% 정도 치유되어 불편 없이 목회에 전념하고 있습니다.

우리는 무거운 짐을 지고 방황하면서 천국으로 향하는 순례자입니다. 무거운 죄 짐을 지고 방황하는 천향인이 십자가 밑에서 죄 짐을 벗어버리고 새로운 도전의 삶이 시작됩니다. 뿔라 땅에서 천국을 경험한 천향인은 마지막 강을 건너 천사들의 환호를 받으며 천국에 입성하게 됩니다. 천국 입성은 천향인의 최후 승리의 장면입니다.

1권에 이어 2권까지 나오기까지 많은 분이 함께 수고해 주셨습니다. 만나 교회 당회원들과 성도들의 기도에 거듭 감사드립니다. 출간을 위해 심혈을 기울여 편집에 수고해 주신 정원기 목사님과 원고를 모니터하며 수정, 보완 작업에 의견을 모아주신 정희자 사모님, 윤문과 편집에 힘써주신 송승호 님에게 깊은 감사의 뜻을 전합니다.

이 책을 통하여 성도님들의 신앙이 바로 세워지고 복음전파에 조금이라도 도움이 된다면 저는 더 이상 바라는 것이 없습니다. 모든 영광을 하나님께 돌려드립니다. 이 책을 끝까지 읽어 주신 독자 여러분께도 진심으로 감사드립니다.

2024년 9월
조성래

조성래 목사의 30년 목회 사역

목회자로 사역을 시작한 게 엊그제 같은데 벌써 30년이 지났습니다. 지나온 자취를 돌아볼 때 저의 목회는 전적으로 하나님의 은혜였음을 고백합니다.

동숭교회 사찰 집사로 일하면서 신학 과정을 모두 마치게 되었습니다. 신학 과정이 야간이기에 낮에 일하고 밤에 공부할 수 있었습니다. 하지만 신학대학원 과정은 주간 수업이었습니다. 동숭교회 당회에서는 직원 한 분을 더 채용하고, 저에게도 월급을 주면서 신대원 과정을 마치도록 배려해 주었습니다. 그뿐 아니라 동숭교회 창립 40주년 기념교회 전도사로 저를 파송하고 지원해 주었습니다.

부목사도 아닌 사찰에게 신학 공부까지 시키고 교회를 세워 사역하게 하다니, 얼마나 아름답고 귀한 일입니까! 저는 말로 다 표현할 수 없는 감사의 마음으로 30년 동안 목회의 길을 걸어왔습니다. 이 지면을 통해 박승은 목사님과 동숭교회 장로님들께 다시금 감사드립니다.

1. 염려하고 걱정하며 권면해 주신 장로님

장로회신대원 목회연구원과정 졸업 직전, 동숭교회 심문주 장로님이 교회 직원들에게 저녁 식사를 대접하려고 교회에 오셨습니다. 장로님이 저를 부르시더니 이렇게 말씀하셨습니다.

"조 집사님, 목회는 아무나 할 수 있는 게 아닙니다. 신학 공부한 것으로 끝내는 게 어떨지요?"

이렇게 권면하며 물으셨습니다.

"목회 현장에 어디 갈 데가 있어요?"

그때 저는 당당하게 이렇게 대답했습니다.

"장로님, 목회를 하고 말고는 제가 결정할 문제입니다. 목회하러 갈 곳이 있느냐고 물으셨는데, 저에게 신학 공부를 하게 하신 분은 하나님이십니다. 지금까지 인도해 주신 하나님께서 가장 좋은 목회 현장을 예비하신 줄 믿습니다."

심 장로님은 아무 말씀도 하지 않으시고, 그날 저녁 식사 후 족발 30인분을 포장해 주시며 식구들에게 갖다 주라고 하셨습니다. 그날 먹은 족발 맛을 지금도 잊을 수 없습니다.

장로님은 제가 어린 자녀를 다섯 명이나 데리고 힘든 목회를 어떻게 감당할 수 있을까 하는 걱정에서 고심 끝에 말씀하신 것이었습니다. 지금까지 목회 현장을 경험하며 돌아보니 장로님이 저의 처지를 너무도 깊이 생각하셨다는 것을 새삼 느끼게 되었습니다.

심문주 장로님은 동숭교회 창립 40주년 기념사업의 일환으로 어려움에 처한 백석교회를 인수하여 저를 교역자로 파송하는 문제로 수개월 동안 고민하다 다음과 같은 제안을 당회에 내놓았다고 합니다.

"부도로 넘어가는 중소기업을 대기업이 인수하여 살리는 것이 바람직한 일 아니겠는가? 유지하기 힘들어 넘어가는 시골 교회를 인수하여 교회를 살리는 것이 우리 교회의 사명이다."

심 장로님이 저를 파송하는 모든 과정에 적극 개입하셔서 제가 백석교회로 파송받게 된 것으로 알고 있습니다.

당시 국내 선교부장이던 장신근 장로님, 김동성 장로님도 적극 후원해 주셨습니다. 백석교회에서 하는 일마다 후원하여 교육관도 짓고, 사택도 짓고, 어린이집 개원에 동참하여 풍성한 결실의 열매를 거두게 하셨습니다. 얼마나 감사한 일인지 모릅니다.

2. 사찰 집사로 일하며 신학 과정을 마치다

동숭교회 사찰 집사로 10년 동안 일하며 대단히 즐겁고 행복했습니다. 다른 교인들은 많은 헌금을 드리며 은혜를 받는데, 저는 사례금을 받으며 은혜를 받으니 얼마나 큰 복인가요?

그래서 내가 동숭교회를 위해 할 수 있는 일이 무엇일까 생각했습니다. 기술은 없지만 목공 일부터 미장 공사까지 제 손으로 할 수 있는 모든 일을 하기 시작했습니다.

그러자 교회 일을 맡아 하던 분들의 항의가 들어왔습니다. "집사님이 이렇게 해서 우리 일감을 빼앗으니 우리는 무얼 먹고 살라는 거냐"는 푸념이었습니다. 생각해 보니 틀린 말도 아니었습니다. 그래도 저는 하던 일을 계속했습니다.

한편, 동숭교회와 권사님들이 여러 번 학비를 마련해 주셔서 경제적 어려움 없이 신학 과정을 마칠 수 있었습니다.

10년 동안 신학을 공부하면서 사업하다 진 빚을 갚은 일이나, 청도 부야교회 건축을 위해 작정했던 건축헌금을 드린 것은 놀라운 일입니다. 당시 저의 간절한 소망은 빚 갚는 일이었습니다. 어떤 분은 제가 갚은 돈을 쓸 수 없다며 모두 헌금으로 드렸다고 합니다.

동숭교회를 섬기며 교우님들과 교제하고 상담했던 경험들은 철저한 목양 교육을 받은 엄청난 축복이었습니다. 제가 목회 현장에서 교우님들과 갈등 없이 30년간 목회할 수 있었던 것은 10년 동안 섬김의 훈련 덕분이라 생각합니다. 이 모든 것이 하나님 은혜입니다.

3. 백석교회에서 사역을 시작하다

제가 처음 파송 받은 교회가 양평읍 백안리에 있는 백석교회입니다. 심문

주 장로님은 시골에 가면 차가 필요하지 않겠느냐고 하시며 구입한 지 2년 된 다마스를 기증하셨습니다.

그 차를 타고 부임할 교회에 인사차 가보니 노인 몇 분과 중고등학교 학생 15명 정도가 수요일 예배에 참석하고 있었는데, 저는 제 소개를 하며 인사하고 돌아왔습니다.

동숭교회 주차장에 차를 세우고 보니 차에서 물이 새는 것이었습니다. 아내에게 불을 좀 가져오라 해서 종이에 불을 붙여 차 밑을 비춰보는데 그만 차에 불이 붙었습니다. 물이 아닌 휘발유가 흘러내린 것입니다. 소방차가 출동해서야 불을 끌 수 있었고, 경찰서에 가서 고의가 아님을 해명하고야 풀려 나왔습니다.

차를 제공하신 심 장로님은 저를 야단치지 않고 오히려 새 차를 구입해 주겠다고 하셨습니다. 문득 욕심이 생겨 장로님께 그레이스를 구입해 달라고 부탁드렸더니, 장로님은 다마스를 작정했다고 하시며 400만 원을 주셨습니다. 당시로서는 아주 큰 금액입니다.

백석교회로 돌아와서 몇 분 되지 않는 교인들과 차량 헌금을 작정했는데 기적이 일어났습니다. 차량 헌금 250만 원이 모아진 것입니다. 동숭교회에 이 사실을 보고했더니 시골 교회에서 엄청난 차량 헌금이 나왔다며 감동했습니다. 이 소식을 들은 장로님들이 300만 원의 차량 헌금을 보내주셨습니다. 그래서 감사하게도 그레이스 승합차를 빚 없이 구입했습니다.

그 차량으로 3년 동안 초·중·고등학생들을 통학시키며 복음을 전했습니다. 당시 마을에는 자동차가 몇 대밖에 없었기에 마을 사람들도 너무 좋아했습니다.

4. 시골 교회에서 일어난 놀라운 기적

당시 저는 시골 교회에서 목회하는 것을 원치 않았습니다. 그때 아내가 말했습니다.

"당신, 이상해졌네. 신학교 들어가며 하나님께 기도하지 않았어? 교회에서 파송 받고 싶고, 교회에서 파송한다면 어디든 무조건 간다고 하지 않았어?"

맞습니다. 사실 우리 부부는 그렇게 기도했습니다.

파송 전도사로 양평 백석교회에 가보니 좋은 일들이 일어나기 시작했습니다. 시골이라 중학교는 등록금이 없었고, 고등학교는 서울노회에서 등록금이 후원되었습니다.

저를 파송한 동숭교회에서 매월 후원해 주었고, 백석교회에서 전임 전도사 사례비가 지급되었습니다. 그때 저는 사례비로 80만 원을 받았습니다.(1994년 양평 지역 목사님 가운데 80만 원 이상 사례비를 받는 분이 몇 명 되지 않았습니다.)

사역을 시작한 후, 한번은 심문주 장로님이 백석교회에 방문하셔서 함께 주일 예배를 드렸습니다. 그때 교육관을 신축해야겠다고 말씀드렸더니, 교육관 건축비와 종탑 교체 비용을 헌금해 주셨습니다. 심문주 장로님이 헌금해 주신 500만 원과 동숭교회에서 후원해 주신 1,000만 원으로 교육관 30평 공사를 마쳤습니다. 교육관을 지으면서 교회 가까이에 주둔하였던 통신 중대에서 군인 인력을 지원해 주셨고, 교인 중에 건축 공사하시는 분이 계셔서 가능했습니다. 파송된 지 1년 만에 하나님의 은혜로 교육관을 짓게 된 것입니다.

그리고 2년 후 교회 사택을 짓는 놀라운 일이 있었습니다. 13평 좁은 공간에 7명의 식구가 생활하는 모습을 차상철 집사님이 보고 사택을 짓기로 하면서 공사가 시작되었습니다.

차 집사님은 교회 뒤편 2층 집에서 살고 있었습니다. 당시 그 마을에서 제일 멋있고 좋은 집이었습니다. 2층 마루에서 교회와 사택이 한눈에 들어왔습니다. 그래서 집사님은 이렇게 기도했다고 합니다.

"하나님, 이 집을 팔리게 해 주시면 교회 사택을 짓겠습니다."

집을 내놓은 지 1년이 지나도 팔리지 않았는데 기도한 지 삼 일 만에 계약되었습니다. 잔금을 다 받고서 1,400만 원을 십일조로 헌금하셨고, 사택은 교육관 2층에 짓자고 했습니다. 제직회를 거쳐 사택 공사를 시작하면서 저를 파송한 동숭교회에서 사택을 지으라고 1,500만 원을 후원해 주었습니다. 사택 공사가 진행되던 중 차상철 집사님이 봉투를 가지고 오셨는데, 그 봉투에는 2천만 원이 들어 있었습니다.

"집사님, 무슨 돈입니까?"

"사택 지을 비용입니다."

"집사님, 동숭교회에서 사택을 지으라고 보내온 헌금과 집사님의 헌금으로도 충분히 사택을 지을 수 있습니다. 이 헌금은 받지 않겠습니다."

"1,400만 원은 십일조 헌금이고, 제가 하나님께 사택을 지으려고 작정했으니 2천만 원을 헌금하겠습니다."

그때 저는 가족들과 상의했냐고 다시 물었습니다. 가족들과 상의하지 못했다 해서 저는 헌금을 받을 수 없다며 돌려드렸습니다. 얼마 후 집사님이 다시 헌금을 가지고 왔습니다. 가족들과 상의했으니 사택 건축헌금으로 받아달라고 했습니다. 참으로 놀랍게도 사택을 짓고 난 후에도 교회 재정이 꽤 남아있었습니다. 당시 IMF로 농협 금리가 24%였습니다. 그래서 우리는 오히려 IMF 기간을 큰 어려움 없이 보낼 수 있었습니다.

양평 백석교회 사역은 어린이와 청년 중심 사역이었습니다. 당시 청년들이 열심히 임하여 여름 성경학교 때는 60~70명이 모였고, 자체적으로 프로그램을 준비하여 성경학교를 이끌어 갔습니다. 또한 그때 영주노회에서 3년 동안 연합 여름 성경학교를 섬기며 봉사했습니다.

저는 목회가 너무 신나고 행복했습니다. 교인들도 많이 모일 때는 100명, 평균 70명 정도가 함께 예배를 드렸습니다. 그래서 동숭교회에 자립을 선포하고 어린이집을 운영하며 부족함 없는 목회를 했습니다.

5. 양평 백석교회에서 광명만나교회로 임지를 옮기다

주일 설교 준비를 마친 어느 토요일 밤, 광명만나교회 담임목사님으로부터 전화가 왔습니다. 건강이 좋지 않고, 자녀들도 다 대학을 졸업했으니, 시골에서 남은 기간 목회를 하고 싶다고 했습니다. 열 명이 채 모이지 않는 시골 교회도 좋다는 것입니다. 목회 임지를 바꾸면서 아무 조건이 없다는 말이 진심이냐고 물었습니다. 대답은 한결같았습니다. 어느 교회에서 목회하고 싶냐고 했더니 삼산교회를 언급했습니다. 그러나 삼산교회 목사님이 원치 않아 이 일은 무산되었습니다.

어느 날 새벽기도 시간에 하나님께서 광명만나교회에 "네가 가라"고 하셨습니다.

"너는 도시 교회에서 목회하고 싶다고 간절하게 기도하지 않았느냐?"

깊이 생각할 겨를도 없이 제가 가겠다고 하고 그 일을 추진했습니다. 우리는 교회 임지를 옮기면서 교인 수와 예산과 사례금 등은 일절 묻지 않았습니다. 일을 진행하며 광명만나교회 담임목사님은 이렇게 말씀하셨습니다.

"남아 있는 교회 빚을 내가 정리한 후 교환 목회를 합시다."

그때 저는 이렇게 대답했습니다.

"그 일은 제가 처리할 문제이니 신경 쓰지 마십시오."

그 후 교회의 동의를 얻어 교회 임지를 서로 바꾸었습니다. 하나님의 도우심과 인도하심으로 감사하게도 두 교회에 모두 선한 유익이 되는 결과로 매듭지어졌습니다.

6. 광명만나교회에서의 사역

막상 광명만나교회에 와서 보니, 판자로 된 교회당 바닥에서는 썩은 냄새가 나고, 사람이 지나갈 때마다 삐그덕 소리가 나고, 벽은 양쪽으로 기울어 언제 붕괴할지 모르는 상황이었습니다.

부임하여 3주가 되었을 때, 교회 건축이 필요함을 강조하며 건축헌금 작정을 시작했습니다. 놀랍게도 4,700만 원이라는 거액의 헌금이 작정되었습니다. 얼마나 감격했는지 모릅니다. 하지만 일부만 건축헌금으로 들어왔습니다. 바닥을 수리한 후 2,700만 원으로 37평의 교회 수리를 깔끔하게 마쳤습니다. 이제는 부족한 것이 없어 보였습니다.

이 과정 중에, 미국 시카고에 계시는 박정봉 장로님이 오셔서 교회 지분의 50%를 헌납해 주셨습니다. 교회 건물 건축을 위해 은행에 돈 빌리려 갈 때마다 이 문제 때문에 거절당했는데 박 장로님이 해결해 주셨습니다.

어느 날 새벽기도 때 또 주님께서 말씀하셨습니다.

"교회를 짓는다고 기도하면서 왜 교회를 수리하고 마느냐?"

그래서 제직회를 소집하여 새벽에 주신 주님의 말씀을 전했습니다. 이 일에 집사님들은 어떤 의견도 내놓지 않았습니다. 그래서 제가 반강제로 이렇게 선포했습니다.

"제가 책임지고 교회를 짓겠습니다."

그런데 문제가 있었습니다. 은행에서 돈은 빌려주겠지만 집사님들이 보증을 서야 한다는 것입니다. 보증 문제를 집사님들과 의논했더니 보증 서겠다는 사람이 아무도 없었습니다. 수소문 끝에 용마농협을 소개받고 담당자를 만났습니다. 용마농협에서는 교회 집사님들의 보증을 요구하지 않았습니다.

교회 담임목사인 제가 채무자가 되고 보증인 두 사람만 있으면 된다고 했습니다. 그래서 아내와 딸을 보증인으로 세워 1억 5천만 원을 빌려서 100평의 교회 건물을 짓게 되었습니다.

1억 5천만 원으로 교회 건축을 마친 것은 동숭교회 고연석 장로님이 헌신하신 결과였습니다. 인건비를 한 푼도 받지 않고, 직원들 인건비와 자재비만으로 교회를 지었기에 가능했던 것입니다.

참으로 신기하게도 교회 건축을 마치자마자 그 일대가 뉴타운 재개발로 건축 제한 구역이 되었습니다. 그때를 놓쳤다면 교회 건축은 불가능했을 것입니다.

교회 건축으로 1층에 어린이집을 운영하여 재정 기반을 다졌고, 연립주택도 한 채 더 사게 되었었습니다.

뉴타운 건축 공사가 진행되면서 놀라운 일이 일어났습니다. 뉴타운 개발의 모든 모임 장소를 우리 만나교회가 무료로 제공했습니다. 수십 번의 대의원 회의가 교회에서 열리면서 대의원들과 친분을 쌓게 되었습니다. 조합과 교회와의 마지막 협상에서 건축전문가인 김준영 집사님이 협상을 잘 이끌어서 땅도 대지만큼 대토로 받고, 300평의 교회를 지을 수 있는 보상비도 받았습니다. 찬반을 묻는 과정에서 2,020명 조합원의 80% 이상 찬성으로 조합장과 제가 단독으로 보상비 협상을 마무리했습니다. 이 모든 것이 하나님의 은혜임을 고백하지 않을 수 없습니다.

7. 광명만나교회 2030의 비전

저희 교회는 2030의 비전이 있습니다. 이 비전은 '300명의 만나인을 예수제자로 훈련하여 100명의 선교사로 파송한다'라고 되어 있습니다.

그간 3명의 선교사를 파송하였고 10명의 국내외 선교사, 선교단체, 교회를 섬기고 있습니다. 저희 교회는 2030년까지 이 비전을 이루어 가기 위해 최선의 노력을 기울일 것입니다.

광명만나교회의 선교 비전은 일반 교회와 다릅니다. 선교 방향을 자비량 선교에 두고 있습니다. 무엇을 자랑하고 보여주기 위한 선교가 아니라 어디서 무엇을 하든지 선교사의 삶을 살아야 한다는 것입니다. 이들이 사회를 변화시키고 하나님의 나라를 세워가는 놀라운 역사를 이루어 갈 것입니다.

동사목사인 정원기 목사님과 사모 이실림 전도사님은 22년 전에 필리핀 선교사로 파송되어, 20년 동안 7개 교회를 개척하였습니다.

마지막으로 세운 산티아고 교회는 필리핀 북부에서 가장 큰 교회로, 심상익 장로님 가정이 14년 전에 8억 5천만원을 헌금하여 850평의 교회 건물을 그 지역 도심인 산치아고에 짓게 되었습니다. 하나님이 하시는 모든 일은 우리의 상상을 초월합니다.

정원기 목사님이 코로나로 인하여 한국에 오게 되자 저희 교회는 광명만나교회 후임으로 청빙했습니다. 이후 정 목사님은 2년 동안 동사목사로 함께 일하고 있습니다. 교회 건축 과정에서도 조합과 원만하게 협상이 이루어졌으며, 2024년 10월에 착공하려 합니다.

저는 주님께 이렇게 기도합니다. '성막을 지을 때도 빚이 없었습니다. 솔로몬의 성전을 지을 때도 빚이 없었습니다. 광명 만나교회도 빚 없이 교회 건축이 끝나게 해 주세요.' 늘 믿음으로 간절히 기도하며 선포하고 있습니다.

빚 없이 교회를 짓는 이유는, 교회가 부흥하는 대로 선교에 헌신하기 위해서입니다. 광명만나교회의 모든 역사는 주님이 하셨습니다. 주님이 하실 것입니다.

감사하게도 두 분 장로님과 부목사님이 제가 기도하며 내어놓은 모든 일에 적극 협력해 주셔서 목회 말년에 편안한 사역을 하고 있습니다.

'목회는 목사가 하는 것이 아니라 성령님께서 하신다.'는 말씀을 다시금 생각해 봅니다. 성령님께서 주신 감동으로 시작한 모든 일은 한 번도 잘못된 일이 없고, 어려움을 당한 적이 없습니다. 오늘까지 성령님께서 저의 목회를 책임지고 인도하셨습니다.

이 모든 사역의 영광을 하나님께 돌려 드리며, 모든 것이 하나님의 은혜임을 다시 고백합니다.

감사합니다.

순례자의 노래

저 멀리 뵈는 나의 시온성
오 거룩한 곳 아버지 집
나 사모하는 집에 가고자 한 밤을 새웠네
저 망망한 바다 위에
이 몸이 상할지라도
오늘은 이곳 내일은 저곳
주 복음 전하리

아득한 나의 갈길 다 가고
저 동산에서 편히 쉴 때
내 고생하는 모든 일들을
주께서 아시리
빈들이나 사막에서
이 몸이 곤할지라도
오 내 주 예수 날 사랑하사
널 지켜주시리